FUHAOXIAOFEI LUNLI YANJIU

符号消费伦理研究

教育部人文社会科学研究『消费异化与人的价值复归
——符号消费伦理研究』青年基金项目（1`YJC720039）
中央高校基本科研业务费专项资金资助项目（15CX05010B）

汪怀君

山东人民出版社
国家一级出版社 全国百佳图书出版单位

图书在版编目（CIP）数据

符号消费伦理研究 / 汪怀君著. -- 济南 ：山东人民出版社，2016.7

ISBN 978-7-209-09904-2

Ⅰ. ①符… Ⅱ. ①汪… Ⅲ. ①消费者行为论－研究 Ⅳ. ①F713.55

中国版本图书馆CIP数据核字(2016)第176327号

符号消费伦理研究

汪怀君 著

主管部门 山东出版传媒股份有限公司
出版发行 山东人民出版社
社　　址 济南市胜利大街39号
邮　　编 250001
电　　话 总编室（0531）82098914
　　　　 市场部（0531）82098027
网　　址 http://www.sd-book.com.cn
印　　装 济南继东彩艺印刷有限公司
经　　销 新华书店

规　　格 16开（169mm×239mm）
印　　张 12.75
字　　数 210千字
版　　次 2016年7月第1版
印　　次 2016年7月第1次
ISBN 978-7-209-09904-2
定　　价 36.00元

总　序

“211 工程”于 1995 年经国务院批准正式启动，是新中国成立以来由国家立项的高等教育领域规模最大、层次最高的工程，是国家面对世纪之交的国内国际形势而作出的高等教育发展的重大决策。“211 工程”抓住学科建设、师资队伍建设等决定高校水平提升的核心内容，通过重点突破带动高校整体发展，探索出了一条高水平大学建设的成功之路。经过 17 年的实施建设，“211 工程”取得了显著成效，带动了我国高等教育整体教育质量、科学研究、管理水平和办学效益的提高，初步奠定了我国建设若干所具有世界先进水平的一流大学的基础。

1997 年，中国石油大学跻身“211 工程”重点建设高校行列，学校建设高水平大学面临着重大历史机遇。在“九五”“十五”“十一五”“211 工程”的三期建设过程中，学校始终围绕提升学校水平这个核心，以面向石油石化工业重大需求为使命，以实现国家油气资源创新平台重点突破为目标，以提升重点学科水平，打造学术领军人物和学术带头人，培养国际化、创新型人才为根本，坚持有所为、有所不为，以优势带整体，以特色促水平，学校核心竞争力显著增强，办学水平和综合实力明显提高，为建设石油学科国际一流的高水平研究型大学打下良好的基础。经过“211 工程”建设，学校石油石化特色更加鲜明，学科优势更加突出，“优势学科创新平台”建设顺利，5 个国家重点学科、2 个国家重点（培育）学科处于国内领先、国际先进水平。根据 ESI2012 年 3 月份更新的数据，我校工程学和化学 2 个学科领域首次进入 ESI 世界排名，体现了学校石油石化主干学科实力和水平的明显提升。高水平师资队伍建设取得实质性进展，培养汇聚了两院院士、长江学者特聘教授、国家杰出青年基金获得者、国家“千人计划”“百千万人才工程”入选者等一批高层次人才队伍，为学校未来发展提供了人才保证。科技创新能力大幅提升，高层次项目、高水平成果不断涌现，年到位科研经费突破 4 亿元，初步建立起石油特色鲜明的科技创新体系，成为国家科技创新体系的重要组成部分。创新人才培养能力不断提高，开展“卓越工程师教育培养计划”和拔尖创新人才培育特区，积极探索国际化人才的培养，深化研究生培养机制改革，初步构建了与创新人才培养相适应的创新人才培养模式和研究生培养机制。公共服务支撑体系建设不断完善，建成了先进、高效、快捷的公共服务体系，学校办学的软硬件条件显著改善，有力保障了教学、科研以及管理水平的提升。

17 年来的“211 工程”建设轨迹成为学校发展的重要线索和标志。“211 工程”建设所取得的经验成为学校办学的宝贵财富。一是必须要坚持有所为、有所不为，通过强化特色、突出优势，率先从某几个学科领域突破，努力实现石油学科国际一流的发展目标。二是必须坚持滚动发展、整体提高，通过以重点带动整体，进一步扩大优势，协同发展，不断提高整体竞争力。三是必须坚持健全机制、搭建平台，通过完善“联合、开放、共享、竞争、流动”的学科运行机制和以项目为平台的各项建设机制，加强统筹规划、集中资源力量、整合人才队伍，优化各项建设环节和工作制度，保证各项工作的高效有序开展。四是必须坚持凝聚人才、形成合力，通过推进“211 工程”建设任务和学校各项事业发展，培养和凝聚大批优秀人才，锻炼形成一支甘于奉献、勇于创新的队伍，各学院、学科和各有关部门协调一致、团结合作，在全校形成强大合力，切实保证各项建设任务的顺利实施。这些经验是在学校“211 工程”建设的长期实践中形成的，今后必须要更好地继承和发扬，进一步推动高水平研究型大学的建设和发展。

为更好地总结“211 工程”建设的成功经验，充分展示“211 工程”建设的丰富成果，学校自 2008 年开始设立专项资金，资助出版与“211 工程”建设有关的系列学术专著，专款资助石大优秀学者以科研成果为基础的优秀学术专著的出版，分门别类地介绍和展示学科建设、科技创新和人才培养等方面的成果和经验。相信这套丛书能够从不同的侧面、从多个角度和方向，进一步传承先进的科学研究成果和学术思想，展示我校“211 工程”建设的巨大成绩和发展思路，从而对扩大我校在社会上的影响，提高学校学术声誉，推进我校今后的“211 工程”建设有着重要而独特的贡献和作用。

最后，感谢广大学者为学校“211 工程”建设付出的辛勤劳动和巨大努力，感谢专著作者孜孜不倦地整理总结各项研究成果，为学术事业、为学校和师生留下宝贵的创新成果和学术精神。

中国石油大学（华东）校长

2012 年 9 月

目录

CONTENTS

引 言
消费社会的来临及其特征

我们这个时代与社会被冠以很多新名词，如“知识经济时代”“信息时代”“后现代社会”“后工业社会”，其中有一个名词不容忽视，那就是“消费社会”。我们生活的时代是一个瞬息万变的时代，发生在世界各国与各民族政治、经济、文化领域的变革从未停息过。其中，一场消费的变革正在静悄悄地席卷全球。它深刻改变着人的生存模式与生活质量，以及社会境遇与社会关系，也改变着人们看待周围世界与自身的价值观念和基本态度。历史上没有任何一个时代的人们像今天这样如此重视消费，被消费所缠绕。为生存而消费，为夸耀而消费；痛苦时消费，欢乐时也消费。消费无处不在、无时不在。“消费”“消费社会”日益成为表征时代特征的重要概念，成为各研究领域学者们激烈讨论的焦点主题。

越来越多的学者达成了共识，那就是消费是联结经济与文化的社会活动，是经济生活、文化生活、社会生活的交织点。因此，消费问题不仅仅是经济学的研究对象，而且是社会学、文化学、心理学、生态学、哲学与伦理学的研究对象。社会学家王宁认为，“消费过程不仅是商品的交换价值和使用价值实现的过程，而且也是商品的社会生命和文化生命的形成、运动、转换和消解的过程，换句话说，消费不但是物质生活过程，而且也是文化、交往和社会生活的过程。消费在物理意义上消解客体的同时，也在社会和文化意义上塑造主体，并因此找到了使个体整合到社会系统中去的媒介。消费是社会生活的‘辩证法’：它使某种东西（如商品）消失，同时又使其他东西（如自我与社会认同）产生。”[①]伦理学家周中之认为，“消费不仅仅是经济现象，更是一种文化现象和伦理现象。消费的过程是在一定的价值观念引导和制约下的经济和文化活动。消费不仅有‘能够’不‘能够’，还有‘愿意’不‘愿意’‘应该’不‘应该’的问题”[②]。如果说社会学家主要是通过考察消费活动，来判明每个个体获得自我确认与认同的新型方式，以及对社会地位、社会关系、社会结构再建构的影响，那么伦理学家则是在实践乃至形而上的意义上对消费行为进行伦理追问，探究规约消费行为的道德原则与规范，揭示消费行为与人的生活目的的关系，即人生根本意义与终极价值的哲学问题。

因此，消费不仅是一种经济行为、社会行为，从根本上说更是一种伦理行为。人类通过经济活动完成物质资料和生活资料的生产与消费，以推动历史的进程。但它只是人类实现终极价值与终极目的的一架桥梁，人类不能永远栖居在桥上。因而，消费活动这架生存方式之桥，虽然是谋生存与生活之桥，但更应是理性与文化、伦理与道德之桥。

不过，对于消费社会究竟源于何时，学者们依然众说纷纭。有些学者将消费社会的形成追溯到与工业革命有着同样意义的第一次“消费革命”，英国约克大学教授柯林·坎贝尔在《浪漫伦理与资本主义精神》一书中认为，“消费行为是如此的盛行、对于商业态度的接受是如此普遍”，因此，“世界上第一个消费社会到1800年已经出现”[③]。由工业革命所带来的商品流通与贸易交换的繁荣，不但推动了生产，而且也刺激了人们的消费欲望。消费在资本主义发展过程中所起的作用正在发生质的变化。如果说第一次消费革命孕育了消费社会的胚芽，那么发生在20世纪的第二次消费革命才真正预示着大众消费社会的整体兴起。丹尼尔·贝尔认为，大众消费的时代始于20世纪20年代，它的出现归功于技术革命，特别是大规模家用电器的使用，以及还得助于三项社会发明：装配线流水作业实现了大批量生产，

① 王宁．消费社会学［M］．北京：社会科学文献出版社，2011.1.

② 周中之．全球化背景下的中国消费伦理［M］．北京：人民出版社，2012.1.

③ 转引自郑红娥．社会转型与消费革命——中国城市消费观念的变迁［M］．北京：北京大学出版社，2006.59.

市场的发展促进了刺激消费欲望的科学化手段，分期付款购物法彻底打破了新教徒害怕负债的传统焦虑。[①] 罗钢先生给出了一个非常简单而又颇具说服力的答案：它始于 1913 年福特汽车公司生产流水线隆隆驰下第一辆汽车之时。消费社会的兴起与以福特主义为代表的资本主义大规模生产方式有着密切的联系。福特制和泰勒制使得工人的劳动强度大大增加，这就导致筋疲力尽的工人在下班之后不再可能去从事生活资料的家庭生产。工人消费的一切必须依赖于商品。同质化、齐一化的大众消费品的泛滥，恰恰体现了福特主义的生产逻辑在消费领域的延伸。然而，福特主义生产方式有其僵化的弊病。相对来说，后福特主义更注重工人在劳动中的个性和创造性。它也给日常消费领域带来了新变化，即非物质形态商品和商品的符号象征意义在消费中占据了越来越重要的地位。从福特主义向后福特主义的过渡，反映了西方社会从工业社会向后工业社会的转变，从传统的以“生产”（制造）为中心的社会向以“消费”（包括消费服务）为中心的社会的转变。[②] 郑红娥指出，大多数西方社会学学者都认为，消费社会是在 20 世纪 50 年代以后才出现的，并且都倾向于用这个概念来揭示晚期资本主义的特征。[③] 尽管对消费社会产生的时间各有看法，但不少中外学者以是否进入大众规模消费阶段作为判断消费社会出现的标准。

消费社会的出现标志着一个新的历史时期的出现。郑红娥认为，消费社会与前消费社会有明显的区别。表现在以下几个方面：第一，在社会发展的精神动力方面，在前消费社会中，提倡勤俭节约，强调消费是生产的附庸；在消费社会中，生产相对过剩，必须刺激消费，注重发挥消费的作用。第二，在社会的主要特征方面，在前消费社会中，消费行为以消费品的使用价值为主要判断标准；在消费社会中，时尚化、符号化成为判断消费品的主要价值尺度。第三，在私人生活领域方面，在前消费社会中，每个家

① 〔美〕丹尼尔·贝尔．资本主义文化矛盾［M］．赵一凡等译．北京：生活·读书·新知三联书店，1989.113.

② 罗钢，王忠忱．消费文化读本［M］．北京：中国社会科学出版社，2003.3-9.

③ 郑红娥．社会转型与消费革命——中国城市消费观念的变迁［M］．北京：北京大学出版社，2006.59.

庭根据自己的收入状况来消费；在消费社会中，电视、广告等新闻媒体操纵着日常生活与消费。[①]笔者认为，消费社会的核心特征表现为物或商品的大量积聚堆积，以及它们的符号价值的突显。这正如鲍德里亚所说："今天，在我们的周围，存在着一种由不断增长的物、服务和物质财富所构成的惊人的消费和丰富现象。它构成了人类自然环境中的一种根本变化。恰当地说，富裕的人们不再像过去那样受到人的包围，而是受到物的包围……我们生活在物的时代：我是说，我们根据它们的节奏和不断替代的现实而生活着。在以往所有的文明中，能够在一代一代人之后存下来的是物，是经久不衰的工具或建筑物，而今天，看到物的产生、完善和消亡的却是我们自己。"[②]这是一个被物或商品所包围并以物或商品的大规模消费为特征的社会，意味着消费社会的来临。从生产社会进入消费社会，消费模式发生了质的变化。消费不再仅仅是一个经济的、实用的过程，而是一个涉及文化符号与象征意义的表达过程。消费社会的特征是从"物的消费"过渡到"符号消费"，"财富的数量和需要的满足，皆不足以定义消费的概念：它们是一种事先的必要条件。消费并不是一种物质性的实践，也不是'丰产'的现象学，它的定义，不在于我们所消化的食物、不在于我们身上穿的衣服、不在于我们使用的汽车、也不在于影像和信息的口腔或视觉实质，而是在于，把所有以上这些[元素]组织为有表达意义功能的实质；它是一个虚拟的全体，其中所有的物品和信息，由这时开始，构成了一个多少逻辑一致的论述。如果消费这个字眼要有意义，那么它便是一种符号的系统操控活动"[③]。鲍德里亚称消费是"符号性活动"，由此揭示出后现代消费社会的新特征，即"符号消费"。

符号消费是历史与社会长期发展的产物，也是后工业社会消费经济与消费文化发展的必然结果。符号消费表明了人们不再满足于产品的功能性消费，而要求进一步追求个性、身份、地位和荣誉的享受。在一定的限度内，

---

① 郑红娥．社会转型与消费革命——中国城市消费观念的变迁［M］．北京：北京大学出版社，2006.60-61.

② 〔法〕让·鲍德里亚．消费社会［M］．刘成富，全志钢译．南京：南京大学出版社，2008.1-2.

③ 〔法〕尚·布希亚．物体系［M］．林志明译．上海：上海人民出版社，2001.222-223.

它有利于社会文明程度的提高。然而，当物或商品的符号象征性意义被无限扩大之后，当其获得了社会文化生命之后，就变得神通广大起来。人欲彰显自己的个性、身份、地位、财富和权力，只有借助于物才可实现。现在，人的本真价值已变得不再重要，而在于以何种方式消费了什么样的物。由此，产生了一种新形式的拜物教——符号拜物教。消费行为方式与观念发生异化，进而人的异化也如影随形般变幻出新的幻影。

因而，本书试图阐释符号消费的内涵，追溯它的来龙去脉、它所产生的理论文化背景以及运作传播的方式。毋庸置疑，它的理论根基与后现代主义理论不谋而合，以大众传媒为载体，采取消费商品的符号象征意义的形式，以此实现消费者的社会认同或社会区分。中国人在消费中讲面子，而面子是符号资源。面子消费其实就是一种符号消费，呈现为人情消费和时尚消费。在符号消费视域下，有个特殊的消费人群不可忽视，那就是女性群体。女性在消费过程中扮演着什么样的角色？在消费过程中获得的幸福感是大于痛苦感，还是相反？所有进入符号消费场域的人们是真正实现了自我价值，还是迷失于消费的泥潭之中不能自拔？据此，分析符号消费的益与弊，重申符号消费的伦理理论与价值理念，明晰其精神主旨。克服符号消费所带来的人的新型异化，实现符号消费的超越，还人类一个本真的世界。

第一章
符号消费及其伦理意蕴

消费活动是人类日常生活的重要内容之一。它不仅是人类延续自身生命所必需的，也是促进社会繁荣进步的重要物质经济活动与精神文化活动。从古代社会到现代社会，再到后现代社会，人类的消费模式自始至终都在发生着变化。很长时期以来，人类社会一直处于物品相对匮乏的境地，因而生产产品、创造财富、克服短缺是首要任务。生产是社会生活的核心；相反，消费是生产的附庸，它被看作是人们为了维持生存而去耗费物质的一种物质行为。到了后现代消费社会，刺激消费、鼓励消费越来越成为商品生产的一个重要动力，消费成为社会生活的重心。它主要不再是一种物质行为，而是变成了一种生活方式。相反，生产也不仅仅是为了满足人的生存需要，更多的是服务于人的消费欲求。随之，人们的消费价值观念也发生了变化，从精打细算、勤俭节约，到“我付出了劳动，我的消费就是理所应当的”，乃至为了满足自己的心理欲求、虚荣心而挥霍浪费。人们更多的不是在商品的使用价值意义上，而是在商品的符号价值意义上来对其进行选择。符号价值意义上的商品消费，可称为“符号消费”。一方面，作为一种文化意义上的消费，它是人类文明演进历程的体现，具有社会进步性；另一方面，由于过分偏执于文化符号的消费，它又呈现出异化状态。

一、消费模式的伦理嬗变

1. 从生产为中心、消费为附属到消费为重心、生产为服务

人类需要消费，是因为人只有在新陈代谢中才能维持自己的生命，才

能创造历史。没有消费就没有人类的生存延续和社会的发展进步。这是人必须进行消费的内在依据。人完成消费的过程是与外界进行物质、信息与能量交换的过程。消费是人的基本需要，而能够满足这一需要的就是生产，消费与生产的关系总是十分紧密。在处理生产与消费的关系上，古典经济学把消费仅仅是看作劳动力得以再生产的手段，或者是推进资本主义生产过程的一个必要条件；认为消费是生产的附庸，除了满足工人最低程度的必要生活需要之外，其余都是没有必要的，甚至是有碍于生产的进行的。

马克思在论述消费与生产的辩证关系的时候，表明生产与消费有着直接的同一性：生产就是消费，消费就是生产。“生产直接也是消费。双重的消费，主体的和客体的。第一，个人在生产过程中发展自己的能力，也在生产行为中支出和消耗这种能力，这同自然的生殖是生命力的一种消费完全一样。第二，生产资料的消费，生产资料的被使用、被消耗、一部分（如在燃烧中）重新分解为一般元素。原料的消费也是这样，原料不再保持自己的自然形状和自然特性，而是丧失了这种形状和特征。因此，生产行为本身就它的一切要素来说也是消费行为。不过，这一点是经济学家所承认的。他们把直接与消费同一的生产，直接与生产合一的消费，称作生产的消费。……消费直接也是生产，正如在自然界中的元素和化学物质的消费是植物的生产一样。例如，在吃喝这一种消费形式中，人生产自己的身体，这是明显的事。而对于以这种或那种形式从某一方面来生产人的其他任何消费方式也都可以说。消费的生产。”[①] 由此可见，马克思并没有在专门意义上谈他的消费理论，而是在与生产相比较的意义上来谈对消费的看法的。在二者的关系中，生产是起着支配作用的要素。“无论我们把生产和消费看作一个主体的活动或者许多个人的活动，它们总是表现为一个过程的两个要素，在这个过程中，生产是实际的起点，因而也是起支配作用的要素。消费，作为必需，作为需要，本身就是生产活动的一个内在要素。但是生产活动是实现的起点，因而也是实现的起支配作用的要素，是整个过程借以重新进行的行为。个人生产出一个对象和通过消费这个对象返回自身，

① 马克思恩格斯选集（第 2 卷）［M］. 北京：人民出版社，1995.8.

然而，他是作为生产的个人和自我再生产的个人。所以，消费表现为生产的要素。"[①]在马克思看来，生产比消费更重要，生产是起点。如果不首先把产品生产出来，就谈不上消费。当然，消费也不可忽视，但他对消费问题的关注，只是考察消费在资本主义生产过程中的功能与意义，将它作为资本主义生产和再生产过程借以完成的一个否定性因素来研究。

正如许斗斗指出的，马克思此时之所以如此关注消费问题，是因为在他所处的那个时代，资本主义刚刚处于资本原始积累和资本掠夺时期，劳动生产率相对落后，社会财富还相对匮乏，工人的工资水平和消费水平比较低下，消费仅仅是维持生存的手段。资本家通过消费来实现他对工人的进一步剥削和资本积累。也就是说，消费也是资本家剥削工人的一种手段。正是在这种背景和语境下，马克思力图通过资本主义社会之消费现象的批判来直接地透视出工人与资本家之间异化的社会关系。因此，在马克思的消费视野中，工人的消费反映出工人购买力的欠缺，反映出工人被剥削的社会关系。[②]马克思研究消费问题的最终目的，就是来批判资本主义生产方式与生产关系，揭示资本主义统治的弊端，进而用暴力革命的方式推翻资本主义制度。

虽然马克思并没有预见一个按照消费的逻辑来运转的"消费"社会的出现，但他对消费本质的论述依然是真知灼见、永恒的真理。伴随着18、20世纪的两次消费革命，西方社会逐渐由工业革命时代的以"生产"为中心的社会，转变到后工业时代的以"消费"为中心的社会。特别是19世纪末20世纪初，生产技术的重大革新使消费模式发生重大变化，主要表现在两个方面："一是消费品不再主要为少数人或统治集团所独占，消费开始'民主化'；二是工业品的生产主要以大众为消费主体，消费进入大众化时代。"[③]消费社会与传统社会的重要不同之处就是消费的大众化。消费的历

---

① 马克思恩格斯选集（第2卷）[M]. 北京：人民出版社，1995.12.

② 许斗斗. 消费现象的社会批判——对马克思与波德里亚之消费理论的比较分析 [J]. 马克思主义与现实，2004（6）.

③ 韩欲立. 物体、消费与符号——让·鲍德里亚早期政治经济学批判研究 [D]. 复旦大学博士论文，2007.28.

史作用日渐突显，生产与消费的关系、消费的性质被重新诠释与定位。消费对生产的附属地位、“反作用”影响开始发生逆转。消费逐渐成为影响社会经济生产与控制文化意识形态的主导性因素。如果说古典经济学时代，消费研究开始受到重视的话，那么到了发达资本主义阶段，消费不再仅仅是劳动力再生产、维持生存的手段，而是成为满足欲望的途径、生活方式与风格的体现，甚至异化为人生的全部、人生的最终目的。在生产和消费的关系上，消费越来越成为生产的向导。也就是说，生产成了满足消费的手段。

在产品绝对匮乏的传统社会，生产以及生产者占据着明显的优越地位，即使在工业革命初期也是如此。相对于生产的核心地位而言，消费及消费者始终处于被动地位。消费什么、以何种方式消费没有选择的余地，只是被动地接受着产品的优或劣、服务的好与次。随着产品技术的改造，产品供应大大超过了消费需求，社会产品显得相对过剩和饱和。此时，消费和生产的地位开始发生逆转。生产不再居于核心地位，而是由市场决定生产和产量，市场又由众多消费者的需求所构成。于是，“消费”得到重新定位。消费者可以根据自己的需求或者喜好来选择买什么和不买什么，以及买何种品牌的商品，以得到物美价廉的服务或者通过消费彰显其身份地位。现在，“生产”被“消费”牵着牛鼻子走。再加上周期性的经济危机的爆发，人们不断创造出满足其无尽的欲望的产品，激发消费、诱惑消费成为消费社会克服经济危机的重要运作方式。

2. 从勤俭节约到消费正当，乃至奢侈消费

纵观人类社会发展的历史进程，生产力不发达，社会物质资料极度匮乏，始终是古代社会与经济的顽症。而解决这一问题的方法就是克制需要，压制消费。因而，勤俭节约是中西方长久以来一贯的价值选择。除了物质财富匮乏这一客观原因，造成人们不得不推崇勤俭的消费伦理观之外，还有一个很重要的原因，就是人们认为勤俭有利于人的优良道德品质的形成。相反，奢侈浪费不仅是财富积累的障碍，更是一个人道德品质败坏的表现，为人们所不齿。

崇尚节俭、反对奢侈是我国传统消费伦理观的基本共识，几千年来一直是中华传统美德的核心内容。古人总是把节俭归于善，把奢侈归于恶。《左

传》中说："俭，德之共也；奢，恶之大也。"[①]诸子百家中，大多数思想家都主张节俭，儒家、道家、墨家是其中的典型代表。在孔子所倡导的"温良恭俭让"的道德规范中，"俭"是重要的道德要求之一。"奢则不孙，俭则固；与其不孙也，宁固。"[②]在治理国家方面，孔子则劝告执政者应该节约费用，爱护官吏。"道千乘之国，敬事而信，节用而爱人，使民以时。"[③]在奢与俭之间，孔子选择节俭，但这种节俭是有一个限度的，应当"俭不违礼"。节俭与"礼"有着内在的一致性，节俭不能破坏封建等级与礼仪。因此，孔子主张节用以礼，对财富的占有和消费应该与自己的身份、地位相称，否则就是僭越。当季氏"八佾舞于庭"，孔子谴责道："是可忍也，孰不可忍也？"[④]按照季氏所处的等级地位，他的娱乐活动应该用"四佾"，而不是"八佾"。"八佾"是天子的娱乐消费规格，季氏以大夫的身份享用"八佾"，是对礼的违反与蔑视。孔子的意思是说，从这一事情上可以看出，季氏任何违背礼仪规范的事情都可干出来。

道家把"俭"作为人生三宝之一，老子说："我有三宝，持而保之，一曰慈，二曰俭，三曰不敢为天下先。"[⑤]道家推崇节约与俭朴的生活是与追求"道"的思想相一致的。道是万物的运行法则，它的最大特点就是顺应本性、自然无为。人类也应该道法自然，复归淳朴。这就需要人们少私寡欲、见素抱朴。要合理控制人的消费欲望，否则奢侈的生活方式会迷乱人心。"五色令人目盲；五音令人耳聋；五味令人口爽；驰骋田猎，使人心发狂；难得之货，使人行妨。是以圣人为腹不为目，故去彼取此。"[⑥]老子还对人类的工艺技巧进行了批判："民多利奇，国家滋昏；人多伎巧，奇物滋起。"[⑦]这些工艺技巧是社会祸乱的根源，所以要消除一切可以激发人们消费欲求的新产品、新技术，才可使民心安宁、民风简朴。老子向往的是安贫乐道

① 《左传·庄公二十四年》
② 《论语·述而》
③ 《论语·学而》
④ 《论语·八佾》
⑤ 《老子》（六十七章）
⑥ 《老子》（十二章）
⑦ 《老子》（五十七章）

的“小国寡民”的社会。

墨子也主张治国之道在节用，节俭与否决定了国家能否迅速积累财富、发展经济。“圣人为政一国，一国可倍也；大之为政天下，天下可倍也。其倍之，非外取地也，因其国家去其无用之费，足以倍之。”[①] 在墨子看来，一般人应该节俭，统治者更应该节俭。节制王公贵族的奢侈生活，把这部分耗费用于生产，就可使社会财富倍增。

由此，在消费观上，主张节俭：反对浪费就成为我国传统经济伦理文化的基本主题。那么，历史上是否完全没有关于奢侈消费的任何论述呢?答案当然是否定的。在先秦诸子百家中，管子是唯一一位意识到奢侈品消费对国民经济具有推动作用的思想家。在节俭被奉为美德的时代，这一思想显得尤为珍贵和突出。然而，这种观点在中国历史上长期未受到重视，也没有真正发挥作用。

在中国和西方的传统历史上，虽然对消费的看法与观点有所不同，但大体上都依循着类似的思想轨迹，那就是由于物品的短缺需要节俭，满足基本需要的消费是正当的，超越基本需要的消费是不正当的，奢侈性、挥霍性消费是要摒弃的。即使到了近现代，人们依然认为，崇尚节俭、摒弃奢侈，能够真正带来社会财富的增加。马克斯·韦伯认为，资本主义的兴起有着不同于以往历史阶段社会发展的根本因素，那就是新教伦理的文化范型。新教伦理鼓励人们勤俭工作，而且这种工作是一种“天职”，是按照上帝的旨意而进行的工作。任何人只要在世俗社会努力工作，挣得金钱与财富，就可以获得上帝的恩宠。新教伦理之所以能够推动社会生产的发展，是因为它要求资本家努力赚钱、克勤克俭，不断扩大再生产，对于消费则要谨慎而行。他指出：“当消费的限制与这种获利活动的自由结合在一起的时候，这样一种不可避免的实际效果也就显而易见了：禁欲主义的节俭必然要导致资本的积累。强加在财富消费上的种种限制使资本用于生产性投资成为可能，从而自然而然地增加了财富。”[②] 这样一种资本积累方

① 《墨子·节用》

② 〔德〕马克斯·韦伯．新教伦理与资本主义精神［M］．于晓，陈维纲等译．西安：陕西师范大学出版社，2006.99.

式在资本主义发展之初功不可灭。然而，当人们的基本生存需要满足之后，过多的积累必然带来生产过剩。若想保证资本主义经济的持续增长，就必须刺激消费。

在韦伯的理论中，节俭是新教伦理的核心价值观念；而在桑巴特的理论中，奢侈是资本主义产生的原动力。在《奢侈与资本主义》一书的末尾，桑巴特戏谑而又深刻地说："奢侈，它本身是非法情爱的一个嫡出的孩子，是它生出了资本主义。"[①] 桑巴特首先从新社会、城市与爱情的世俗化三个方面，论证了奢侈对资本主义源起的推动作用。新社会中的新贵族使得经商变成了高贵的事情，而城市从产生到扩展都与消费有着密切的关系，宫廷女性生活的高昂费用带动了整个上层社会对财富的巨大消费。桑巴特还从贸易、农业、工业等方面论证了奢侈消费对资本主义发展的重要意义。

20世纪20年代末至30年代初，资本主义世界爆发了空前的经济大危机。英国经济学家凯恩斯认为，经济危机发生的根源在于资本主义社会有效需求不足，而有效需求不足又是由消费和投资不足所致。因此，他认为节俭是导致经济危机的罪魁祸首；应该鼓励消费，加大投资，这样才有利于经济繁荣和社会发展。二战后，凯恩斯主义逐渐成为资本主义国家普遍奉行的经济理论与制定各种经济政策的理论依据，这就在国家政策层面为大规模消费打通了道路。随着两次工业革命和新技术革命的进行，以及新能源的采用，各发达资本主义国家经济迅速发展；倍增的物质财富使得社会各阶层欣喜若狂，纷纷踏入到消费的大潮之中。

逐渐地，人们对消费的排斥态度发生改观，传统节俭的消费伦理价值观也被颠覆。在现代市场经济社会中，如果一味节俭，消费水平就会一直在低谷徘徊，就会引发很多经济问题。直接的结果就是商品库存长期积压，影响企业生产与销售的正常运转，进而导致对劳动力的需求下降，工人面临下岗；市场竞争也会停留在低层次的价格竞争阶段，影响产品的更新换代和企业的技术革新改造。所以，在国家层面上，为了调控经济发展的需要，

---

① 〔德〕维尔纳·桑巴特．奢侈与资本主义［M］．王燕平，侯小河译．上海：上海人民出版社，2000.215.

会制定相关政策来刺激消费。在个人层面上，除了基本的衣食住行的消费活动外，人们有了更多的欲求。活在当下，享乐在当下，是现代人的信条。辛辛苦苦挣来的、换来的钱财，就应该拿去消费。这不是可耻的，而是正当的、理所应当的。在消费活动中，人类再次找到了自我，彰显了自我。然而，把消费当作人生的全部的消费主义价值观、享乐主义价值观必将使人类陷入一个新的牢笼之中。挥霍、浪费性的奢侈消费满足了人一时的虚荣心，却也容易带来人与人之间的攀比之心、嫉妒之心。

3. 从商品的使用价值消费到商品的符号价值消费

马克思指出：人类进行所有其他历史活动的前提就是首先完成物质生产资料和生活资料的生产；否则，一个民族与国家不用说一年，就是一星期也无法生存延续下去。作为人的基本生命活动之一的消费也是如此，它与物质产品的生产与供应有着必然的联系，这就决定了消费首先是作为经济学的一个研究对象。由于资源的稀缺性与生产能力的限制，人类长期以来处于物品匮乏的状态，因而形成了节俭的消费观念。经济学的逻辑也总是从“满足人的基本需要”的限度来思索消费问题。减少不必要的消费，有利于积聚财富，扩大再生产。与此相应，消费仅是局限于物品的实用性的消费。除此之外，凡是为了炫耀、审美、体现生活品位、彰显社会地位等非实用性目的的消费都是不必要的，甚至是奢侈浪费的、有悖于道德评价的。

张筱薏指出，微观经济学对消费者有一个理性经济人的假设。经济学家从生产者的角度考察消费者的心理规律、需求动机时，往往把消费者假定为理性的：他们在效用最大化原则的支配下，以最少的支出来购买最大限度满足自己需要的物品；他们在经济“合理性”的支配下作出选择，消费总是指向物品的“有用性”，并追求物品的最大效用。因此，不论是从宏观上如一个国家，还是从微观上如一个家庭或个人的角度来说，资源稀缺的限制和效用最大化的目标使得经济学不得不强调物品的“功用”，注重消费的实用性，并以经济理性原则来权衡消费的适当与否；任何不从实用或者使用价值角度进行的消费，往往在经济上是“不合理的”或者“非理性的”，在消费伦理上是“浪费的”。这样，传统经济学便奠定了对消费的一个基本理解：消费即“使用价值的消费”。[①] 然而，人不是纯粹的理性经济人，他还是道德人、文化人、社会人。关于人的消费也不仅仅局限于满足于生存需要。只不过在一定时期内，由于客观条件的限制，人们表现为对物品的实用性价值的集中关注，无暇顾及更高层次的精神文化的消费。

马克思对资本主义制度进行了辩证而全面的分析，也曾赞叹资本主义创造的财富，比以往人类社会创造财富的总和还多。资本主义发展到 20 世纪，随着技术革新的不断推进，以及科学管理与福特制的盛行，物质资料的生产可谓日夜不停、源源不断，达至顶峰。商品的种类与数量急剧增加，堆积如山。人们可以根据自己的需求做出多种任意的选择。在电视、广告等大众媒体的渲染下，在大众文化的鼓动下，再加上工人收入的不断提高和社会福利的不断完善，后现代社会的消费模式已经发生彻底的改变。消费行为已经不仅仅停留在经济功能意义，即消费的价值意义就在于物品的使用价值上。它已经演化为一种符号系统、意义系统，消费的价值意义突显于物品的符号价值上。一些后现代主义大师更是赋予消费以符号的意义，如迈克·费瑟斯通区分了研究消费文化理论的三种视角。第一种视角认为，消费文化以资本主义商品生产的扩张为前提预设，它引起了消费商品、为购买及消费而设的场所等物质文化的大量积累，其结果便是当代西方社会中闲暇及消费活动的显著增长。第二种视角主要是社会学的观点。人们通过社会差距的表现和维持来实现自己对商品的满足并取得某种社会地位。因此，这种消费文化的核心就是以不同的方式去消费商品来建立社会联系或社会区别。第三种视角关心的是消费时的情感快乐及梦想与欲望等问题。在消费文化影响中，以及在独特的、直接产生的身体刺激与审美快感的消费场所中，情感快乐与梦想、欲望都是大受欢迎的。[②] 费瑟斯通认为，第一种视角是从经济学意义上来定义消费的，把它看作是生产过程的顺理成章的结果。而到了后现代社会，更应该从第二、第三种后现代意义上来分析

---

① 张筱薏，李勤．消费·消费文化·消费主义——从使用价值消费到符号消费的演变逻辑［J］．学术论坛，2006(9)．

② 〔英〕迈克·费瑟斯通．消费文化与后现代主义［M］．刘精明译．北京：译林出版社，2000.18-19.

符号产品的过剩、文化失序、分层消解等消费文化问题，以及文化、经济与社会之间的互动影响。因此，人们对商品的消费不仅是消费其使用价值，而主要是它们的文化符号与象征意义。

鲍德里亚也认为，现代消费不再以物品的使用价值为目的，而是以追求有差异性的符号价值为目的。这种消费就是符号消费。虽然鲍德里亚没有对符号价值作明确的界定，但从他的《符号政治经济学批判》一书中，还是可以窥探其要旨的。他说："物远不仅是一种实用的东西，它具有一种符号的社会价值，正是这种符号的交换价值才是最为根本的——使用价值常常不过是一种对物的操持的凭证（或者甚至是纯粹的简单的合理化）。"[①]鲍德里亚眼中的物品已经进入到"世界之中"。他痛恨从单纯的效用性、实用性来看待物品，认为物品的符号意义承载着社会关系、功能与结构。物品的使用价值反倒是符号的"交换价值"的结果。鲍德里亚认识到，"现代消费社会已经不仅仅是一个商品和物的世界，而且它已经成为一个符号的世界、符号的王国。我们生活的几乎所有方面都受到了符号的支配，如电视广告、网络媒体等等都是符号的载体。而我们所消费的物品，一旦把其作为一个符号来消费时，对其价值的衡量，就不能简单地从该物品的使用价值和劳动价值出发来看待。以物品中所包含的劳动量作为价值衡量的标准，在鲍德里亚看来，是传统政治经济学的核心观点。而他的符号政治经济学就是为了替代以商品和劳动价值为核心的传统政治经济学的。"[②]鲍德里亚试图创立符号政治经济学，以批判建立在使用价值之上的以物质生产理论为核心的历史唯物主义，彻底否定马克思的学说，是极为错误的。但是，他的颇显极端的理论也有着揭示与批判现代消费社会弊端的积极意义。那就是现代社会的符码化、数字化对人类本性的贬抑。

总之，商品不再是一个简单的物件。它除了具有物质内涵之外，还具有了社会与精神文化意蕴。既然商品不是"纯物质"的，那么也就决定了人对商品的消费必然与精神性活动相关联。消费过程不仅是商品使用价值

---

① 〔法〕鲍德里亚．符号政治经济学批判［M］．夏莹译．南京：南京大学出版社，2009.2.

② 孔明安．从物的消费到符号消费——鲍德里亚的消费文化理论研究［J］．哲学研究，2002(11).

实现的过程，而且是其社会生命与文化生命展现的过程。消费者通过消费商品的文化内涵，表露自己的意向与风格，展现自己的文化水准，以及实现融入某个社会阶层的愿望。

二、物、符号与符号消费

1. 物的世界与精神世界

《现代汉语大辞典》对物的含义作了三种解释：①东西；②指自己以外的人或跟自己相对的环境；③内容、实质。[①]《说文解字》云："物，万物也。牛为大物，天地之数，起于牵牛。故从牛，勿声。"由此可见，在汉语中，"物"大体是指所有事物的总称，有时也包括人在内。而在本文中，笔者采用狭义上的"物"，即不内含人在内的所有事物，尤其是指由人所创造的产品、东西。"物"分为自然物与人造物，山川河流、花鸟鱼虫等属于前者，石磨斧头、房屋车辆等属于后者。无论是在蒙昧的原始社会，还是在技术不发达的传统社会，人所创造的原始的、粗陋的、功能简单的工具或物品，都构成了不同于人的世界的"物的世界"。从某种程度上说，假如人不生存其中的话，"物的世界"就是一个无声响的、无生命的、无意义的寂静世界。甚至由一系列"物"的总和所构成的"东西"也不能称为"物的世界"，因为"世界"是关乎人的时间、空间概念。也就是说，"物"甚至不能被命名。这不是虚无主义的倾向，也不是人类中心主义的立场，而是人类自我意识诞生之后的特殊性。到了现代或后现代社会，人类制造了各种各样新奇的、数不胜数的产品，凭借着高技术不断使其加速更新换代，缩短其生死周期。产品激增之快使人甚至都无法为之命名、分类。鲍德里亚看到了科技主导着环境的变革，言称"物品的最具体的一面便是科技，因为科技演进和物的结构变化实为一体"[②]。物的科技层次变化是本质的。也就是说，我们如果想了解物如何被生产及消费、被拥有与被个性化，就必须回推到与技术模型一致的物的科技语言结构。鲍德里亚还指出现代人所消费的是产品的

---

① 中国社会科学学院语言研究所词典编辑室编．现代汉语词典［Z］．北京：商务印书馆，1983.1224.

② 〔法〕尚・布希亚．物体系［M］．林志明译．上海：上海人民出版社，2001.3.

系列“文化体系”，我们已经不可能仅仅从单独的用途考虑来购买一件物品。如今，尽管物有了更多的科技含量，承载了更多的社会功用，但是如果把人的意志加以剥离，现代的“物”与原始的“物”并无本质区别，它依旧是物质载体。

人的“精神世界”不同于“物的世界”。单纯的“物的世界”是没有人的自我意识的，物一旦被塑造出来就远离人而自成系统。“精神世界”是人类所独有的、无可替代的。它对人来说是福，也可能是祸。弗洛姆说，在动物进化的某一点上发生了一次独特的突破。当动物超越了自然，超越了生物纯粹被动的地位之时；当它成了最不能自助的动物之时，人便诞生了，生命有了自我意识。自觉、理性与想象打破了动物生存的特征——和谐，使人成为怪异的东西、宇宙的畸形物。理性，是人之福，也是人之祸。它迫使人永无休止地去解决那无法解决的问题——人的两分法问题。在这一方面，人的存在不同于所有其他的有机体，它处于一种经常的、不可避免的不平衡状态中。人的生命不可能以重复他的同类的生活方式来度过，他必须主动去生活。人是唯一自寻烦恼的动物，他感到自己被逐出了天堂。人是唯一发现自己的生存是一个问题的动物，他不得不去解决这个无法逃避的问题。他不能回到人类之前的那种动物与自然和谐相处的状态。他必须着手发展他的理性，直到他成为自然的主人、他自己的主人。他把世界变成了一个人类世界，使自己真正成为人。[①] 虽然弗洛姆以悲观的心态把人的诞生看作是一个否定性事件，但也告之人类自身的命运如此，需要看到人的精神世界的可贵性。

其实，早在黑格尔那里，就已思辨地表述了这一思想。他在《历史哲学》一书的绪论中说：“凡是在自然界里发生的变化，无论它们怎样的种类庞杂，永远只是表现一种周而复始的循环；在自然界里真是‘太阳下面没有新的东西’，而它的种种现象的五光十色也不过徒然使人感觉无聊。只有在‘精神’领域里的那些变化之中才有新的东西发生。精神世界的这种现象表明了，

① 〔美〕艾里希·弗洛姆．健全的社会［M］．孙恺详译．上海：上海译文出版社，2011.16-18.

人类的使命和单纯的自然事物的使命是全然不同的；——在人类的使命中，我们无时不发现那同一的稳定特性，而一切变化都归于这个特性；这便是，一种真正的变化的能力，而且是一种达到更完善的能力——一种达到'尽善尽美性'的行动。"[①] 正是"精神世界"的存在使得人类世界不同于自然界，人区别于动物；正是绝对精神的自我演绎使得世界历史的发展与进步成为一种可能性。黑格尔在《精神现象学》中对精神或意识发展的辩证过程的形上探讨更为深刻。从原始的实体性与混沌的同一体中分化出来，形成自我意识与主体精神，这是一种飞跃。精神是理性的意识，它是自在自为的。"精神既然是实体，而且是普遍自身同一的、永恒不变的本质，那么它就是一切个人的行动的不可动摇和不可消除的根据地和出发点，——而且是一切个人的目的和目标，因为它是一切自我意识所思维的自在物。"[②] 精神作为伦理实体，之所以是一切行动的根据地与出发点，是因为它遵循着"伦理世界"的规律。黑格尔的"精神世界"也就是"伦理世界"。"伦理世界"是由"单一物"与普遍物的统一构成的实体性的世界，普遍性或实体性是这个世界的真理。在"伦理世界"中，"伦理行为的内容必须是实体性的，换句话说，必须是整个的和普遍的；因而伦理行为所关涉的只能是整个的个体，或者说，只能是其本身是普遍物的那种个体"[③]。伦理行为的本性是具有普遍性的。不但精神是一种将自我分化出来的意识，而且这种意识最终要体察到只有与他人共在、在伦理实体中才变为现实。可以洞见，精神实现了区分，而又在伦理实体中找到了归属。

相对来说，"物的世界"远没有如此复杂，它就像钟摆一样日复一日、机械地摇摆着。然而，这个钟摆能摇动，是因为人类为它上了弦。也就是说，"物的世界"与"精神世界"的划分是人为的抽象。在现实的世界中，二者从来都是交叉运行的，或者说是没有边界的、无法分割的。"物的世界"因为人的雕琢而生动起来，富含意义；"精神世界"因为物的存在而矛盾重重，却也不乏动力。

---

① 〔德〕黑格尔.历史哲学［M］.王造时译.北京：生活·读书·新知三联书店，1956.94.

② 〔德〕黑格尔.精神现象学［M］（下）.贺麟，王玖兴译.北京：商务印书馆，1979.2.

③ 〔德〕黑格尔.精神现象学［M］（下）.贺麟，王玖兴译.北京：商务印书馆，1979.9.

2. 物的符号价值与社会意义

从最一般的意义上说，任何物品都不仅是物质实体，而且是具有一定目的、意义的符号。从我们身边的衣食住行谈起。衣服不仅用于遮体，而且衣服的样式是性别区分的标志，有的体现男性的力量、粗犷、干练与理性，有的体现女性的柔弱、秀美、依顺与感性；衣服品牌的选择则显示了一个人的个性与品位。人对食物的需求是为了解决饥饿的问题，但选择到什么样的场合用餐则反映了一个人的身份与经济状况。同样的，住豪宅、开高级轿车，既是为了满足最基本的住行要求，也是为了印证一个人所隶属的阶层、所占有的地位与享有的权利。所以，我们周围的物不再是单纯的自然存在，而是以符号的象征形式成为文化的载体和工具。它承载着多层社会意义。玛丽·道格拉斯说："食物是用来识别购买力的媒介；购买力级别分得越细越多，人们需要的食物种类就越多。空间也是如此。空间是服务于文化进程的一个元素，它的分类极富于含意：住房、面积、所在的街区方位、与其他中心的距离、特定的范围，这些都是支撑观念范畴的因素。衣着、环境和交通卫生也是如此。它们在时空的框架内提供了整套的区分标记。物品选择不断产生出特定的区分模式，要么强化其他模式。所以，物品是可见的文化。"① 我们所面临的不仅仅是一个物质世界，而且更是一个文化符号的世界。

文学批评家罗兰·巴尔特认为，符号学所研究的是人类如何赋予事物以意义。他说："通常我们把物体定义为'用作某物的某物'。……物体被人用于作用于世界、改变世界并积极地生存于世界。物体是一种行动和人之间的中介者。然而我们可以在此指出，实际上没有任何物体没有目的。当然有的物体以无用的饰物形式存在，但是这些饰物永远具有一种美学的目的性。我想指出的矛盾是，这些原则上永远具有功能、用途、目的的物体，我们以为只是将其经验作纯粹的工具，而在现实中它们还连带着其他东西，它们也是某种其他的东西：它们起着意义载体的作用。换言之，物体有效地被用作某种目的，但它也被用作交流的信息。我们可以总结说，永远有

① 罗钢，王忠忱．消费文化读本［M］，北京：中国社会科学出版社，2003.62.

一种超出物体用途的意义。”[①] 物体永远具有一种意义。当它没有意义或者假装没有意义时，那么到头来，它恰恰具有一种没有意义的意义。因此，没有什么东西可以逃脱意义。每个物体至少是一个所指的能指，而物体的所指在相当大程度上依赖于物体的读解者，它可有若干种不同意义的读解。我们以为自己处在由物及其功能、对物实现完全控制的实用世界之中，实际上也处于通过物体的记号、符号表征所形成的意义世界之中。正是物体所具有的意义使得其符号价值的存在成为可能。巴尔特还把符号学理论与概念融入他所感兴趣的日本文化现象中，如他对东方人使用的筷子这一物品作了细致的描述。筷子具备一些独特的功用：一根筷子具有指示功能，指向我们要吃的那块食物；两根筷子完成夹取食物的动作；最后一口一口运送食物到嘴里。筷子所有的功用、动作，都不同于西方人用的刀子。筷子不用于切、扎、截、转动。由于使用筷子，食物不再成为人们暴力下的猎物，而是成为被和谐传送的物质。它们具有一种母性，这种摄食方式与西方人食肉时配备刀叉的摄食方式是截然不同的。[②] 巴尔特从对筷子的使用中已然感觉到东方人内敛、含蓄的生存方式不同于西方人直白、毫不掩饰的生存方式，更重要的是他的符号学方法的解读显得尤为独特与具有创造性。物品在不同的民族那里，也具有了不同的性格与文化品性。我们正是通过某种物品、某个风俗习惯、某项制度，来了解一个人、一个民族、一个国家。

鲍德里亚认为，在商品的使用价值与交换价值之外，更重要的是其符号价值的存在。伊戈尔・科普托夫也说，在经济学家看来，商品就是被生产出来的物品和因物品的生产而来的物权。当它们与其他物品进行交换时，我们就可以看到商品在经济系统中的流通。这必然得出商品的常规定义：具有使用价值和交换价值的产品。然而，商品不仅是物质上被生产的东西，而且是刻印了某种文化的东西。[③] 人类学已经可以以各种方式作传记；同样的，也可以为物作文化传记。“物的传记可以使本来暧昧不明的东西浮现出

---

① 〔法〕罗兰・巴尔特．符号学历险［M］．李幼蒸译．北京：中国人民大学出版社，2008.190.

② 〔法〕罗兰・巴尔特．符号帝国［M］．孙乃峰译．北京：商务印书馆，1994.21-25.

③ 罗钢，王忠忱．消费文化读本［M］．北京：中国社会科学出版社，2003.397.

来。物的传记可以证明人类学家经常强调的一个观点：和接受外来思想一样，接受外来物品过程中重要的不是它们被接纳的事实，而是它们被文化重新界定并投入到使用中去的方式。”[①] 科普托夫举例说，在非洲，一辆轿车可以揭示丰富的文化信息：获取它的方式，车款怎样筹得和向谁借的，销售者和买主的关系如何，轿车经常用来干什么，它经常的乘客和借车人的身份，到哪个修车铺去修车以及车主与机械师的关系，车子转手情况，何时报废，残骸是如何处理的。这辆车有着完全不同于美国中产阶级轿车或法国农用车的文化传记。[②] 通过轿车这一物品的使用过程，我们可以看到蕴含在其中的价值观念、所形成的人与人之间的关系。

人类学和社会学有很多关于物品的社会意义的研究，物品具有重塑社会关系的意义与功能。礼物是人类学家和社会学家探讨物品的社会意义的重要研究对象。法国社会学家马塞尔·莫斯关于馈赠的研究就揭示了物品作为礼物所产生的独特力量，如礼物有何种力量使得受礼者必须回赠礼物，似乎礼物总是带有“灵”一样。所有赠出的物都有两个“灵”，“一是物自身的灵，另一个是物主的灵，物可以代替主人与主人分离被赠予他人，而这个接受者又会回过头来把同一物再赠出去。正因为这种分离并不完全彻底，被赠之物的名声便通过馈赠和回赠的循环与曾经拥有过和交换过它的人紧密相连”[③]。在礼物的馈赠与流转中，人与人之间的关系被强化区分或者被加固与团结。传统社会竞争性的馈赠和回赠首推印第安人的夸富宴制度。夸富宴是一种大型仪式聚会，仪式上有舞蹈、演讲、唱歌、面具表演等。其中，最重要的是主人及自己的氏族仪式性地炫耀向众人分发贵重财物和其他消费品。夸富宴实际上是“财富之战”。在这种夸富行为中，除了馈赠贵重物品之外，还甚至是毁弃物品。成箱的蜡烛油和鲸鱼油、房屋以及成千的毛毯都被付之一炬，最珍贵的铜器被投入大海，货币被砸烂。“实行夸富宴的社会中的这些过度的礼物馈赠、疯狂消费、大量的毁物行

---

① 罗钢，王忠忱．消费文化读本［M］．北京：中国社会科学出版社，2003.401.

② 罗钢，王忠忱．消费文化读本［M］．北京：中国社会科学出版社，2003.401.

③〔法〕马塞尔·莫斯．论馈赠——传统社会的交换形式及其功能．卢汇译．北京：中央民族大学出版社，2002.9.

为的动机却并非无私无利的。因为夸富宴之故，等级于是便在首领和其臣属之间、臣属和其附庸之间确立下来。给予，显示自己的高人一等，地位优越和拥有财富，是主子；接受不回报或回报得不多表示臣服，屈从，谦卑，成为侍从。”[①] 通过这种方式压倒对手，以提高自己及家庭的社会地位。虽然莫斯探讨的是种族与阶级社会中的馈赠行为，但是不可否认的是这一行为几乎在所有人类社会发展阶段都是存在的。即便是在现代市场化社会，也不完全是商品的买卖活动，也有赠予与回赠的行为。这其中，物品总是扮演着重要的角色。

3. 消费的本质与符号消费

简单来说，物品的占有与使用就是消费，但消费又是一个复杂的过程。虽然“消费”是一个我们非常熟悉、耳熟能详的词汇，但也需对其进行一番追根溯源的考察。“消费”一词在我国最早出现在东汉王符的《潜夫论·浮侈》，其中批评奢侈品生产者“既不助长农工女，无益于世，而坐食嘉谷，消费白日，毁败成功，以完为破，以牢为行，以大为小，以易为难，皆宜禁者也”。在这里，消费是浪费、消磨的意思。在西方，“消费”一词14世纪出现在《圣经》中，是指毁坏、用光、浪费、耗尽之意。可以看出一定时期内，对消费的理解含有贬义，具有正当与否的伦理评价的意味。根据《大不列颠百科全书》，消费是对物品和劳务的最终耗费。《牛津英语辞典》对消费的定义是“通过燃烧、蒸发、分解或疾病等花掉或毁掉；消耗、死亡；用完，特别是吃完；喝完；占去；花费、浪费（时间）；变得憔悴、烧尽”。逐渐地，消费的贬义开始消退，成为与生产相对而言的概念。现代意义上的消费多是从经济学的视角来给出的。《消费经济学大辞典》对消费的定义是“生产的对称，社会再生产的基本环节之一。它指人们通过对各种劳动产品（包括劳务和精神产品）的使用与消耗，满足其各方面的需要，以实现人本身的生产和再生产的过程和行为”[②]。在现代语境中，消费是人们为了维持自我生存与延续的需要，而对劳动产品（包括物质产品和精神产品）进行使用的过程。

---

① 〔法〕马塞尔·莫斯. 论馈赠——传统社会的交换形式及其功能. 卢汇译. 北京：中央民族大学出版社，2002.143.

② 林白鹏主编. 消费经济学大辞典［Z］. 经济科学出版社，2000.3.

现在，消费已经成为多门学科领域的研究对象，它也具有了多重意蕴。徐新总结出至少有四种不同的代表性的理解：“（1）消费的经济学含义，即把消费看作与生产相对而言的概念，表述为与生产、交换、分配相关的一种经济形式，它们共同构成了社会关系；（2）消费的文化和社会含义，消费是消费者进行社会分层、自我认同、文化分类和社会关系再生产的过程；（3）消费的生态学意义，从维护生态保护环境的角度界定消费，提出可持续消费的问题；（4）伦理学主要观察消费对人的存在与发展的影响，而一种合理正当的消费应当是符合人的本性并有利于人的发展。”[①] 消费的内涵还可从心理学、历史学等各方面来理解。如从心理学角度看，消费是一种心理行为，在消费过程中存在着一定的心理动机、情感投入、预期心理效果等。

消费的多重含义说明，消费不仅仅是一种经济现象，更是一种复杂的、综合性的经济、社会、政治、文化和心理现象，而且直接就是一种道德实践行为。消费是一把“钥匙”，它可以从经济生产过程四环节的末端反馈、开启整个链条；消费是一面“镜子”，它也可以折射出文化与社会生活的许多“秘密”。因而，王宁指出：“消费所隐含的意义远远超出了经济学和市场营销所能把握的范围；对消费与消费者，不但应该而且也迫切需要从社会学以及其他社会科学分支的角度来进行研究。”[②] 现在，我们应该呼吁、强调提升消费在伦理学研究中的地位，现代社会的消费伦理也是亟待明确与建构的。这既有客观实证的需求，也有形上理论的诉求。因为无论是发达国家还是发展中国家，无论是西方民族还是东方民族，无论是富人还是穷人，都已然进入了消费的浪潮中。消费不是“关起门来做自家的事情”，而是关乎他人的事情，关乎他人的生存资源、他人的感受、他人的权利。“而本质上，消费不仅是一种个人主观意志的行为，也不只是一种不需要与他人合作的纯偶然行为，它恰恰表征着一种人与人、人与社会、人与自然之间的特定关系。虽然个人的消费是根据消费者的经济状况、个人性格、生活习惯，在平等、自愿、自主的基础上做出的选择，但是，由于消费是

① 徐新．现代社会的消费伦理［M］．北京：人民出版社，2009.82.

② 王宁．消费社会学［M］．北京：社会科学文献出版社，2011.2.

在社会中进行的，个人消费的社会性注定了消费者在享受自由消费的同时要承担一定的社会责任，即消费的权利与义务是统一的。”①所以，消费活动是自由的，同时消费主体也是要承担社会责任的。在消费过程中是否遵循了公平公正的原则，是否侵犯了他人的利益，是否有碍于社会有序，这些都是需要考虑的。

对自我来说，消费是人类主体自我实现的过程。在自然界中，人的生存能力远远不如其他动物。正是人类肉体的渺小与局限性使得消费物品成为一个必要条件。但人是智慧生命，靠自己的双手制作了所需要的产品。这些产品包括物质的和精神的。因为人不仅有物质消费的需求，也有精神文化消费的需求。而精神文化消费的需求是消费的最高层次，是人类发展水平的标志。现代人在满足了日常生活的基本需求之后，也即在追求了产品的使用价值消费之后，越来越多地把消费兴趣转移到产品的符号意义层面。从“物的消费”转向“符号消费”实质上是人们越来越注重精神文化消费的一种表现。消费从来没有像今天这样承载着如此多的任务，消费者把心理需求、社会期望和人生梦想等全部压载在它身上，产品由此变成了表达特定意义或多重意义的符号。通过符号消费，每个人都想突出自己的个性，但生产线批量化生产、大规模复制的方式只能满足人们对某一类产品的选择，实现的是“类个性”。消费行为中符号的认同不是由消费者自身来决定的，最终的评判者是别人，因为符号价值的意义是他人给定的。“符号、类、他者改变了消费者的消费动机，为了实现消费品价值和使用价值的消费被扭曲为符号、类、他者左右的消费。符号可以刺激消费，但更多的可能是刺激欲望，使消费者失去自我，异化为符号的附属、随从。”②消费时代的人变成了物的符号表征，不再是他自身。符号消费是对传统消费观念、理念、消费模式的颠覆。所以，尽管消费模式已经发生了质变，符号消费更加复杂与多变，但是驱除异化，引导消费，并使其成为实现人生价值与目的的载体依然是核心任务。在这个过程中，避免引诱消费，实现

① 黄曦，周利刚．消费的自由与社会责任［J］．求索，2009(9)．

② 严明．符号·类·他者——当代消费文化特征别议［J］．北方论丛，2008,(4)．

自主消费，人做自己的主人而非他人或自己意志的奴隶。适当地追求财富与权力是成人之举，过分地渴求不正当的财富与权力是害人之祸。身份与地位也并不代表一个人的全部。如果身居高位之人做了恶劣之事，让我们更为不齿。个性需要彰显，但也要适度。太过另类，就无法融入社会团体中，这必将是一个失败的人生。因为根据黑格尔的理解，个体只有在伦理实体中才能是真正的自我。

所以笔者更倾向于从社会学与伦理学的交叉互动中来理解消费，前者提供了研究的实证基础，后者则分析了人的伦理道德本质。消费其实就是自我实现的一种方式与载体。在消费过程中，破坏同时也生成了伦理文化，解构同时也建构了社会伦理关系与结构。

三、需要、欲望与符号消费

1. 人的需要与欲望

人们的日常生活是由消费活动来维持的，而消费活动或消费行为的最基本的动机和内驱力源自于人的需要。消费的首要功能就是满足人的需要。人满足自己的需要不同于动物对外界的摄取，后者是纯粹本能的行为，而前者即使是满足最基本的生理需要也关涉着诸多社会、环境、经济、文化与历史的因素。美国人本主义心理学家马斯洛提出了观察人的动机的需要层次理论。生理需要、安全需要、爱的需要、尊重的需要、自我实现的需要，是五种依次递升的最基本需要。需要层次理论揭示了人的需要的丰富性、多样性，并呈现出一定的规律性。这是诸多学者在谈论需要或需求理论时必然追溯的重要理论之一。马斯洛对人的需要做出了泛化的心理学阐释，但是缺乏更为广阔的社会伦理文化背景的精神解读。人是物理性存在与精神性存在的结合体，人的需要也分为物质需要与精神需要。物质需要的满足使得人类的肉体生命得以延续，精神需要的满足使得人类有意义地生活在这个世界上。王宁认为，需要是维持人的生理、社会和精神存在的再生产（或发展）所必不可少的要素和动力。与人的这三种存在状态相对应，需要分别是指人的物质匮乏状态、社会匮乏状态和精神匮乏状态。首先，需要是一种物质匮乏状态，这使得人有了对食物、水、服装、治疗和保安等方面的需要。物质匮乏还会反映在心理上，成为心理匮乏，如痛苦、紧张、不满足感、贫困感甚至是被剥夺感，因而会促使人们采取行动来克服这种匮乏。其次，需要是一种社会匮乏状态，指的是个人在社会资源方面的缺乏。社会资源包括配偶与家庭、朋友、归属群体、社会身份、地位和权力等。社会匮乏反映在心理上，就是孤独感、感情饥渴、危机感、挫折感、绝望、妒忌、失常等心理失衡状态。再次，需要是一种精神匮乏状态，指的是对意义、价值、信仰以及精神性产品（如宗教、文学艺术、娱乐、教育等）的需要。如果说人的物质匮乏状态揭示了人的动物性的一面的话，那么人的精神匮乏状态则显示了人的神性的一面。人之特殊性在于追求精神自由、价值目标与意义世界。①

当人的需要得到满足之后，由于匮乏而导致的紧张感、痛苦感、不安感就随之消失了，人感受着满足的快乐。这或许是古希腊快乐主义者最朴素的想法。伊壁鸠鲁主张人生的目的是追求快乐，但他反对不加区分和权衡地去追求快乐。他把人的欲望分为三类：第一类是“既非自然的也非必要的”，如获得荣誉等。第二类是“自然而非必要的”，也就是他所说的备一点奶酪，想吃时可以享享口福之类的快乐。第三类是“既自然又必要的”，如饿了要吃饭，渴了要喝水等。伊壁鸠鲁认为，只有靠第三种欲望，并满足这种欲望，才能获得快乐和幸福。因为过分的享受虽然能快乐，但也带来痛苦，对身体有害。所以，那些很难达到的欲望必定是人类所不必需的，因此也不必去追求。他认为，那些放荡不羁、过分追求肉体快乐的人，都没有分清人的各种欲望并根据理性加以权衡，而屈服于一时的“剧烈而倔强”的欲望。由于这种欲望永远不能满足，所以这种人就永远为不安所苦而得不到快乐和幸福。②真正的快乐就在于精神的快乐，精神宁静、无所畏惧可以使人享受心灵的愉快和幸福。伊壁鸠鲁的“知足而乐”的思想，带有经验主义的色彩。他也没有严格地区分人的基本需要与很难达到的欲望的不同，但是他已经清晰地表明必要的满足会给人带来真正的快乐

① 王宁．消费社会学［M］．北京：社会科学文献出版社，2011.22-23.

② 罗国杰，宋希仁编著．西方伦理思想史［M］．北京：中国人民大学出版社，1985.240-241.

与幸福，非必要的愿望会给人带来伤害与痛苦。因此，人应该把握好自己；认识到哪些是自己所必需的，哪些是自己要舍弃的。与伊壁鸠鲁相反，柏拉图是完全否认物质生活幸福的禁欲主义者。他认为，人的肉体感官的快乐是低级的；人生的目的就在于从肉体的情欲束缚中解脱出来，或者说在于灵魂从肉体的“坟墓”中解脱出来。克制自己的情欲，用智慧和理性去追求幸福和至善。

人的存在可以说是一个矛盾体，他永远都处在匮乏与充实的交替过程中。似乎在人类的脚下，无论何时都有等待跨越的山峰，无论何时都有满足不了的匮乏，无论何时都有亟待解决的问题。德国哲学家叔本华认为，需要根源于人的欲望；人的欲望从来都不是一个“常数”，而毋宁说它是一个无限伸长的趋于无限大的“变量”。叔本华曾把它比喻为一个永远饥馋、永不饱和的“胃”，或是一个永远张开着的巨兽之口。一个能被满足的“欲望”不是欲望，而只是一个无限欲望系列中的一环。因为一种具体的得到了满足的欲望立刻会让位于一个更大的新的欲望。[①]满足人的基本生理性需要、社会性需要、精神性需要本是无可厚非的，但是各类需要一旦被无尽的欲望所支配，就可能像脱了缰的野马一样横冲直撞，也可能像凶狠的恶狼一样不择手段。我们选择衣食住行，是源于基本需求还是源于嫉妒艳羡之心、攀比之心？是凭借公平合理的正当手段获得的，还是私下暗箱操作的结果？是否侵占了他人或社会的利益？我们为了获得他人的爱，是纯洁地水到渠成还是欺骗性地自私占有？为了进入一个团体，是凭借自己的真实能力还是走后门拉关系？我们是在真正地享受着高雅的艺术，还是不懂装懂，只是为了显示自己所谓的品位？所以，满足人们生存生活、精神品鉴的基本需要是有限度的。它的表现形式虽然是主观的，但其内容具有客观性。这种需要的满足前提是受制于一定的客观社会生活条件。满足的方式和内容是相对恒定的；满足的过程是循规蹈矩的，具有较高的价值合理性和社会正当性。而满足人们各种食欲、性欲、占有欲、财富欲、权力欲、表现欲的“欲望”是无限度的，具有纯粹的主观性。这种欲望的满足不受制于任

① 万俊人．道德之维——现代经济伦理导论［M］．深圳：广东人民出版社，2000.273-274.

何外部条件。满足的方式和内容是变幻无常的；满足的过程是充满贪婪的，具有冲破一切规则与原则的势头，常常被评价为一种恶。

2. 基于精神需要与欲望的符号消费

无论是古希腊的快乐主义者的观点还是禁欲主义者的观点，以及现代人本主义者叔本华对“欲望”本性的揭露，都表明了这样的基本立场，那就是人应该节制肉体欲望，去追求更高层次的精神幸福。马克思说，人的本质在其现实性上是一切社会关系的总和。人是各种关系网络上的纽结，是在参照他人的同时给自己命名并定位的。因此，人的本质属性在于其社会属性。而这种社会属性除了表明人对国家与社会、社会制度与社会体制等社会文明与制度文明的需求之外，还有对精神文化产品的需求、对人生终极价值和终极意义的追寻，这可以说是人的精神需要。在以往生产力不发达、物质匮乏的时期，人们只能满足温饱的需要，此时的最大愿望就是得到一片可以充饥的面包、一件可以御寒的衣服。对精神文化的需求被遮蔽了，甚至是一种奢望。在阶级社会，锦衣玉食、谈诗论赋、议论国事是统治阶级或上层人士的特权。现代社会生产力极为发达，物质愈益丰富。即使是普通人，吃饱穿暖也是轻而易举的事情。生活的方方面面都讲究起来，尤其越来越注重对精神文化产品的消费。我们可以从一幅国画意会画家的心境，向往那样空旷、古朴的田园生活；我们可以从一段音乐聆听其中的悲欢离合，与作曲者同悲戚；我们可以从一支舞蹈感悟人生的跌宕起伏、奋勇向前；我们可以从一本著作中获得灵感，探索自然与人生的奥秘，或者被作者带入到思想的前沿，或者与作者同去针砭时弊。人与其说是一幅简单的黑白照片，毋宁说是一幅缤纷的彩色照片。在这幅照片上有无限的意境，有数不清的各种文化符号。除此之外，任何人可以进行形而上学的终极追问，对肉体与灵魂、生与死、有限与无限作本体式的探究。对宗教信仰的精神追求，就显示了人类特别的文化智慧。生命是有限的，也是痛苦的，但只要听从上帝的召唤，就可获得拯救，达到永恒与不朽。“从根本上说，宗教体现的文化精神是一种信仰的精神。人们可以不要信仰，但不能没有信仰。没有信仰，文化体系与精神体系的大厦就没有屋顶，人们就无法实现人生矛盾和人伦矛盾的最后解决，在人伦关系中，人们就只能餐风饮露，饱尝人生的苦恼。”[①]人类不能允许终极意义的空虚，因为这种空虚是透彻心扉的，是深入骨髓的，会带来精神上的极度痛苦。在这种情境下的人要么绝望离世，要么颓废度日，已然过着非人的日子。因此，“那些对于人们的生存是必需的消费，显然是合理的，但是，非必需的不一定是不合理的。人们的许多需要会超出必需，而只有在超出必需的层次上，人们才感受到不只是在生存，而且也在生活。……人不仅需要生存，而且需要发展。在历史上，社会生活的提高和人类文明进步的动力往往源自这些超出必需的需要”[②]。满足精神需要的文化符号消费，似乎就是非必需的，但正是这些高层次的消费才使得人区别于动物，走向文明社会，创造出一个理性与智慧的世界。

然而，即使是满足精神需要的文化符号消费，由于人类经常不能做到恰如其分，也会违背了初衷而显露出可怕的面目。符号消费最终会被贪婪的欲望所掌控，呈现出异化的状态。鲍曼说：“消费社会和消费主义不是关于需要满足的，甚至不是更崇高的认同需要，或适度的自信。消费活动的灵魂不是一系列言明的需要，更不是一系列固定的需要，而是一系列的欲望——这是一个更加易逝的和短命的、无法理解的和反复无常的、本质上没有所指的现象；这是一个自我产生和自我永恒的动机，以至于它不需要找一个目标或原因来证明自身的合理性，或者进行辩解。尽管欲望是一系列连续而短命的物质对象，它是‘自恋’的：它把自身视为首要的目标；由于这个原因，它注定是永远无法满足的——不管其他的（身体或精神）的目标提升到什么样的高度。最重要的‘生存’，不是消费者身体或社会认同的生存，而是欲望本身的生存：恰恰是欲望——消费消费的欲望——造就了消费者。”[③]鲍德里亚也声称消费是和需要的满足毫不相干的，消费无止境。“如果消费似乎是克制不住的，那正是因为它是一种完全唯心的作为，（在一定的门槛之外）它和需要的满足以及现实原则，没有任何关系。理由在于，它的动力来源是物品中永远失望又隐含的计划。在记号中失去

① 樊浩．中国伦理精神的现代建构［M］．南京：江苏人民出版社，1997.333.

② 何小青．消费伦理研究［M］．上海：上海三联书店，2007.13.

③ ［英］齐格蒙特·鲍曼．被围困的社会［M］．郇建立译．南京：江苏人民出版社，2005.190.

中介物的计划，将它的实存动力转移到消费物/记号的系统化和无止境拥有之上。”[①] 传统社会学认为，一旦人的需要得以满足，因匮乏而存在的紧张状态就会消失。然而，在消费社会，人的欲求即使在满足之后也不会消失，而是更加强烈。人们想要的是越来越多的消费。欲望的引诱使人类陷入疯狂的消费之中。基于欲望的消费使得人们几乎不关心物品的使用价值，而是过分关注它的符号价值，即其所承载的社会意义。这时，符号消费呈现为炫耀性消费、奢侈性消费。

关于“炫耀性消费”，可以追溯到凡勃伦在《有闲阶级论》中的论述。所谓炫耀性消费，是19世纪末20世纪初一些社会“有闲阶级”成员的生活方式。他们通过对生活非必需品的奢侈性、浪费性消费，来炫耀自己的金钱财力和社会地位，以及这种地位所带来的名望和声誉。“为了有效地增进消费者的荣誉，就必须进行奢侈的、非必要的事物的消费。要博取好名声，就不能免于浪费。”[②] 毫无节制的消费，尤其是高档用品的消费，说明一个人拥有足够的财富，有较高的地位，受人尊敬。反之，消费品不上档次，那就表明一个人地位低下，让人瞧不起。炫耀性消费之所以能够赢取名誉，原因就在于它包含着浪费因素。无论是浪费时间和精力，还是浪费财物，都是展示财富的手段。除了自己独自消费高档用品，向他人赠送贵重礼品、举办奢华的宴会也是博取名望的外部手段。这种举动可以引起他人更多的恭维、艳羡与妒忌。因此，炫耀性消费与奢侈性消费总是息息相关的。通常意义下，二者可以和虚荣、虚伪、攀比、骄纵、贪婪和过度享乐等相等同。

曼德维尔甚至一反节俭是美德的传统观念，为奢侈作辩护。在他看来，被严格意义上的道德标准所评判的“私恶”，如奢侈、挥霍等个人劣行，可以实现公共利益，推动社会经济的发展。曼德维尔“私恶即公利”的立论基点在于人的本性都是自私利己的；人既是一种精明的动物，亦是一种格外自私而顽固的动物。个体无论何时都在追求着快乐和自我利益。他分析了贪婪与挥霍两种恶德。尽管贪婪可能导致众多的恶果，但它却是社会极为需

---

① 〔法〕尚·布希亚 . 物体系［M］. 林志明译 . 上海：上海人民出版社，2001.227.

② 〔美〕凡勃伦 . 有闲阶级论［M］. 蔡受百译 . 北京：商务印书馆，1964.73.

要的，因为它能够收集和聚敛那些被与之相反的恶德所丢弃和挥霍的东西。没有贪婪，奢侈很快便会缺少物质基础。贪婪若意味着对金钱的卑鄙贪恋，便不再是挥霍的反面了。有一种贪婪表现为以消耗财富为目的而贪心求财。正是在这种人身上，这种贪婪往往与挥霍共存。例如，大多数廷臣及文武高官便是如此。在他们的居所、家具、车辇及娱乐上，他们的肆无忌惮与极度挥霍同时展现出来。与此同时，他们又为获取钱财而做出种种卑劣的行为，而他们采用的诸多诡计与诈术则表明了其贪婪已经登峰造极。较之贪婪，挥霍是一种高贵罪孽。挥霍者是对整个社会的赐福。除了挥霍者自己之外，不会伤害其他任何人。贪婪与挥霍倘若能相互矫正它们各自的毒性，便能够互为帮助，并且常常可以混合为良药。[①] 尽管曼德维尔的理论在当时可谓异端另类，但也极具震撼力。这也使我们清醒地认识到人的多面性，人是兽性与神性的结合体。减少兽性、张扬神性始终是人的责任与使命。

3. 符号消费：进步抑或异化

具有自由意志的人类应该懂得自己的所作所为；应该将消费行为的符号化引至正确的方向，避免走向歧途，产生异化。人既是自然性、物质性存在，也是社会性、精神文化性存在，因而人的消费也呈现出物质消费与文化消费的双重性。应该说，文化消费更能体现人的本真价值，不是像动物一样本能性地消耗，而是探索更多、更好的消费品，品位其带来的精神愉悦，享受到不一样的消费服务。从远古到后现代时期，消费活动都体现着人类对精神文化的需求，只不过表现形式有所不同，象征性意义也在发生着质变。

消费是属于人的精神性活动，因此即使在人类极其原始的时代，它不同于植物对阳光、水分、养分的吸收，也不同于动物对自然物的消耗。以对食物的占有与消费为例。摩尔根指出，在原始的那个时代，人口稀少，生活资源简单。人类能不能征服地球，取决于他们生存技术之巧拙，是否对食物的生产取得绝对控制权。在最早的时候，人类获取食物的技术并不比其他动物高明，但是逐渐地，人类的智力因素在其中发挥着越来越重要

---

① 〔荷〕伯纳德·曼德维尔．蜜蜂的寓言：私人的恶德，公众的利益［M］．肖聿译．北京：中国社会科学出版社，2002.78-83.

的作用。无论哪一种动物都需要不断获取食物来维持生命，而生理结构愈是简单的动物，它的食物也就愈是简单；生理结构愈是复杂的，它的食物也就愈是复杂；直到最高级的人体结构，其食物的复杂性也就达到顶点。①对食物的生产和消费表明，原始人虽然障碍重重，但是依然凭借着惊人的智慧，坚定不移地一步步向文明社会迈进。

在原始社会，人类的每一次跨越性进步都与生活资料的扩大紧密相关。这是因为生活资料是人类繁衍生存的最基本条件。就此而言，原始人的消费是为了满足自身肉体的最基本需要。那么，是否据此认为这个时期的消费纯粹是物质性活动呢？答案当然是否定的。原始人有了语言，会使用文字，这是文明伊始的标志。正如卡西尔所言，人是符号的动物。人类不是生活在一个单纯的物理宇宙之中，而是生活在一个符号宇宙之中。人若是物理性存在，那么他可以像动物一样按照生存本能食用一切食物。但是，恰恰相反，在原始人的食谱上常常有某些禁忌。图腾崇拜就是很好的例证。原始人将某种动物如熊、狼、蛇等作为本氏族的神圣标志，是全族之忌物，禁杀禁猎，但有时也有极其相反的情况，有的氏族部落要猎取图腾兽为食。原因在于他们认为，图腾兽太完美了。食用之后，它的智慧与力量就会转移到自己身上。当然在吃图腾兽之前，要举行庄严隆重的仪式。因此，原始人的消费模式最为简单。首先是物的消费，同时也是最初文化符号意义上的消费。二者原初地、混沌地结合在一起，还没有产生明显的分化。

时间跳转到现代工业社会。消费不再是前工业社会中维持生存、自给自足的简单模式，而是大规模的消费模式。丹尼尔·贝尔言，工业社会是商品生产社会，“大规模生产商品是工业社会的特征，这里，能源代替肌肉提供生产动力，成为提高生产率的基础，从而对商品的大规模生产起着决定作用。机器与能源改变了劳动的性质，技能被分解为一个个比较简单的部分，工程师和半熟练工人取代了过去的工匠”②。技术化、合理化是工业社会的突出特征，机器处于支配地位，人被当作物来对待。大规模的商

① 〔美〕摩尔根．古代社会（上册）［M］．杨东莼等译．北京：商务印书馆，1977.18-19.

② 〔美〕丹尼尔·贝尔．后工业社会（简明本）［M］．彭强译．北京：科学普及出版社，1985.35.

品生产，使得经济迅速发展，物质财富大量增加，人们被鼓励消费，大规模的商品消费成为可能。加之，大机器工业化模式，将劳动者束缚在生产流水线上，失去了对工作节奏的控制，也失去了任何可以自由支配的时间。劳动者无力再进行自给自足的家庭生产，于是走向市场去消费琳琅满目的商品。消费社会日益兴起，它是与资本主义大工业生产模式紧密相关的。工业社会的生活模式是按照经济学原理铸成的，人们追求最大化与最优化。因而，在消费社会诞生之初，突显的是对商品的物质性消费，消费的是它的使用价值，满足的是人们的物质需要，以此来解决物质匮乏问题。这个时期的消费模式，表现为强调物的消费，遮蔽了文化符号意义上的消费。二者发生了一定的分离。

消费社会是现代性的必然后果，而它又注定归属于后现代、后工业社会。“后工业社会以服务为基础，因此它是一场人与人之间的争斗。……如果说在工业社会可以用商品数量来衡量人们的生活水平，那么在后工业社会便可以用服务好坏和舒适程度高低来衡量人们的生活质量。”[①] 从工业社会到后工业社会的转变，是从传统的以“生产”为中心的社会，向以“消费”或“消费服务”为中心的社会的转变。消费的范围扩大，消费的样式多样化，消费产生了新的动力。人们除了购置生活需要的耐用消费品，继而转向追逐奢侈品和娱乐品。人们的欲望与兴趣关注的是饭馆、旅游、娱乐、体育、教育、医疗等方面的服务是否完善。这个时期的消费，不再把商品的使用价值消费置于首位，而是将其符号意义、象征意义上的消费放置在至关重要的地位。“符号消费”由此终于形成。

在后现代社会，符号消费实质上就是一种文化消费。文化消费是产品满足精神性需求的过程，它通常代表着对“幸福”“美好”“理想”生活的追求。从这个意义上说，符号消费是一种社会进步。熊辉指出，人们对消费品的符号意义的创造和追求一直没有停止。匮乏经济时代，限于生产力的低下、物品的稀缺和大众购买力的限制，符号性物品的消费也仅仅限

① 〔美〕丹尼尔·贝尔．后工业社会（简明本）［M］．彭强译．北京：科学普及出版社，1985.35-36.

于少数富豪和贵族特权阶层。而一般大众中的少数分子一旦具备了消费能力，他们也是迫不及待地构筑和消费他们的符号世界。从历史上看，人们不曾对符合消费能力和身份地位的超出生物需要的消费提出质疑（排除在当时文化背景下被认为的极度奢侈和浪费）。相反，正是超出生物需要的符号性消费成为整个社会公认的和追求的"美好""幸福"生活的象征。人类总是在追求和实际消费"美好""幸福"生活的符号中不断发展和进步。当旧的"美好""幸福"生活符号已经成为生活必需品的符号时，又有新的"美好""幸福"符号产生，幸福的符号也从物质领域扩展到文化领域、精神领域。[①] 对幸福的无止境追求，也就意味着对幸福符号的消费永无终结。

当然，消费社会的文化消费与前消费社会的文化消费，它们的内涵、形式与特性是完全不同的。后者从属于物品实用价值的消费。离开了实用价值的消费，也就无所谓文化消费。前者远远抽离了物品实用价值的消费，表现为相对纯粹的文化符号意义的消费。当今社会，消费所表征的文化符号意义达到了前所未有的程度，形成了消费社会所独有的消费文化。它是后工业社会的必然产物，具有一定的历史必然性和社会进步性。它造就了新的消费模式，在促进文化产业的发展、重塑和提高人的文化素质等方面体现了历史进步意义。

虽然消费社会的文化消费发挥着文化熏陶、心灵净化与境界提升的功能，但是另一方面，它也逐渐远离经典、精英与崇高，走向平庸化、大众化与低俗化，甘愿做赤裸裸的欲望的奴隶。"消费主义"的价值观铺天盖地般地充斥着每一个人的心灵。人们毫无顾虑、毫无节制地消耗物质财富和自然资源，并把消费看作是人生的最高目的和最大幸福。作为后现代消费社会核心的"符号消费"难辞其咎，它与消费主义的合谋导致了当今时代的消费异化。这也正是我们对"符号消费"进行伦理批判的根据与缘由所在。

---

① 熊辉．人类社会进步：符号消费的逻辑［J］．理论月刊，2007，(1)．

第二章
符号消费的运作逻辑

“后现代”是一个非常流行的标签，似乎贴上了它，立刻就引领了思想的前沿，变得与众不同，所以有些人言必称“后现代”；相反，有些人则对此嗤之以鼻，认为这纯粹是语言的卖弄与噱头。然而，在严肃的学术场域，“后现代”频频为思想家们所论及，无论是认同的，还是批驳的，都表明了“后现代”并不是“虚无”的存在。“后现代”是伴随着某种全新的东西的诞生而到来的，正如詹明信所说：“非马克思主义者和马克思主义者一样都已达致共同的感觉，即一种新型的社会开始出现于二次大战后的某个时间（被五花八门地说成是后工业社会、跨国资本主义、消费社会、媒体社会等等）。新的消费类型；有计划的产品换代；时尚和风格转变方面前所未有的急速起落；广告、电视和媒体对社会迄今为止无与伦比的彻底渗透；市郊和普遍的标准化对过去城乡之间以及中央与地方之间紧张关系的取代；超级高速公路庞大网络的发展和驾驶文化的来临——这些特点似乎都可以标志着一个和战前旧社会的彻底断裂，那时高等现代主义还是一种地下力量。”[①] “后现代”并非与“现代”毫无瓜葛，因为隐藏在阴雨之下的“高等现代主义”现在被暴露在“后现代”的阳光下。不仅如此，“后现代”也具备了一系列新的特质。消费社会的来临就是其特征之一。消费存在于任何时代，然而消费在当下后现代时期获得了质变。消费以后

① 〔美〕詹明信．晚期资本主义的文化逻辑［M］．陈清侨，严锋等译．北京：生活·读书·新知三联书店，2013.342.

现代理论为根基，一脉相承；而“后现代”又通过“符号化”“仿真”的消费施展其力量。当下的消费之所以迅猛而多变，有计划而系统化，是因为其社会运作是通过大众传媒来推动的。社会消费系统与大众传媒是相辅相成的。

一、后现代理论：符号消费的理论根基

1. 为现代性把脉

“现代性”是一个仁者见仁、智者见智的问题。哈贝马斯认为，在西方思想史上，黑格尔是第一位对“现代性”反思的哲学家。黑格尔起初把现代性当作一个历史概念加以使用，把现代性理解为一个时代概念。在他看来“新的时代”就是现代。这个时代发生的三件大事即新大陆的发现、文艺复兴和宗教改革，构成了现代与中世纪的时代分水岭。直到 18 世纪末，现代性要求确证自己的问题十分突出，以致黑格尔才把它作为哲学问题，甚至作为哲学的基本问题加以探讨。现代性是一种新的历史意识。它不是过去的简单延续，而是新的开端。黑格尔在《精神现象学》中说：“我们这个时代是一个新时期的降生和过渡的时代。人的精神已经跟他旧日的生活和观念世界决裂，正使旧日的一切葬入过去而着手进行自我改造。”[①]哈贝马斯这样诠释：新的时代是向未来开放的。“当代”从“现代”中独立出来，也属于一种现代的历史意识。它把与过去的分裂视为不断地更新。与“现代性”和“新的时代”同时出现的，是革命、进步、解放、发展、危机以及时代精神等概念。它们直到今天仍然是有效的，这些概念后来也成为黑格尔哲学的关键术语。正是现代性历史意识中所包含的更新性与创新性，使得现代性面临着自我确证的任务。现代性不能或不愿再从其他时代样本那里借用其发展趋向的准则，而必须自己替自己制定规范。[②]在这里，黑格尔对新的时代的“现代性”既充满憧憬，同时也表露出对“现代性”自我确证、获得合理性的担忧。

---

① 〔德〕黑格尔．精神现象学（上卷）［M］．贺麟，王玖兴译．北京：商务印书馆，1983. 6-7.

② 〔德〕哈贝马斯．现代性的哲学话语［M］．曹卫东等译．南京：译林出版社，2004.7-8.

韦伯对现代性或者说资本主义的现代化过程则呈现出悲观主义态度。在他看来，欧洲资本主义的现代发展过程是一个工具理性日渐膨大、价值理性逐渐式微的过程。随着社会的理性化、理智化、合理化发展，现代社会应该是出现正面、积极的人类进展历程。然而，最终韦伯对现代性的诊断却得出了相反的消极性结论，即意义的丧失与自由的丧失。韦伯把现代西方社会看作是“解除魔咒”的时代。传统宗教与形而上学的解体使人们从“最崇高价值”和“绝对价值”的魔咒中解脱出来，转而用理性的方法来理解和征服世界。在世界观的祛魔化过程中，人类生存的意义统一性被打破了，现代社会成为一个“价值多神论”的时代。现代生活的各个领域如科学、法律与道德、政治、经济、艺术，在合理化过程中愈益获得相对的自主性，最后导致各种价值之间无从避免的冲突斗争。理性本身裂变为一个价值多元状态，并破坏了自身的普遍性。它已经不能为人类的生存提供深层的价值和意义，这必然造成现代人的精神迷失、道德堕落。这就是现代社会意义的丧失。人类生存价值与意义的丧失也必然导致自由的丧失，这是韦伯对现代性的第二个著名诊断。西方资本主义现代化只能释放工具理性的潜能，行政管理与经济组织等行为子系统追求的是工具理性。它们愈来愈自主化，愈来愈脱离了伦理道德价值而独立。这样，人越是追求个性完满与超越，就越会同现代社会的规则与规章制度发生矛盾冲突。人脆弱得像一根芦苇，虽然会思想却时时抵不过社会的铜墙铁壁的压制，沦为组织的附属物；人的行为自由受到了严重威胁。西方资本主义现代化及其工具理性的行为模式，对人的本性、人的自由毋宁说是一座“铁的牢笼”。韦伯对此做出了无可奈何的悲观性陈述：“巴克斯特认为，对圣徒来说，身外之物只应是‘披在他们肩上的一件随时可甩掉的轻飘飘的斗篷’。然而命运却注定这斗篷将变成一只铁的牢笼。……因为完全可以，而且是不无道理地，这样来评说这个文化的发展的最后阶段：‘专家没有灵魂，纵欲者没有心肝；这个废物幻想着它自己已达到了前所未有的文明程度。’”[①]

① 〔德〕马克斯·韦伯.新教伦理与资本主义精神［M］.于晓，陈维钢等译.北京：生活·读书·新知三联书店，1987.141-143.

哈贝马斯坚持认为现代性是一项尚未完成的设计。现代性是不应抛弃，也是不能抛弃的。启蒙作为一个仍然具有潜能的方案，只能反思地继续。现代性本身并不是造成现代社会异化的思想根源，而是片面的理性发展导致了系统对生活世界的殖民化。理性与现代性出了毛病，其病根在哪里？哈贝马斯认为，现代性的弊端源自于它从意识哲学出发进行自我辩护，个体性主体的膨胀最终造成了理性化的悖论。“这里的‘意识哲学’，指的是从主客关系去把握人的主体性、理性能力的哲学。这种哲学总是试图在意识及其对象的范围寻找自身立足点，也就是从一个孤立的认识主体出发去研究认识与世界的问题。”① 意识哲学以思维为中心，采用主体和客体对峙的形式，因而形成了主客二元的对象化思维模式，也即理性的概念思维模式。应该说这种主客二元的对象化思维模式，对近代西方社会的演进作出了伟大的贡献，促成了现代性或现代化的成功。在这种思维模式下产生的理性主义、科学主义以及现代企业制度与现代社会民主制度，就其合理形态而非异化形态而言，一直到现在都是解决发展问题的最有效方法。然而，把主客关系抬高到唯一的、至尊的地位，忽视了主体与主体的交往关系，就会造成物统治人、人统治人的异化现象，也就难以形成人与自然、人与人以及人类内在精神自身的和谐。哈贝马斯对理性的反思、批判和重建所做的努力就是希望在主客体之间的认知—工具关系的控制之外，在主体间的交往行为中，建构一种不同于工具理性的交往理性。交往理性是以主体间为中心的反思、对话达成的共识为基础的，打破了意识哲学主体中心理性观的困境，克服了主客二分的单向思维方式导致的人对自然、他人、自身的异化，使主体被置于一种无压制的、无扭曲的沟通背景之中；使人与人之间成为一种平等的协商关系、伙伴关系，而不是目的—手段的工具奴役关系，从而避免了理性走向工具理性的命运。因此，要使现代性进程能够健康进行，就必须释放生活世界中交往理性的内在潜能，培育一种能够与工具理性相抗衡的力量，以阻止系统借助货币和权力媒介对生活世界的控制，重塑“系统”与“生活世界”的合理关系。

---

① 艾四林．哈贝马斯思想评析［J］．清华大学学报（哲学社会科学版），2001(3)．

2. 现代性与后现代性

其实，在学术争锋过程中，围绕着“现代”与“后现代”形成了多个词组对子，比如现代性与后现代性、现代化与后现代化、现代主义与后现代主义。这些词组对子经常被混乱地使用或交叉使用，使得对“后现代”的认知共识达成更为困难，因此需要明确其含义。

对此，迈克·费瑟斯通作了阐释。他认为，现代性与后现代性包含有时代的含义，出现于文艺复兴时期的现代性是相对于古代性而加以定义的。现代性是与传统秩序相对比而言的，指的是社会世界中进化式的经济与管理的理性化与分化过程；后现代性意味着一个时代的转变，或者说，它意味着具有自己独特组织原则的新的社会整体的出现，意味着与现代性的断裂。这是现代性与后现代性的第一层含义。它们还有第二层含义，即不同的现代性体验与后现代性体验。在法语文化中，现代性被看成是现代生活质量，它是与传统的断裂、对新奇事物的感觉以及对生命之短暂的敏锐感受。关于后现代性体验，詹明信对后现代高层空间建筑的体验做出了精彩的解释，它们体现了后现代文化特征：真实的实在转化为各种影像，时间碎化为一系列永恒的当下片断。在后现代感受性问题的种种讨论中，媒体所扮演的角色逐渐成为讨论的焦点。费瑟斯通指出，把现代性仅仅理解为现代性体验是有局限性的。同样的，个性化的后现代性体验虽然非常重要，但是更应该关注从事后现代文化产品的生产、分类、流通及消费的群体之间不断变化着的权力平衡。接下来，现代化与后现代化的讨论介于现代性与后现代性、现代主义与后现代主义之间。现代化通常用来表示在传统社会结构与价值之基础上的经济发展的结果；后现代化指明的是正在实现的过程及其程度，而不是指一个完全的羽翼丰满的社会秩序和社会总体。

最后一组词是处于文化的中心的现代主义与后现代主义。从最为严格的意义上讲，现代主义指的是，出现于世纪之交，并直到目前还主宰了多种艺术的艺术运动与艺术风格。后现代主义在艺术中表现出的特征便是：艺术与日常生活之间的界限被消解了，高雅文化与大众文化之间的差异消弭了；人们沉溺于符码混杂的风格，对赝品与大杂烩、反讽与戏谑乐此不疲，为“无深度”文化欢欣鼓舞。当然，二者还有更为广泛的用法，指的是广义的文化复合体，即作为现代性文化的现代主义和作为刚刚出现的后现代性文化的后现代主义。后现代主义可以看作是一个基本的文化变迁代码，而这种变迁发生在各种文化领域。包括艺术的、知识的、学术的场域变迁；包括符号商品的生产、消费及流通模式的广泛文化领域的变迁，以及所导致的群体和阶级集团之间的权力平衡与相互依赖关系的广泛转变；还包括不同群体的日常生活实践与体验的变迁。[①]

尽管如此，相对于现代性、现代主义，界定后现代性、后现代主义，并给出清晰的定义似乎是不可能的事情。后现代性与后现代主义在某些场合也相互替代使用，二者也难以严格区分。当然，这并不意味着它们是不可言说的神秘事物，而是表明了它们与传统文化、传统思维模式、传统生活样式的断裂与对立性。这需要跳出旧有的窠臼，从骨子里发生彻底的转变，以全新的姿态迎接“后”时代的到来。所以，不管这些词语的特殊用法如何，后现代性、后现代主义还是有基本的价值取向。它们不仅仅是在“现代”之后，而且基于对“现代”的否定，有意识地对表现了现代特色的那些东西的决裂与弃绝。“我们这里所谓的‘现代性’一词，主要指的是大约 17 世纪以来依照所谓‘启蒙思想家’们提出的那些基本原则（自由、平等、进步等）而首先在西方产生和建构起来然后逐渐扩散到世界其他地方的一种社会文化模式。”[②]“我们这里所说的‘后现代性’也主要指的是一种在传统的‘现代性’之后形成，并且在基本精神或运作原理方面与传统的‘现代性’有着根本不同的社会文化模式。”[③]从历史范畴看，后现代性是作为一个时代分期的概念，但它又并非像传统史学那样，是通过找到某个时间点所明确划分的历史阶段。与其说它具有实证意义，不如说更多地包含象征意义。后现代性作为一个哲学与文化的范畴，更具有实质性意义。它的精神内核

---

① 〔英〕迈克·费瑟斯通．消费文化与后现代主义［M］．刘精明译．北京：译林出版社，2000.1-17.

② 谢立中，阮新邦主编．现代性、后现代性社会理论：诠释与评论［M］．北京：北京大学出版社，2004.2.

③ 谢立中，阮新邦主编．现代性、后现代性社会理论：诠释与评论［M］．北京：北京大学出版社，2004.13.

与以往完全不同，这种后现代精神广泛渗透于人文科学、社会科学，乃至自然科学领域。知识分子、社会理论家、科学家，甚至平民大众都以各自独特的方式自觉或不自觉地在权威的精深专业研究中或随意的日常生活中践履着后现代精神。

在对待现代性与后现代性的关系上，形成了极端的后现代理论与温和的后现代理论。前者假设在现代性与后现代性之间有一个激进的断裂，强调的重点是“后”及其与现代的断裂。极端的后现代主义者要求与现代理论、文化与政治实现一次彻底的决裂，代之以一种全新模式的后现代理论、后现代伦理学和后现代政治学。温和的后现代理论并不过于强调二者的重大断裂，而是主张运用后现代的范畴和视角重新思考现代理论，即利用现代理论资源又持批判态度。这也是斯蒂芬·贝斯特、道格拉斯·科尔纳所认同的立场。“我们使用后现代‘转向’或‘转变’的话语而不是后现代‘断裂’的话语，后者强调最终的决裂、非连续性以及一种启示性的终结和全新开始之感。而且，对我们来说，‘转变’和‘转向’的概念意味着新的发展，也还保持了与现代性及现代理论的连续性，并保留其共有的假设、前提、思想和话语方式、经验、战略和眼光。看到后现代之于现代的连续性从而避免假设有一个理论和历史的根本断裂。这样的温和看法以更为适当的方式描述后现代现象，他们赞赏当代那些新的品质，却很少作激进的言论支持他们激进的理论立场。”①

我们也认为，既然现代性与后现代性结成了对子，就意味着它们有着千丝万缕的联系。后现代性或后现代主义不是凭空产生的，它就孕育于现代性之中。“后现代主义一方面从现代性中孕育出来，并有条件地肯定和发展现代性的成果，另一方面又批判、摧毁和重建现代性；换句话说，后现代主义一方面与现代性对立，另一方面又渗透到现代性的内部去解构、消耗和吞噬它，从它那里吸收养料和创造力量，并与之进行无止境的来回循环的游戏运动，以达到超越现代性和重建人类文化的目的。”② 没有现代

① 〔美〕斯蒂芬·贝斯特，道格拉斯·科尔纳．后现代转向［M］．陈刚等译．南京：南京大学出版社，2002.30.

② 高宣扬．后现代论［M］．北京：中国人民大学出版社，2005.11.

性就没有后现代性，现代性是后现代性进行批判与重建的基本出发点。否定之否定规律是不可磨灭的法则。这也揭示了后现代性一方面具有否定性与摧毁性，另一方面具有肯定性与建设性。

3. 后现代性的精神透视

（1）尼采：后现代性的开端

如果说黑格尔是第一个对“现代性”反思的哲学家，那么尼采则是开启后现代性历史端口的思想家。“正是尼采播下了后现代的理论种子，点燃了埋藏于地底的蓄势待发的突突的后现代火苗，这种火苗，我们今天已经十分清楚，是由德里达和福柯使之变为熊熊燃烧的状态的。”[①] 对尼采而言，现代性是西方的黄昏，是一个退化和堕落而不是启蒙神话所说的进步和前进的时代。这是一个否定生命价值、理性主义至上的软弱的和平庸的时代。“上帝死了”，需要重估一切价值。

尼采赞扬艺术化的审美人生，提出艺术形而上学。这对他的后现代意识的形成至关重要。在《悲剧的诞生》中，他表明：“只有作为一种审美现象，人生和世界才显得是有充足理由的。”[②] “艺术是生命的最高使命和生命本来的形上活动。”[③] 尼采把明显属于前苏格拉底古希腊时代的狄奥尼索斯文化与苏格拉底古希腊时代较为理性的阿波罗神文化区别开来。“狄奥尼索斯文化是出色的人生确证，表现肉体的力与激情，它把人民连结到一起，分享文化上的狂喜、陶醉之体验，尼采认为，喜庆创造了强有力的健全的个人和一种有活力的文化。……尼采对狄奥尼索斯主义的赞扬和对苏格拉底理性及后来的理性主义的希腊悲剧之批判表征着对启蒙理性和现代科学的人物之抨击。”[④] 因此，尼采是最早对科学之于人生的价值产生疑问的人之一，也是最先对现代社会组织产生疑问并进行现代性批判的人之一。尼

---

① 汪民安，陈永国，马海良主编．后现代性的哲学话语：从福柯到赛义德［M］．杭州：浙江人民出版社，2000.2.

② ［德］尼采．悲剧的诞生［M］．周国平译．北京：生活·读书·新知三联书店，1986.105.

③ ［德］尼采．悲剧的诞生［M］．周国平译．北京：生活·读书·新知三联书店，1986.2.

④ ［美］斯蒂芬·贝斯特，道格拉斯·科尔纳．后现代转向［M］．陈刚等译．南京：南京大学出版社，2002.73-74.

采认为，现代人灵魂空虚，丧失人生根基，究其原因，就是现代科学精神恶性发展的结果。现代社会同一化的、标准化的组织模式，使人墨守成规、缺乏创造性，泯灭了个性发展。

尼采还攻击了传统形而上学、道德与宗教，认为它们只不过是自我欺骗的谎言。他认为传统人文主义是“反人性”的，对此进行了全方位的批判，概括为三大方面。“第一，他认为，传统人文主义将人性道德化、理性化和逻辑化，剔除了人的一切血肉、情感和欲望，使活生生的人性变成基督教文化和道德的牺牲品，成为理性主义和逻辑中心主义的工具。第二，人文主义的反自然性质，扩大和膨胀人性与自然的对立，造成人性同自然的彻底脱离，使人性沦为各种人为文化和道德规则的附属品。第三，人文主义对知识和真理体系的追求，造成人性对于知识和真理体系的附属地位，也造成人生审美性质的丧失，恶化人生的僵化性质，使人生陷入教条的规则和原则的羁绊之中。”[①] 因此，尼采所言的审美的人生态度既是一种非伦理的，也是一种非科学的、非功利的人生态度。

尼采傲视地指出，现代社会存在着一种“浅薄的乐观主义”，相信一切宇宙之谜都可凭借理性去认识和穷究。理性可以使人类摆脱自然的控制，也可以使人类从社会权威的束缚中挣脱出来，还可以使人类制约自己的肉体欲望。然而，在尼采看来，这一切实现个人自由的希望都破灭了，结束了。启蒙的辩证法就是将人们重新囚禁于一种否定生命的文化以及诸如“客观性”或所谓“进步”的新神话之中。尼采敏锐地把握了人类的心理特点：从一个极端到另一个极端、从峰顶跌落到低谷、从对绝对信仰的狂喜到觉醒之后的痛苦与绝望。虚无主义就发生于最高的价值贬值之时。尼采从而预见了虚无主义时代的到来。“对尼采来说，虚无主义来自于对人性、理性和生活本身的信念之夸张、歪曲和过分的乐观。……世界被许以和平但展示的却是战争，繁荣被保证但被忽视的大多数人却生活在疾病和贫穷之中，自由受到倡导但出现的只有支配，理性受到赞扬但只有愚蠢的制度，虚无

① 高宣扬．后现代论［M］．北京：中国人民大学出版社，2005.128.

主义是其实际的结果。”① 人类总是乐观地憧憬，在纷繁复杂和变动不居的充满痛苦与灾难的现实世界之外的和平的理想世界是存在的，可以在某一天实现与达到，然而这是不可能的。尼采所流露的悲观主义和虚无主义并非完全沉陷于绝望之中。他似乎找到了解决之方，颂扬权力意志，塑造超人，以激起人类力量的再次迸发。然而，我们不得不承认，尼采的怀疑主义、悲观主义、虚无主义还是不可抑制地蔓延开来，浸透到每个现代人的骨髓之中。这也成为后现代转向的一个重要特征。尼采的思想遗产是高度复杂的，是多面向的。他也是从现代到后现代转向过程中的关键性人物之一。他对理性主义的攻击深深影响了德里达、福柯以及其他后现代理论家，使得许多人与现代理论决裂并寻求可供替代的理论。

（2）德里达的反中心性与解构主义

德里达是推动西方后现代性发展的重要人物之一，他的解构主义具有颠覆性意义，解构主义以反中心性、反二元论为标示。在《人文科学话语中的结构、符号和游戏》一文中，德里达对结构主义大师列维—斯特劳斯的理论加以质疑，认为其“结构”事实上也被赋予了一个中心。这个中心组成结构并调整结构，以使其保持平衡有序。“结构，或毋宁说结构之结构性，虽然一直运作着，却总是被一种坚持要赋予它一个中心、要将它与某个在场点、某种固定的源点联系起来的姿态中性化了并且还原了。这个中心的功能不仅仅适用于引导、平衡并组织结构的——其实一种无组织的结构是不可想象的——而且尤其还是用来使结构的组织原则对那种人们可称为结构之游戏的东西加以限制的。”② 可以说，整个西方哲学传统都以中心、本源、在场为最深刻的、最内在的思维逻辑。这种思想影响至深，以至于人们谈及本身丧失任何中心的结构是不可思议的。然而，这种“中心化结构”却是在矛盾中自圆其说的。“因此人们总是以为本质上就是独一无二的中心，在结构中构成了主宰结构同时又逃脱了结构性的那种东西。这正是为什么，对某种关于结构的古典思想来说，中心可以悖论地被说成是既在结构内又

① 〔美〕斯蒂芬·贝斯特，道格拉斯·科尔纳．后现代转向［M］．陈刚等译．南京：南京大学出版社，2002.79-80.

② 〔法〕德里达．书写与差异［M］．张宁译．北京：生活·读书·新知三联书店，2001.502.

在结构外。中心乃是整体的中心，可是，既然中心不隶属于整体，整体就应在别处有它的中心。中心因此也就并非中心了。”[③]“中心”可以置换为象征“在场”的一系列名称，如逻各斯、元力、本质、实体、主体、实存、先验性、上帝。它连续以某种规范化了的方式接纳不同的形式和不同的名称。这就是传统形而上学，也即德里达所言“在场的形而上学”通过隐喻或换喻而形成的不变的历史。

德里达显然不赞同这种“结构”理论，认为这种理论依然寓于二元对立的传统形而上学。传统形而上学以“逻各斯中心主义”为内核，所谓逻各斯中心主义指的是西方思想传统长久以来的这样一种观念：这种观念认为，存在着一种独立的本源性的实在；它是万物赖以存在的根据与缘由，是支配万物生灭变化的本质或规则，称之为“逻各斯”。“逻各斯中心主义从本质上认定某一认识真理的方法优于另外一些方法，这使得西方传统的形而上学思维方法建立在一正一反二元对立的基础之上，如：真理与谬误、生与死、有与无、精神与物质、灵魂与肉体、确定与隐喻、实在与虚构、男人与女人、语言与文字等等。这种二元项的对立并非是平等并置的，而是‘某个词语支配另一个词语，并占有决定的地位’。”[④]二元对立的前一项优于后一项，前项是本质的、中心的、本源的，而后项则是非本质的、边缘的、衍生的。前项必然处于支配地位、决定地位，后项必然处于附属地位、非决定地位，形成了看似“理所应当”的等级秩序。在这种在场的形而上学的二元对立中，思想家重视的是同一性与确定性，贬斥的是差异性与不确定性。德里达认为，若想冲破这一认识论的束缚，就必须对原有体系进行彻底解构，否则永远无法摆脱矛盾的怪圈。于是，德里达开始了对具有“中心”的结构加以责难，要消解中心与本源，解构同一性与确定性，突出差异性与不确定性。

德里达是通过颠覆言语对文字的优先地位来批判“言语中心主义”，并进而解构在场形而上学的。传统文化是扬言语而抑文字的，言语比文字

③ 〔法〕德里达．书写与差异［M］．张宁译．北京：生活·读书·新知三联书店，2001.503.

④ 王岳川．后现代主义文化研究［M］．北京：北京大学出版社，1992.81.

优越。因为和文字相比，言语具有直接性、鲜活性；它可以凭借在场性，即时性地、直截了当地表达所经验到的东西。“言语，第一符号的创造者，与心灵有着本质的直接贴近的关系。作为第一能指的创造者，它不只是普普通通的简单能指。它表达了‘心境’，而心境本身则反映或映照出它与事物的自然相似性。”[①] 在言语中心者看来，文字与言语相比，不具有直接性、生动性，因而本质上是模糊不清的。解读文字会因为作者的不在场性，使得意义不确定或出现歧义。至此，文字已经被贬低于言语之后，是次要的、第二位的。德里达认为，这种“言语中心主义”是逻各斯主义所表现出来的武断的、暴力的语言观。其实，言语和文字同等重要，二者是思维表达意义的不同形式，是平等的互补关系。颠覆言语与文字的关系并不是德里达的根本目的所在，这只是解构中心性的开始。他要以此为出发点，推翻一切二元对立的关系，进而动摇传统形而上学的理论大厦。

德里达精心地设计了他的解构策略，提出了“分延”与“播撒”。“分延”是德里达瓦解意义确定性的关键性词汇。语言符号不具有确定的意义，它总是进行着空间上的“区分”与时间上的“延搁”双重运动。前者表明符号的意义只能在具体语境中与其他符号的关系来确定；后者表明符号的意义或者说符号与其所指之间的联系是暂时的，永远不能得到最终的确定，而是无止境地拖延、推迟下去。一切符号意义在“区分”与“延搁”中不断出现新的意义。“分延作为符号的本性标明这样一种状态，那种中心性、同一性的符号意义，丧失了其根本的、终极的本源，符号不存在所谓恒定不变的单一本源意义，只存在不断分延着的符号语境中流动着的意义。”[②] 这样，符号的权威和根源被连根拔起，传统形而上学中的中心、本源、存在也被成功悬置。后来，德里达又提出“播撒”，作为“分延”的补充。符号意义的传达不是直线式的，而是向四面八方指涉开来，就像种子一样“这儿播撒一点，那儿播撒一点”，没有任何确定的中心。文字“播撒”的这种固有能力，以其零乱性、松散性、不完整性抵抗着任何中心的形成。

---

① 〔法〕德里达 . 论文字学［M］. 汪堂家译 . 上海：上海译文出版社，1999.14.

② 王岳川 . 后现代主义文化研究［M］. 北京：北京大学出版社，1992.91.

（3）福柯的权力、知识与主体性

虽然福柯本人不承认自己是后现代主义者，但是他对现代性及人本主义的批判，他所发展的新的知识、权力、主体观点，对后现代理论产生了决定性影响，这使他成为后现代理论上的真正启蒙者。“福柯继承了那种否认理性、解放、进步之间具有等同关系的反启蒙传统，认为现代权力与知识形式的相互联结已经产生了一种新的统治形式。在他的一系列历史—哲学研究中，福柯试图从各种角度提出和论证这一主题，这些角度包括：精神病学、医学、惩罚与犯罪学、人文科学的缘起、各种惩戒性机构的形成过程以及主体的构成等。福柯一直打算写一部‘我们这个历史时代的批判’，以此来质疑现代的知识形式、理性、社会制度以及主体性，这些东西看起来似乎是天经地义、自然而然的，实际上却是权力与统治的偶然的社会历史建构物。”[①] 福柯指责现代理性、制度和主体性形式是统治的根源或统治的建构物。现代理性倾向于把知识和真理视为客观的和中立的，是推动历史进步和解放的力量；而福柯将它们视为权力和统治的构成。现代理性通过社会制度、知识和实践等方式实现对个人的统治。人类的各种经验与行为，如疯狂、性行为等，都变成了严密分析、监视和规训的对象。不仅在政治生活领域，而且在日常生活领域，人更是受到了前所未有的管控。

福柯的批判是从研究知识史开始的。福柯使用“知识考古学”一词，是想表明他研究知识史的理论与方法不同于传统历史学。福柯在《知识考古学》一书的引言中指出，知识史的研究目标“不再是传统和印迹的问题，而是分割和限界的问题；不再是基础遭到破坏的问题，而是导致基础的创造和更新的转换的问题”[②]。这样一来，知识史的研究不再采用现代理论所使用的因果模式的必然性与连续性，取而代之的是对并非由因果纽带连结的偶然性与非连续性。人们正力图在人类思想发展的长期的连续性中，探测中断的偶然性。非连续性不再被视为一种有损于历史叙事的、原则上应予以指责的因素。相反地，福柯把非连续性当作一个积极有效的概念。尽管如此，

① 〔美〕道格拉斯·凯尔纳，斯蒂芬·贝斯特．后现代理论——批判性的质疑［M］．张志斌译．北京：中央编译出版社，2011.39.

② 〔法〕福柯．知识考古学［M］．北京：生活·读书·新知三联书店，2007.4.

福柯认为，很多人排斥这一新的历史学方法。人们习以为常的是溯本求源、寻求始因，满足于各种目的论，对思考差异、描写偏差、分解令人满意的同一性深恶痛绝，害怕界限、变化、独立系统、限定序列这些概念，不愿承认它们也形成了不可忽视的理论。福柯认为，19 世纪以来，人们所遵从的主题虽然形式多变，但总是起着一个恒定不变的作用，那就是总体性历史、连续性历史反对一切偏移，挽救并维护主体的至高地位，使主体终究收回对差异、偏差的支配权。“19 世纪末叶，这个主题导致了对全面历史的研究，在这样的全面历史中，一个社会的全部差异都可以被归结于单一的形式、某种世界观的结构、某一价值系统的建立、和某种文明的一致的类型。”[①] 这种价值体系和方法论的抽象与还原，遮蔽了复杂的相互关系、分散变化的多元性、个性多样的话语表达。福柯的目标就是要打破那些巨大的总体性、统一体，重视差异性和多元性。他深信知识考古学作为一种后现代历史学方法是可以做到这一点的。

20 世纪 70 年代初，福柯试图在非总体化的、非再现的、非人本主义的框架中重新思考现代权力的本质。他拒斥所有那些认为权力仅泊于宏观结构或统治阶级手中，并认为权力本质上是压迫性的现代理论。他提出了一种新的后现代观点，认为权力是分散的、不确定的、形态多样的、无主体的和生产性的，它构造了个人的躯体和认同。福柯做了一项划时代的创举，他提出了一种完全不同的权力模式。这种权力在本质上是生产性的而非压迫性的。它的运作无须借助肉体的力量，也无须借助法律，而是借助具有霸权地位的各种规范，借助政治技术，借助对躯体和灵魂的塑造。这一点从《规诫与惩罚》中所描述的达米安斯的酷刑折磨，对犯人、学童及其他人实施的道德改造，都可以明显看出。知识与权力体系也是不可分割的，二者是循环运作的。产生于权力关系网络中的各门学科如精神病学、社会学、犯罪学等，通过排斥、限制、监视和客观化等多种形式的实践与技术，反过来又发展、完善、传播了新的权力技术。关于主体，福柯认为，它是一个在“科学—规诫机制”之母体中被构筑的存在物；一个通过一整套的力

---

① 〔法〕福柯 . 知识考古学［M］. 北京 : 生活 · 读书 · 新知三联书店 , 2007.13.

量和躯体技术被精心组织起来的，道德的、法律的、心理的、医学的、存在物。[①] 因此，福柯呼吁要解构主体。因为近现代资本主义所建构的、有着人性尊严和基本人权、享受着自由与平等原则的"主体"是虚假的、骗人的。在福柯所分析的知识、权力和道德的勾结与共谋中，主体消亡了，变成了"在沙滩上消失"的虚构的"人"。

4. 符号消费与后现代理论的共谋

描述从现代性到后现代性的另一种运动轨迹，是从马克思的商品社会到德波的景观社会，再到鲍德里亚的仿真社会。科尔纳与贝斯特指出，马克思是第一位使现代与前现代形成概念并在现代性方面形成全民理论观点的主要的社会理论家。对马克思而言，资本主义生产方式的出现形成了一种新的现代社会模式。它的动力和内部结构由商品生产和资本组成，并说明了商品模式是如何成为资本主义社会的组织原则的。后来的马克思主义者（卢卡奇、阿尔多诺、马尔库塞等人）也向世人展示了在一种"新资本主义"消费经济中，商品化是如何渗入经验和社会生活的新领域的。在他们的理论中，资本主义已经变成了一个被物化的并且赋予自身合法地位的系统，在这个系统中，客体世界获得了控制权，而人类的富裕与健康快乐是由消费所定义的。在二战后的法国先锋艺术运动中，以德波为首的境遇主义者们进一步深化了这一主题。他们认定消费资本主义是一种"景观的社会"。作为社会调控的新模式，它通过创造一个使人迷惑的影像世界和使人麻木的娱乐形式来安抚人们。比新马克思主义传统更进一步，鲍德里亚认为，商品化模式已发展到使用和交换价值被"符号价值"所代替的程度，他重新界定商品主要是作为一种符号来消费和显现的。在他看来，政治经济学和生产的时代已经结束，我们生活在一个物质形态消失的新的社会，这里只有符号、影像和代码。[②] 对商品模式的不同诠释源自从现代到后现代的社会变迁，尽管一个新的后现代世界并不像德波所说的纯粹是景观的积

① 〔美〕道格拉斯·凯尔纳，斯蒂芬·贝斯特．后现代理论——批判性的质疑［M］．张志斌译．北京：中央编译出版社，2011.50-60.

② 〔美〕斯蒂芬·贝斯特，道格拉斯·科尔纳．后现代转向［M］．陈刚等译．南京：南京大学出版社，2002.100-101.

聚，也不如鲍德里亚夸大所言完全是内爆、超真实的仿真世界，但它依然毫无阻挡地到来了。

（1）德波的景观社会

德波“景观社会”概念的提出，无疑延伸与发展了马克思的商品化理论，同时对后来鲍德里亚“仿真社会”思想的产生具有重要的启发性意义。在马克思那里，资本主义的诞生是历史发展的断层，它代表着一个完全世俗化、以功利主义为准则的现实世界。在资本主义世界中，追求利润最大化的商品生产成了社会的最终目的。资本主义社会的商品生产以物的关系代替了人与人的关系，马克思曾这样表述：“商品形式的奥秘不过在于：商品形式在人们面前把人们本身劳动的社会性质反映成劳动产品本身的物的性质，反映成这些物的天然的社会属性，从而把生产者同总劳动的社会关系反映成存在于生产者之外的物与物之间的社会关系；由于这种转换，劳动产品成了商品，成了可感觉而又超感觉的物或社会的物。”[①] 在生产劳动过程中，人与人的关系颠倒为物的关系；物或商品本来是服务于人的，现在反过来成为主宰人的外在的东西。伴随着劳动的异化，以及对商品的顶礼膜拜，商品拜物教随之而生。商品拜物教批判是马克思对资本主义的诊断结果。在商品拜物教批判中，商品还是一个可以感知的“物”，是看得见、摸得着的；而在德波的景观社会批判中，商品的“物”性完全被它的表现——“表象”“影像”所替代，这就是“景观”。德波仿效《资本论》开篇的句子说：“在现代生产条件无所不在的社会，生活本身展现为景观的庞大堆聚。直接存在的一切全都转化为一个表象。”[②] 德波认为，马克思所面对的物化时代已经过渡到一个以视觉表象为本体的景观王国时代。“景观不是附加于现实世界的无关紧要的装饰或补充，它是现实社会非现实的核心。在其全部特有的形式——新闻、宣传、广告、娱乐表演中，景观成为主导性的生活模式。景观是对在生产领域或由生产所决定的消费领域中已做出的选择的普遍肯定。”[③] “景观”（spectacle）一词，出自拉丁文 spectae 和 specere

① 马克思恩格斯全集（第 23 卷）[M]. 北京：人民出版社，1972.88.
② 〔法〕德波. 景观社会 [M]. 王昭风译. 南京：南京大学出版社，2006.3.
③ 〔法〕德波. 景观社会 [M]. 王昭风译. 南京：南京大学出版社，2006.4.

等词语，意思都是观看、被看。德波并没有直接界定景观的概念，而是在背景性意义上多重分析这一范畴并使其逐渐清晰起来。景观是一个复杂的概念，它合并并解释了许许多多、各种各样的表面现象。“从某种意义上说，它指的是大众媒介世界。但是，这是‘最粗糙、最浅显’的定义。更广义地说，它指的是晚期资本主义广泛的机构和技术的设备，指的是权力为了将主体降格到社会的关键性创造性边缘，为了掩盖其扭曲力的本质和效果而运用的除了直接力量之外的所有方式和方法。”[①] 景观是非强制性的。它不是暴力性的政治意识形态，而是“永久性的鸦片战争”。它麻痹了社会主体的独立意志。景观社会主要通过休闲和消费的文化机制，即服务和娱乐来散布麻醉剂，使人们在广泛的娱乐的迷惑下，丧失了批判性与创造性，沦为景观控制的奴隶。

从以生产为主导的竞争资本主义发展到以消费、媒介、信息、高科技为主导的垄断资本主义，商品社会也步入了景观社会。如果说商品社会的产生体现了“从存在到占有”的转变，那么景观社会的产生则体现了“从占有向显现”的转化。“经济统治社会生活的第一个阶段，使人们实现了从存在向占有的明显堕落——人类实现的不再是等同于他们的之所是，而是他们之所占有。目前这个阶段则是经济积累的结果完全占据了社会生活，并进而导向了从占有向显现的普遍转向。由此，一切实际的占有现在都必须来自其直接名望和表象的最终功能。……只有个人现实不再事实上是真实时，个体才被允许显现自身。”[②] 在从占有到显现的转变过程中，物或商品以符号形式来表征自己，比商品实际的“使用价值”更起决定性作用的是商品的外观与表象。景观的堆聚使人们不是生活在现实的世界中，而是生活在更为抽象的表象世界中。“景观没有实现哲学，而是将现实哲学化，并将每一个人的具体生活简化为一个思辨的世界。”[③] 现实显现于景观，景观就是现实。在这一颠倒的世界，真相不过是虚假的一个瞬间。在真实的

① 〔美〕道格拉斯·凯尔纳编．波德里亚：批判性的读本［M］．陈维振等译．南京：江苏人民出版社，2005.66.

② 〔法〕德波．景观社会［M］．王昭风译．南京：南京大学出版社，2006.6.

③ 〔法〕德波．景观社会［M］．王昭风译．南京：南京大学出版社，2006.6.

世界变成纯粹影像之时，“看”的视觉取代以前的触觉而取得了卓越的地位。因为景观是颠倒的、抽象的，所以它只是金钱的另一面，“景观是货币的另一面，也是全部商品的一般抽象等价物。货币作为一般等价物的代表，作为其使用价值无法比较的不同商品的可交换性的代表，统治着社会。当商品世界的总体表现为一个整体的时候，景观作为整个社会所能成为和所能做的东西的一般等价物，便成为货币的发展了的现代补充物。景观只是供人注视的货币，因为在景观中，使用价值总体已经被替换为抽象表征的总体。”① 在抽象的景观社会中，符号与表象成了商品物化的最高形式。原本交换价值只能作为使用价值的代理人身份出场，现在它却最终成功地控制了使用价值，使用价值现在变成纯粹是被观看的，它已完全为交换价值所摆布。

（2）鲍德里亚的符号价值、消费与仿真社会

鲍德里亚深受德波和境遇主义者们的影响，但他力图超越马克思、超越境遇主义者、甚至超越他自身的理论。鲍德里亚起初小心翼翼地立足于马克思的商品社会理论分析框架，但最终将其抛掷后面。他也超越景观社会和它所掩饰的虚假面具，超越现代性，进入到一个后现代的仿真社会。鲍德里亚最初的三部著作《物体系》《消费社会》《符号政治经济学批判》试图综合马克思主义与符号学，尝试发展一种新的马克思主义社会理论。不过，在《符号政治经济学批判》中，鲍德里亚已经开始与马克思主义拉开距离，并在接下来的《生产之镜》《象征交换与死亡》中，以其最激进的观点断然与马克思主义做了决裂。尽管鲍德里亚某种程度上误读或偏离了马克思的政治经济学理论，但他对符号体系与消费社会的批判性研究依然对当代社会理论有着重要的贡献。

与德波一样，鲍德里亚也看到了从竞争资本主义过渡到垄断资本主义，由于生产技术与生产能力的极大提高，丰裕的商品充斥了整个社会。刺激消费、拉动消费是社会关注的焦点所在，“消费资本主义”不断创造知名的品牌商品，以激起大众消费的欲望，操纵消费。在这样的消费社会中，广告、

① 〔法〕德波．景观社会［M］．王昭风译．南京：南京大学出版社，2006.17.

包装、时尚、大众传媒都增加了商品的符号与象征意义，促成了被鲍德里亚称为“符号价值”的增长。商品不仅具有使用价值和交换价值，而且还有符号价值。符号价值——身份与地位、权力与富有、名声与威望、风格与品位的标识，日益成为消费过程中的重要因素。“今天消费——如果这个术语的意义并不是那种粗陋的经济学所给予它的意义——确切地界定了这一阶段：其间，商品直接作为一种符号，作为一种符号的价值被生产出来，同时符号（文化）也作为一种商品被生产出来。……只能承认这样一个事实：今天除非能够被解码为一种符号，任何事物（物、服务、身体、性、文化、知识等等）都不能被生产和交换，同样这些事物也不能仅仅作为商品来加以评估。”①

鲍德里亚是怎样将符号价值推置其理论的前沿与核心的呢？还是要回到马克思那里。鲍德里亚认为马克思在《资本论》重点考察的是商品的交换价值，没有给予使用价值以充分的重视，更忽视了使用价值的社会性。在马克思那里，商品拜物教完全是交换价值的功能，使用价值没有被卷入交换价值的特殊逻辑，因而它并不体现异化的社会关系。它的自然属性及有用性使其逃脱了阶级的历史决定性。鲍德里亚则完全相反，更为激进。他说：“使用价值，即有用性自身，也可以被拜物教化为一种社会关系，就如同商品的抽象等同一样，使用价值也是一种抽象。它是需求体系的抽象，掩盖在商品和产品所拥有的具体目的及其内在特性这一虚假外表之下。”②使用价值和交换价值同样构成了抽象的符码体系。使用价值体系加深了、转换了、延伸了交换价值体系，由此看出使用价值拜物教比交换价值拜物教更为深刻、更为神秘。鲍德里亚之所以取消交换价值与使用价值的对立，目的就是沿着这条途径，最终实现经济交换价值的消费向符号价值体系的消费的转变。鲍德里亚宣布了政治经济学的终结。“这是劳动的终结、生产的终结、政治经济学的终结。这是能指/所指辩证法的终结，这种辩证法曾使知识和意义的积累、复合话语的线性意群成为可能。这同时也是交换

① 〔法〕鲍德里亚．符号政治经济学批判［M］．夏莹译．南京：南京大学出版社，2009.143.

② 〔法〕鲍德里亚．符号政治经济学批判［M］．夏莹译．南京：南京大学出版社，2009.125.

价值 / 使用价值辩证法的终结，这种辩证法曾使社会积累和生产成为可能。这是话语线性维度的终结、商品线性维度的终结、符号古典时代的终结、生产时代的终结。”[①] 鲍德里亚在 20 世纪 70 年代中后期以后的作品中，强调消费社会的控制形式已从能指 / 所指的简单线性模式转变到符号体系和仿真模型的复杂系统模式。

鲍德里亚认为，在我们所处的时代，没有任何东西可以抗拒现实向形象与符号的转变。符号宣告了真实的死亡，自我作主，自己制定自己的规则。符号经过四个阶段发展到了纯粹模拟与仿真的模式。“最初，符号是‘基本现实的反映’（这可能是科学语言或所指语言阶段，詹姆森认为它始于资产阶级的认识出现物化时）。在第二阶段中，符号‘遮蔽和颠倒基本现实’（这可能是作为虚假意识的意识形态理论阶段，它阻止人们看到他们所遭受的真实异化或剥削）。在第三阶段中，符号‘遮蔽基本现实的不在场’（鲍德里亚列举了反对崇拜偶像者的观念；那些人认为圣像是神灵不在场的证明，因而害怕和鄙视圣像。但是，我难以找到这个阶段的例子）。在第四也是最后阶段中，符号‘与任何形式的现实都没有关系：它是其自身的纯粹拟像’。当代文化就是模拟；鲍德里亚在其制度中发现了试图不以现实为基础的形象的持续生产。”[②] 至此，马克思的政治经济学从鲍德里亚的理论脉络中消失了。对鲍德里亚而言，后现代社会是围绕着仿真以及形象与符号的运用组织起来的，编码、模型和符号成为由仿真控制的新的社会组织原则。编码和模型决定了商品是如何被消费和使用的，文化是如何生产和被消费的，以及日常生活是如何被掌控的。

鲍德里亚的后现代世界是一个剧烈内爆的世界。在这个世界里，政治、经济、文化、道德、社会阶级、社会性别等都消除了边界，模糊了差异和对立。“到处都是以相同的方式出现的仿象：时尚中美与丑的互换、政治中左派与右派的互换、一切传媒信息中真与假的互换、物体层面上有用和无用的互换、一切意指层面上自然与文化的互换。所有那些伟大的人文主义价值标准，

---

① 〔法〕鲍德里亚 . 象征交换与死亡［M］. 车槿山译 . 南京 : 译林出版社 , 2012.6.

② 〔英〕史蒂文 · 康纳 . 后现代主义文化——当代理论导引［M］. 严忠志译 . 北京 : 商务印书馆 , 2002.77.

具有道德、美学、实践判断力的整个文明的标准，都在我们这种图像和符号的系统中消失了。一切都变得不可判定，这是代码统治的典型效果，它在各处都安居在中和与随意的原则中。”[①] 此外，他的后现代仿真世界也是一个超真实的世界。仿真的意思就是从此所有的符号相互交换，但决不和真实交换。符号实现了彻底的自由解放，它可以按照随意性和不确定性来组合游戏。整个人类生活就是一个表象，娱乐、信息、高科技所提供的幻象比任何日常生活情景都要诱人。超真实的意思是指，真实与非真实之间的区分已变得日益模糊不清了，超真实的领域比真实更为真实，超真实的编码、模型和形象控制了思想与行为，人的主体性在这里分裂并彻底消失了。

二、后现代媒介：符号消费的运作载体

1. 媒介的历史嬗变

从德波、鲍德里亚那里，我们清楚地了解了从现代过渡到后现代，由景观和符号所决定的消费资本主义和媒介社会所经历的变化。特别是鲍德里亚的符号王国按照自身独立的逻辑发展出了一个幻象世界，然而一个事实是他的符号逻辑无法离开媒介载体。后现代新的电子媒介，如计算机网络正在产生新的生活体验和交往领域。媒介如文字、报纸、广播、电视、网络，是交流与沟通的中介与桥梁，是实现文明传播的工具。我们与外界事物的联系始终凭借着某一项或多项技术来实现，这种技术系统可以说就是媒介。然而，媒介不仅仅是孤立的技术系统，更体现了人类文明的演进。事实上，进入传播中的每种媒介都可能影响并决定着人们的交往方式、行为方式、思维方式、文化乃至意识形态。“于历史而论，一部人类文明史，必然是一部媒介的发展创造史；于文化而论，它必然是一定媒介系统作用下的文化，一种媒介的创制与推广，往往孕育了一种新的文化或文明。”[②] 因此，人类文明的演进是在传播媒介的历史嬗变中完成的。伴随着前现代、现代、后现代媒介的嬗变，人们的消费观念与消费模式也在发生着变化。

① 〔法〕鲍德里亚．象征交换与死亡［M］．车槿山译．南京：译林出版社，2012.6.

② 王政挺．传播：文化与理解［M］．北京：人民出版社，1998.202.

从前现代满足生存必需之消费（甚至不必称之为消费，人们只是依靠它而存在着，是一种生存手段。），到从众心理的现代大众消费，再到表征意义的后现代符号消费，媒介扮演着越来越重要的角色。倘若没有媒介的传播与诱导，人们的生活方式必然是单纯的线性模式，远不如今天的如此复杂化和体系化。

如果对媒介发展过程进行分期，聂庆璞认为，可以分为口传阶段、文字（书写）阶段、大众媒介阶段、网络传播阶段。与之相应的社会是原始社会、专制社会、工业社会和信息社会（网络社会）。口传媒介是人类最基本的、最自然的传播方式，也是最古老的传播方式。它的最大特点在于方便、具有亲密性；其局限性在于传播面狭窄，具有瞬时性与随意性。由于口传媒介的这些传播特点，信息的传播往往是塔形或单线式的纵向传播。在这样的社会中，传统和权威受到尊敬和模仿。文字的出现使人类产生了质的飞跃，开始了文化的传承。与口传媒介不同，文字的传播功能体现在它的空间性与历时性上。有了文字，人们就可以逾越时间和空间限制，使信息的更远距离传播成为可能，也使信息储存成为可能。印刷媒介属于最初兴起的大众媒介。在历史上，它打破了封建时代的愚民政治，促进了人文主义、文艺复兴、宗教革命等运动的蓬勃兴起。印刷媒介传播信息的准确性、稳定性高，而且具有超时空性。信息接收具有可选择性。人们可以对其中的信息选择取舍，提高了信息接收的主动性与效率。印刷媒介也具有不可避免的缺陷。首先，它需要人们掌握识字的技能，才能够进行阅读；它还需要一定的物质、技术条件，如机器、纸张等。其次，它比口传媒介更容易受到控制。只要将其物质性载体消灭，传播就不可能延续。再有，印刷传播是一种单向传播。它有中介而无法进行应答，加剧了印刷传播的权威性与专制性。广播、电影、电视等借助电力形式传播的媒介可称为传统电子媒介。它们的共同性在于传播信息具有形象直接性，传播目标具有大众性，传播能力巨大。但电子媒介的缺陷亦非常明显。首先，信息的接受没有选择性，造成“受动人”。其次，与印刷媒介一样，电子媒介的传播也是单向的。它本身不能回传反馈信息，只能通过其他途经，因而反馈是延迟的，造成信息传送的专制性。再次，电子媒介的图像型及无间歇性连续播放，剥夺了人思考的时间与空间，压缩了人的想象力。传统电子媒介造就的是标准化、平庸化、浅薄化的社会。而根植于信息技术的网络，已成为现代社会的普遍技术范式。网络传播媒介使社会再结构化，改变着我们社会的形态。如尼葛洛庞帝所言，网络出现之后，传统的中央集权将会真正解体，个人享有更多的自由，个人化的时代即将来临。[①] 可见，人类历史的发展就是传播手段的阶段性发展。

西方传播学巨匠马歇尔·麦克卢汉对媒介的发展历程分析则更多地围绕着媒介对文化与历史的影响来进行。麦克卢汉的媒介决定论认为，有什么样的媒介，就有什么样的感知方式和认知方式，就有什么样的文化，就有什么样的社会结构。由麦克卢汉的媒介决定论来看历史，人类历史文化可以分为三个阶段。即由无文字、非拼音的象形文字或会意文字为主导媒介的原始文化阶段。以拼音文字、印刷媒介为主导的从古希腊以来至近现代西方文化阶段。电力媒介的出现，从电报、电话、电影、广播到电视在 20 世纪五六十年代普及，揭示了现代走向后现代；电脑与网络在 20 世纪 90 年代的普及，预示着电子媒介为主导的后现代文化阶段的到来。麦克卢汉认为，拼音文字发明之前，人类生活在感官平衡和同步的世界之中。“这是一个具有部落深度和共鸣的封闭社会。这是一个受听觉生活支配，由听觉生活决定结构的口头文化的社会。耳朵与冷静和中性的眼睛相对，它的官能是强烈而深刻的，审美力强、无所不包的。它给部落亲属关系和相互依存编织了一张天衣无缝的网络。全体部落人和谐相处。……这就是说，没有什么个人主义或专门分工。”[②] 拼音文字产生之后把人带入视觉空间中，创造了一个强烈分割的、个人主义的、专门化的、疏离的环境。“识字把人推出部落社会，让他用眼睛代替耳朵，用线性的视觉价值和分割意识取代了整体、深刻、公共的互动。拼音文字是视觉功能的强化和放大，它削弱听觉、触觉、味觉和嗅觉的作用，渗透到部落人非连续的文化中，把他的有机和谐、复杂通感转换成一致、连续和视觉

① 聂庆璞 . 媒介嬗变中的文明演进［A］. 王岳川主编 . 媒介哲学［C］. 开封 : 河南大学出版社 , 2004.189-200.

② 〔加〕埃里克·麦克卢汉，弗兰克·秦格龙编 . 麦克卢汉精粹［M］. 何道宽译 . 南京 : 南京大学出版社 , 2000.364.

的感知方式。直到今天，我们仍然把这种感知方式当作‘理性’生活的标准。整合的人变成了分割的人。拼音字母粉碎了令人着迷的圈子和部落世界共鸣的魔力。它好像使人发生爆炸，变成专门化的、心灵贫乏的‘个体’。或者叫做单位（units），在一个线性时间和欧几里德空间世界里运转的单位。”[①] 分割的人，首先被拼音文字所分割，接下来又被印刷术剁成了字钉一样的东西。印刷术是拼音文字非常重要的延伸。“排印的范形，即一切机器的原型，保证了视觉偏见的首要地位，而且最终给部落人的门上贴上封条。线性的、一致的、可重复的铅字这一种新媒介，以无穷的数量和以前不可能的速度复制信息，使眼睛在人的感官系统中稳获霸主地位。印刷术是人的一种急剧的延伸。它塑造和改造了人的整个环境——心理的和社会的环境。它直接导致了一系列根本不同的，而且似乎是不可比的现象的兴起：宗教改革、装配线及其后代、工业革命、整个因果关系的观念、笛卡尔和牛顿的宇宙观、艺术中的透视、文学中的叙事排列、心理学中的内省或内部指向。这一切都大大强化了个人主义和专门化的倾向，这两种倾向是两千多年的拼音文字产生的。于是，思想和行动的分裂变成了体制。”[②] 西方机械时代和机械文化的一切都是在印刷术中塑造的。而电力媒介产生之后，事情正在发生转折性的变化，它们把我们从印刷术的催眠中唤醒了。“电力媒介的功能不止于此。它们使我们的整个中枢神经系统提高和外化，因此使我们的社会和心理生存的一切侧面都发生转化。电子媒介的采用构成的了分割的谷登堡人和整合一体的人之间的断裂界线。”[③] 第一种新型的电力媒介——电报的嘀嗒声仿佛在敲打着印刷时代的告讣。电话、广播、电影、电视和电脑的发展进一步给它的棺材敲上了钉子。电力媒介造成人类的重新部落化，它所引发的深度参与使我们回到自己与他人密切接触的状态。但这一过程非常漫长，在重新部落化的初始阶段遇到重

① 〔加〕埃里克·麦克卢汉，弗兰克·秦格龙编．麦克卢汉精粹［M］．何道宽译．南京：南京大学出版社，2000.365.

② 〔加〕埃里克·麦克卢汉，弗兰克·秦格龙编．麦克卢汉精粹［M］．何道宽译．南京：南京大学出版社，2000.368.

③ 〔加〕埃里克·麦克卢汉，弗兰克·秦格龙编．麦克卢汉精粹［M］．何道宽译．南京：南京大学出版社，2000.371.

重危机。比如，原来分割的视觉文化和新型的电子文化造成了身份认同的危机、自我的空心化，这就必然导致社会各层面的暴力事件骤增。

总之，“麦克卢汉的历史三阶段又呈现出一种螺旋式的上升。前拼音文字，是听觉的、整体的、浑一的、场论的、多维的、同步的、顿悟的……一句话，是有机整体论；拼音媒介与之相反，是视觉的，切割的、分类的、几何的、三维的、线型的、理解的……一句话，是机械整体论；到电子媒介，又回到了触觉的、整体的、浑一的、场论的、多维的、同步的、顿悟的……一句话，又回到了有机整体论”[①]。在麦克卢汉那里，与媒介演化的历史相对应，人类从远古至今经历了一个部落化——非部落化——重新部落化的过程。在以采猎为生、游弋迁徙的原始时代，人类感知世界的方式是整体的、混沌的，没有专门化的技能分类。那时候的人是部落人，不是被分割肢解的人。西方拼音文字的产生和印刷媒介的发明，带来的是分裂、切割，强调掌握技能的专门化。这时候的人非部落化，是被分割肢解的人。电子媒介使人回归整体性、有机性思维方式，不再只是凭借视觉、文字和线型结构去认识世界。人也不再是分裂切割、支离破碎的人。此时的人类重新部落化、游牧化。拉潘姆将麦克卢汉的思想归纳为两组两两对应的反义词，以此比较印刷媒介文化与电子媒介文化。[②]

印刷文	电子媒介
视觉的 /visual	触觉的 /tactile
机械的 /mechanical	有机的 /organic
序列性 /sequence	共时性 /simultaneity
精心创作 /composition	即兴创作 /improvisation
眼目习染 /eye	耳朵习染 /ear
主动性的 /active	反应性的 /reactive

① 张法 . 麦克卢汉的媒介哲学与美学［A］. 王岳川主编 . 媒介哲学［C］. 开封：河南大学出版社，2004.8.

②〔加〕马歇尔·麦克卢汉 . 理解媒介——论人的延伸［M］. 何道宽译 . 北京：商务印书馆，2000.5-6.

（续表）

印刷文	电子媒介
扩张 /expansion	收缩 /contraction
完全的 /complete	不完全的 /incomplete
独白 /solioquy	合唱 /chorus
分类 /classification	模式识别 /pattern
中心 /center	边沿 /margin
连续的 /continuous	非连续的 /discontinuous
横向组合的 /syntax	马赛克式的 /mosaic
自我表现 /self-expression	群体治疗 /group therapy
文字型的人 Typographic man	图像型的人 /Graphic man

很明显，左列的词语与印刷文字相联系，从活字印刷到爱迪生发明电灯为止。从右列的词语中，我们已经可以触摸到后现代。麦克卢汉使后现代在媒介的演变中得到了一种质的说明。后现代意味着非连续性、边缘化、有机整体性。它超越分析的、线性的、机械的分割性思维，走向整体性、混沌性思维。

2. 媒介的乐观主义与悲观主义

迄今为止，对媒介的分析存在着两种观点：一种是乐观主义的，一种是悲观主义的。悲观主义者认为，自现时代以来，媒介促使社会走上了极权主义统治之路：它是“老大哥”及其党羽的精锐武器。换言之，它是电视制作者强迫观众改变自身观念，并接受某种思想的一种极其有效的武器。乐观主义者认为，自启蒙运动的伟大觉醒以来，媒体促使人类走上了解放之路：只要知识成为权力，只要屏幕成为映射人类智慧的玻璃窗，那么电视就会成为，或者说注定要成为，个体实施自我建构和自主之自由的最强有力的武器。[①] 鲍德里亚将这种对媒介的乐观主义观点称为辩证乐观主义。

① 〔英〕齐格蒙特·鲍曼. 被围困的社会 [M]. 郇建立译. 南京：江苏人民出版社，2005.159.

它是意识形态的、被进步主义和马克思主义思想所激发的乐观主义：媒介构成了新的、巨大的生产力，并遵从着生产力的辩证法。虽然暂时被异化了并服从于资本主义的法则，但它们的强劲发展最终会打破这种垄断。鲍德里亚尤其反对恩森斯伯格的观点，恩森斯伯格认为媒介将第一次使大众立即参与到社会的和社会化的生产过程成为可能，这种参与的实践意义是由大众自身掌握的。①

鲍德里亚认为，对媒介的认识上，存在着与辩证乐观主义截然不同的技术乐观主义。麦克卢汉应该被看作是技术乐观主义者。对他来说，在电力时代，人们的中枢神经系统靠技术得到了延伸。电力媒介正在使地球缩小，我们的世界已经变成了一个“地球村”。正是电力技术传播速度的巨大提高带来了时间和空间的内爆，迫使人们承担义务、提高责任意识，也改变了一些特殊群体的社会地位。“今天，经过了一个世纪的电力技术（electric technology）发展之后，我们的中枢神经系统又得到了延伸，以至于能拥抱全球。就我们这个行星而言，时间差异和空间差异已不复存在。我们正在迅速逼近人类延伸的最后一个阶段——从技术上模拟意识的阶段。在这个阶段，创造性的认识过程将会在群体和总体上得到延伸，并进入人类社会的一切领域，正像我们的感觉器官和神经系统凭借媒介而得以延伸一样。”②“电力技术的内爆正在改变文字的、分割的人，使之成为复杂的、有深度结构的人。他们具有深厚的情感意识，知道自己与全人类完全是相互依存的。在原有的‘个体’的印刷文化世界中，个体的所谓‘自由’，只不过是异化和疏离的自由，是被剥夺了部落梦的、没有根基的局外人的自由。我们新型的电子环境迫使人要负责和参与，它能够在深层实现人的心理和社会需求。”③因此，这些功绩都得归功于电力时代。麦克卢汉也得出了“媒介即讯息”，任何技术都逐渐创造出一种全新的环境。环境是积

① 〔法〕鲍德里亚．生产之境［M］．仰海峰译．北京：中央编译出版社，2005.215.

② 〔加〕马歇尔·麦克卢汉．理解媒介——论人的延伸［M］．何道宽译．北京：商务印书馆，2000.20.

③ 〔加〕埃里克·麦克卢汉，弗兰克·秦格龙编．麦克卢汉精粹［M］．何道宽译．南京：南京大学出版社，2000.390.

极的而非消极的，它改变了人的认知框架与传统的旧组织模式。人们的注意力也发生了转移。先前关注的是对事物内容的理解；现在突然发现若没有了媒介形式的表达，事物就无法存在。在这个意义上，媒介的形式与交流的内容同等重要，甚至媒介决定讯息。媒介不仅决定了主体的感知模式，也决定了客体的结构模式。

伴随着每一种新媒介的出现，乐观主义者和悲观主义者就会相互吹毛求疵，他们的争吵就会再次上演。鲍德里亚称他不是麦克卢汉那样的媒介乐观主义者，也不是真正的悲观主义者，力图在乐观主义与悲观主义之间寻求一条道路。他认为，应该在媒介中寻找新的策略，在挑战形式中寻找新的回应。他以民意测验这一大众媒介形式为例，来分析民意测验是否构成了对大众和民主的操控。围绕着民意测验的社会影响和政治影响的非确定性，人们展开了含糊或无用的争论。鲍德里亚认为，民意测验这一以统计学、信息为基础的，模拟的操作体系与表现意志和公众意见的价值体系之间的数据是无法传送的；意义体系和模拟体系之间没有任何关系。民意测验不可能是任何人意志或意见的异化。同样的，意志也不可能完全投射到民意测验中，不可能在公共空间中发挥作用。民意测验以及一般意义上的媒介，只能被想象。它们只能消失，从公共空间、政治场景中消失，从公众意见的戏剧性的和典型的形式场景中消失。[①] 因而，鲍德里亚不同意那些极力赞颂媒介有用性的人的观点，也不认同那些对操控大喊大叫的人的观点。媒介的这种存在状态是由现代信息的极度泛滥与过量造成的，信息过量造成了一种全新型非确定性。这导致我们无法知道民意测验是否对大众意志产生了真实的影响，也不知道如果没有了民意测验会发生什么。在这里，鲍德里亚似乎表现出了一丝无奈，透露出些许的悲观倾向。他说："这就是我们的命运：屈从于民意测验、信息、宣传、统计学；总是面对着事先对我们的行为进行的统计学确认，并被对我们行动的这种折射所吸收，我们不再面对着我们自己的意志。我们甚至不再被异化，因为要想被异化，主体必须是能够在自身中被分解，并矛盾地面对他者。现在，并不存在他者，

---

① 〔法〕鲍德里亚 . 生产之境［M］. 仰海峰译 . 北京 : 中央编译出版社 , 2005.218.

也不存在他者的场景，就像政治和社会的场景一样，他者的场景已经消失了。不管他或她怎样想的，每个个体都被迫置于统计学的一致性中。在这里，个体被吸收进计算机的透明性中，这是比异化更糟糕的事情。”[①]通过民意测验的信息反馈与预先计算，这个社会已经失去了自己的情境；不再占有独特的空间，包括公共空间或政治空间。它与自身的控制屏幕相混淆。大众也是如此，被无用的过量信息所充斥的大众误以为自己已经得到启蒙。大众与信息循环性地、以骇人的速度相互汲取营养，但大众的自我意识却没有相应地迅速增长。

3. 现代媒介与大众消费文化

尽管媒介乐观主义者与悲观主义者针锋相对，但二者也有一致之处，那就是不能否认媒介特别是现代媒介对社会生活所产生的巨大影响。现代媒介的能量正在进一步释放出来。它不仅干预宏大的政治与经济生活，而且深度参与到人们平凡的日常生活中来，成为社会生活的重要组成部分。可以想象出，如果现代媒介缺席，人们将无所适从；整个社会生活必然杂乱无章，陷入瘫痪状态之中。如果说在19世纪30年代现代媒介刚刚兴起时，人们只是把报刊作为一个了解社会的窗口，并从中获取各类新闻和信息的话，那么对跨入21世纪的人来说，大众媒介就是他进入社会生活的全部渠道，人们无法将自身与媒介剥离开来。“与社会打交道很大程度上是在同媒体打交道，而与媒体打交道就是与社会沟通。大众媒体是今天社会情绪和意志的体现，或者说本身就是社会的情绪和意志。而社会是大众媒体存在的依据，正是自然人的社会化过程，才有了媒体的壮大，或者可以说这两者是同步的，相互促进的，所以可以毫不夸张地说，当今的社会就是媒体社会。”[②]所以，当代社会生活是由大众媒介来组织的。一些前卫人士想拒绝报刊、告别电视、回避媒体，只是个人暂时的生活方式，并不能普及。弃绝现代媒介，回归原始，只是一种臆想，因为人类的历史从来都没有倒行，伴随人类的只有嬗变的媒介而非媒介的空白。

---

① 〔法〕鲍德里亚．生产之境［M］．仰海峰译．北京：中央编译出版社，2005.219.

② 蒋原伦．媒体文化与消费时代［M］．北京：中央编译出版社，2004.8.

媒介是实现与他人沟通、与社会交往的方式。在交流、沟通与交往的过程中，人们不仅仅是为了达到特定的目的，而且辨识着彼此的文化，重新塑造着相互的文化。因此，文化与文明的传播得益于各种媒介。伴随着现代传播技术的迅猛发展，大众文化的形成获得了得天独厚的条件。可以说，在大众文化、大众消费文化形成的过程中，现代媒介起了举足轻重的作用；或许也可以这样说，没有现代媒介，就没有大众消费文化的广泛传播。杨魁、董雅丽指出，现代媒介出现于19世纪后期到20世纪20年代前后，既包括那些从近代媒介演变而来的主要媒介，如人们所熟知的报纸、杂志，还包括在这一时期产生的新兴媒介，如广播、电影、电视、电话等。这些大众传播媒介是现代社会中最普遍、最常见的传播工具。它们是连接现代与后现代的桥梁，加速了消费主义文化的形成与传播。一是报纸。作为一种大众媒介，报纸在1890—1920年间达到了它的顶峰。进入20世纪，随着广播、电视的出现和迅速普及，报纸经历了严峻的挑战。为了弥补自身时效性差等缺陷，这一时期的报纸格外重视解释性报道和言论，并采用不断更新版式、增加有视觉冲击力的照片、连载社论及政治漫画等方式吸引读者。二是杂志。现代杂志内容专门化、印刷精美。杂志把化妆品、时装、休闲食品、时尚家具等消费品以诱人的形象呈现在读者面前，再配以平实或是挑逗性的文字，分析不同时期的社会流行现象或趋势，从而促使读者实施购买行动。三是广播。在电视出现以前，广播是唯一的一种受众无须付费即可获得声音传递信息和娱乐的媒介。广播曾经是二战期间最重要、最有威力的宣传工具。除此之外，娱乐是广播媒体传播的主体内容。在广播娱乐节目进行中插播广告使得广告商们的商品变成悦耳的声音刺激着听众的消费欲望。三是电影。在大萧条的年代，对收入拮据的人和失业者来说，电影院是个温暖的休息场所。看电影本身就是一种消费方式，但这仅仅是其消费价值的第一个层面。电影塑造的灿烂明星成了时尚潮流的引导者和品牌的代言人，他们在银幕内外居住的豪宅、穿着的典雅服饰、从事的高档消费诱导着普通人争相效仿。四是电视。电视的普及给报纸、杂志、广播、电影带来了极大的挑战。在电视风靡的年代，其他媒体都有一种如履薄冰的感觉。商业电视把消费主义的生活方式当作一个竞相模仿的榜样来描绘，新的消费需求在不知不觉中被创造出来。电视是20世纪伟大的发明之一，是现代性的重要标志。它以通俗性、声画并茂的优势史无前例地沟通了大多数人的文化生活。它也是现代消费主义文化发展的催化剂，以一种若隐若现、非政治化的方式，用风尚、习俗或流行的方式把消费主义观念推销到了家家户户。[①]

现代传播技术的发展使人们告别了曾经信息闭塞与匮乏、单调与隔离的传统社会生活，当代人似乎应该庆幸生活在大众媒介时代。这个时代加速了大众文化的繁荣，它通俗、浅显易懂。人人可以参与其中，成为有品位的"文化人"。它击碎了精英文化高雅、专深晦涩的梦想，使一些精英知识分子、专业人士再也不能独揽特权，似乎平等与自由指日可待。然而，现代媒介所培育的大众文化已不同于传统意义上的大众文化，这种媒介化的大众文化不时地戴着虚假面具诱骗着人们的薄弱意志。对异变的大众文化进行开创性批判的当属法兰克福学派的"文化工业论"。20世纪中叶以来，几乎所有对大众文化持有警惕和批判态度的学说和思潮，都受到了这一理论的启发。阿尔多诺和霍克海默指出，文化工业所谈及的"文化"不是真正意义上的文化，是反文化，是在与文化作对。文化被带进了行政领域，进行图示、索引和分类，实现文化的归类，这实际上就是文化的工业化。文化工业所生产出来的大众文化产品，也不是给人带来精神愉悦的文艺作品，只不过是市场出售的消费品，是资本主义赚取利润的工具而已。文化工业体系是从工业国家以及诸如电影、广播、爵士乐和杂志等富有特色的媒介中形成和繁荣起来的。然而，它通过技术制造出的是标准化、机械化、一致化、系统化的大众文化。电影院的图像是一种复制，电台的录音同样也是一种复制。"电影的功用还在于，它可以在最近一段时期里，让系统本身制造出构成系统的生活，而不是使这种生活即刻消失掉，从而使系统成为可信的，并为其提供意义和价值。只要人们不断投入到系统中去，就会为系统的盲目存在进行辩护，甚至为系统固定不变的性质进行辩护。任何能够自身复制重复的东西，都是健全的东西，自然循环和生产循环即是如此。各种杂

① 杨魁，董雅丽．消费文化：从现代到后现代［M］．北京：中国社会科学出版社，2003. 132-136.

志上永远都是咧着嘴笑的美人，爵士乐也永远吹奏个不停。尽管生产技术、社会控制以及专业化取得了进步，尽管所有产业都在永无休止地运行着，然而，文化工业为人们提供的食粮却成了硬邦邦的石头。”[①] 在大众文化的发展中，广播后来居上，不仅商业广播系统的技术结构使它能够服务于赢利的私人企业，而且无线电广播这种权威的虚幻形式可以帮助领袖们完成他们的政治事业。难怪阿尔多诺、霍克海默说，如果绝大多数电影院和电台都关上了大门，消费者恐怕也不会失掉多少东西。文化工业驳斥了对它以及它所复制的世界的一切责难。文化工业所要做的一切就是向顾客表明，他的一切需要都可以满足，让他感到自己是永恒的消费者，即是文化工业的对象。不仅仅是让他相信这样的欺骗是一种满足，而且进一步表明，不管发生了什么事，他都必须忍受文化工业提供给他的东西。就如影片里逃避和私奔都是预先设计好了的，最后总得乖乖地归来。在文化娱乐中，人们忘记了反抗，变得服服帖帖了。

4. 后现代媒介与符号消费体系

20 世纪 60 年代以后，人类信息传播技术经历了一次质的飞跃，即从以无线电广播、电视、录像技术为代表的模拟式电子传播到以互联网络为核心的数字式电子传播时代。[②] 这意味着，现代媒介逐渐过渡到了后现代媒介。与过去的现代媒介相比，后现代媒介在传播方式上具有极大的特殊性。它的首要的、突出的核心特征是数字化。人类已经进入了尼葛洛庞帝所言的“数字化生存”状态。“数字化”根源于原子（atom）与比特（bit）之间的根本差异。尼葛洛庞帝通俗地对此进行了解释。他认为，传统的世界贸易由原子之间的交换组成。以爱维养矿泉水为例，我们用缓慢、辛苦而昂贵的方式，耗费很长时间，把大量笨重而缺乏生气的“质量”——也就是原子——运送到千里之外。经过海关的时候，需要申报的是原子而不是比特。即使是采用数字录音方式制作的音乐，都以塑料光盘的形式发行。这一切都在发

① ［德］马克斯·霍克海默，西奥多·阿道尔诺.启蒙辩证法［M］.渠敬东，曹卫东译.上海：上海人民出版社，2006.134.

② 杨魁，董雅丽.消费文化：从现代到后现代［M］.北京：中国社会科学出版社，2003.203.

生急剧变化。过去，大部分信息都经过人的缓慢处理，以书籍、杂志、报纸和录像带的形式呈现；而这很快将被即时而廉价的电子数据传输所取代。这种传输将以光速来进行。在新的形式中，信息将成为举世共享的资源。[①] 从原子到比特的飞跃势不可挡、无法逆转。在这个过程中，人们热衷讨论的是从工业时代到后工业时代或信息时代的转变，其实忽视了人类已步入了后信息时代。工业时代可以说是原子的时代，对应着机器大生产；信息时代可以说是电脑的时代，我们所熟悉的大众传媒覆盖面既大又小；后信息时代则意味着真正个人化时代的到来。

尼葛洛庞帝分析了后信息时代的数字化生存特征。第一，没有空间的地方。它将消除地理限制，人们的交往将不再依赖于特定的时间与空间。人们按照一个电子邮件地址发出的信息，并不是一个物理空间所接受的。第二，非同步的交流方式。电子邮件之所以流行，是因为它的非同步传输方式，又能让电脑看得懂。邮件的接受者可以根据自己的需要对其进行排序与选择。第三，自主性地随选信息。今天，媒体的经济模式几乎是把信息与娱乐大力“推”到公众面前，明天的媒体更加注重的是“拉”力。人们将所需要的信息“拉出来”，并进行着信息创造活动。[②] 尼葛洛庞帝认为，控制数字化未来的比特，几乎具备了遗传性，比以往任何时候都更多地掌握在年轻一代手中。人类的每一代都比上一代更加数字化。尼葛洛庞帝对此充满憧憬，极其乐观。他揭示了从印刷媒介到电子媒介人们的生活方式所发生的质变，挣脱了“原子”的束缚，打破了时间与空间的限制，追求一种更加自由与个性化的生活。数字化生存所依赖的电子媒介预示着无中心性、不确定性、多样化、个性化的生活质态的到来。这恰好为后现代理论的孕育提供了丰厚的土壤，显示出了理论与实践的同步性。

在数字化模式下，电视、录像、电影等大众媒介已经不是传统意义上的。它们摇身一变，与电脑、网络一起成为后现代意义上的传播媒介。康纳说，

---

① 〔美〕尼古拉·尼葛洛庞帝．数字化生存［M］．胡泳，范海燕译．海口：海南出版社，1997.12.

② 〔美〕尼古拉·尼葛洛庞帝．数字化生存［M］．胡泳，范海燕译．海口：海南出版社，1997.191-199.

电视和录像引起后现代主义理论家们如此多的关注，这一点不会使人感到惊讶。与电影的情况类似，电视和录像是使用技术性复制方法的大众文化媒介。这样一来，它们在结构上看来体现了对单个艺术家竭力改变一个具体媒介的现代主义叙事的超越。在可以复制的电影和录像艺术中，独特性、永久性和超越性看来已经不可挽回地让位于多样性、暂时性和无个性特征。① 后现代主义者质疑电视完成"转播"的任务——将真实即时传输给观众；认为后现代电视制作模式发挥的是形象能指的作用，并不传输"真实"的东西。正如康纳所说，由后现代电视、录像、电影所带来的与真实相分离的模拟世界在鲍德里亚那里的论述最为突出。鲍德里亚将电视及电视技术作为当代西方文化中模拟机制的比喻。在这种模拟机制下，社会生活的精神构建已经发生了根本性的变化。电视屏幕与人们的愿望和想象交叉互动。屏幕"之上"出现的东西不是在屏幕上也不是在人们的头脑中，而是在两者之间的某种复杂的空间之中，预示着主客体之间的区分逐渐消失。电视、电影和广告表征形式的巨大数量和信息的指数增长也消除了另一对立，即"看不见的"的幻想世界与"可见的"公共表征世界之间的对立。没有肯定也没有否定，有的是更多的符号、更多意义的"交际的狂喜"，一切在信息和交际中完全分解。电子媒介已经不纯粹是生产工具，它们已经从表现世界的附属功能中解放出来，现在它们要展示自身、展示所有可能的形式。② 这种解放带来的不是兴奋，相反却是情感上的空洞、冷淡，再接下来是在模拟世界中更加疯狂的狂欢。这也是一种精神分裂，由于过度推进，缺乏距离而痛苦地崩溃。

幻象、模拟与真实的内爆是由后现代媒介所组织的符号体系来促成的。在鲍德里亚那里，电视、广播、新闻、广告是一串不连贯的符号和信息，其中所有秩序都等同化了。"……通过信息有条不紊的承接，强制性地造成了历史与社会新闻、事件与演出、消息与广告在符号层次上的等同。真正的消费效应恰在于此处，而不在于直接的广告话语之中。在于多亏了技

---

① 〔英〕康纳．后现代主义文化：当代理论导引［M］．严忠志译．北京：商务印书馆，2002.251.

② 〔英〕康纳．后现代主义文化：当代理论导引［M］．严忠志译．北京：商务印书馆，2002.264-268.

术支持、多亏了电视广播技术传媒而得以实现的对事件和世界的剪辑，它们被剪辑成了连续、承接、不矛盾的信息——可以与广播节目抽象时空中的其他符号进行并置组合的符号。”[①] 实际上，人们所消费的，已经被电视广播媒介重新编码。它并不是通过音像展示出来的内容，而是与这些媒介的技术实质本身联系着的、使事物与现实相脱节而变成互相承接的等同符号的强制模式。电视广播媒介通过其技术组织所承载的是一个可以任意剪辑、由画面来解读的世界，而且对这个符号体系所构成的世界进行解读的系统无所不能。在“画面消费”的背后是一种系统的霸权。解读与真相、历史无关，仅仅与系统的内在严密性相关。广告是当下时代最出色的大众媒介。它也遵从编码规则，伪造了一种消费总体性。“广告的大众传播功能因而并非出自其内容、其传播模式、其明确的目的（经济的或心理的），也不是出自其容量或真正的受众（尽管这一切都具有一定的重要性并构成支持），而是出自其自主化媒介的逻辑本身。这就是说它参照的并非某些真实的物品、某个真实的世界或某个参照物，而是让一个符号参照另一个符号，一件物品参照另一件物品，一个消费者参照另一个消费者。”[②] 透过每一个消费者瞄准了所有其他消费者，透过所有其他消费者诱导了每一个消费者。这就是由技术媒介和编码规则所织就的系统化消费世界。因此，电子媒介所带来的“信息”，并非仅仅是声音与画面，而是它使得人类社会发生了深层的结构变革，造成了新的感知模式、关系与结构。多种电子媒介互为介质、互为意义、互为内容、相互参照，构成了整个的媒介体系，形成了消费社会的总体。这样，人们不仅看到后现代时期消费物品的特性不在于其“有用”的客体功能，而在于其看似“无用”的符号意义，而且由于符号消费从属于媒介技术的系统化，也转变成了体系化的消费模式。技术自行运作的惰性规律使得符号消费体系愈加牢固、愈加严丝合缝，同时也更加剧了真与幻的混淆。于是，有人喜也有人忧。这又回到了我们讨论的始点，对媒介应该持乐观主义还是悲观主义的态度。

① 〔法〕让·鲍德里亚．消费社会［M］．刘成富，全志钢译．南京大学出版社，2008.112.

② 〔法〕让·鲍德里亚．消费社会［M］．刘成富，全志钢译．南京大学出版社，2008.116.

第三章
符号消费与认同

人类之所以要进行消费，除了生存之需，更为重要的是在大量的消费活动中表现、体验、确证着自我，渴求通过消费彰显自我以便进入某个群体，实现自我认同与社会认同。因此，消费与认同密切相关，消费受到认同的支配，认同通过消费来实现。在从生产社会到消费社会的转变过程中，传统的认同方式发生了巨大的伦理变迁。蒙昧时期对神灵的认同和归依、传统农耕生活对家园的眷恋、阶级社会对身份和地位的传承和固守、中世纪对宗教和上帝的信仰、近现代对技术理性的膜拜，正在逐渐衰落。更多新的认同模式正在兴起。其中，消费认同就是最为重要的方式之一。特别是消费认同的符号化、体系化、象征性发展，使人们热衷于独特的“生活风格”与“生活品位”，不断塑造着自我认同的新机制。它是现代性发展的必然结果。反过来，它也塑造着现代制度与管理模式，并促使其向后现代发生转变。

一、认同的内涵解读

1. 认同的哲学根基

在英文中，“认同”与“同一性”是同一个词——identity，源于拉丁文identita。它描述和界定了存在自身的两个特性：“其一是Semperidem，即同（the same），它不为时间的流变性所改变；另一个特性是Semperunum，即一（the one），它不为空间的多重性所改变。”[①]“认同”在哲学中表现

① 伍庆．消费社会与消费认同［M］．北京：社会科学文献出版社，2009.3.

为同一性问题。同一性问题是古希腊哲学最先关注的重要问题。自从古希腊第一个哲学派别米利都学派创始人泰勒士提出“水是万物的始基”，人类就开始了对世界本原的探索。本原是万物的起源和归宿，是万物生灭的基础，也是万物存在的原则。本原是千差万别的所有事物的“一”，由“一”而生发万物。这既是人类认识外界自然的过程，更是探究自身奥秘的起始。这是人类自我意识的觉醒，希冀在浩瀚的宇宙中找到自我的位置，获得最初的自我认同。爱利亚派巴门尼德的存在则显示了同一性的绝对性。“存在”是永恒的、不生不灭的、无始无终的，它是唯一无二、不可分割的，它没有任何虚空，它是个连续的一。巴门尼德的学生芝诺则进一步论证了存在是“一”而不是“多”，是“静”而不是“动”。巴门尼德与芝诺师徒二人尽管呈现给人们的是偏于一隅的存在和同一性理论，是反辩证法的，但是理论就是在向相反方向的拉拽过程中明晰的。他们的理论成为柏拉图“理念论”的先驱，也给黑格尔以辩证思想的启迪。

显然，同一性问题的核心在于同一与差异的辩证关系。同一性是包含差异在内的同一性，而不是否认一切差异的绝对同一。对此，黑格尔在《小逻辑》中进行了有史以来最为有力的论证。黑格尔认为，对同一的真正意义的正确理解，乃是异常重要之事。“为达到这一目的，我们首先必须特别注意，不要把同一单纯认作抽象的同一，认作排斥一切差别的同一。这是使得一切坏的哲学有别于那唯一值得称为哲学的哲学的关键。……再就同一作为自我意识来说，也是这样，它是区别人与自然，特别是区别人与禽兽的关键，后者即从未达到认识其自身为自我，亦即未达到认识其自身为自己与自己的纯粹统一的境界。”[①] 黑格尔强调，不要把存在及其规定作为扬弃了的东西包含于自身之内的真正同一与那种抽象的、单纯形式的同一混淆起来。同一也是具有自我意识的人类所具有的特性，是自我意识演化发展的结果。动物与禽兽永远达不到自我同一的境界。黑格尔说，如果有人问，同一是如何发展出差异的呢？那么这个人首先预先假定了抽象的或单纯的同一，同时也假定了差别是独立自存之物，即把同一完全区别于

① 〔德〕黑格尔．小逻辑［M］．贺麟译．北京：商务印书馆，1980.249.

差别。实际上得到的只能是差别，无法证明由同一到差别的进展。因此，提出问题的人将会发现出发点不存在，问题本身也毫无意义。因为他把同一当作了一个毫无内容的空名。而同一不是抽象的空无，它是否定的东西，是对存在及其规定的否定，是自己与自己的区别。关于差异，也不单纯是毫不相干的外在的差异，而是事物本身即具有差别。“相等只是彼此不相同的，不同一的事物之间的同一。不相等就是不相等的事物的关系。因此两者并非彼此毫不相干的方面或观点，而是一方映现在另一方之中。所以差异只是反思的差别、潜在的差别或特定的差别。”[①] 差异所呈现的是自在的本质的差别，也即是肯定与否定的差别。“肯定的一面是一种同一的自身联系，而不是否定的东西，否定的一面，是自为的差别物，而不是肯定的东西。因此每一方面之所以各有其自为的存在，只是由于它不是它的对方，同时每一方面都映现在它的对方内，只由于对方存在，它自己才存在。因此本质的差别即是‘对立’。”[②] 肯定与否定没有绝对的区别，其实二者是相同的。它们是差别内在的因子，二者是一而二、二而一的。肯定即否定，否定也即肯定。自在自为地存在着的差别包含差别本身，又包含同一性。事物在自我否定的过程中获得自我同一性，黑格尔思辨地表明了同一与差异的丰富关系。人们正是在差异中获得同一性，认同自己隶属于一方；也就必然区别于另一方，反过来，也正是在区别的另一方的映现中获得自我认同。说到底，从哲学层面分析认同，可知同一、共性与差异、独特性是其共同的内在构成。

虽然同一与差异有着如此明确的关联性，但是在历史演进过程中，同一性不时地变换着身影，以绝对的霸权实现着虚假的同一性。哈贝马斯认为，青年黑格尔已经非常清楚地意识到这一点，解放的现代世界重新陷入不自由，因为失去控制的反思力量已经获得独立。只有通过征服暴力，才能实现一体化。黑格尔把他青年时代的观点归纳如下：“现代世界受到了错误的同一性的折磨，因为在日常生活和哲学当中，现代世界把一种有限设定

---

① 〔德〕黑格尔 . 小逻辑［M］. 贺麟译 . 北京 : 商务印书馆 , 1980.253.

② 〔德〕黑格尔 . 小逻辑［M］. 贺麟译 . 北京 : 商务印书馆 , 1980.254.

为绝对。……知识中主客体的同一性，同宗教、国家和道德中有限和无限、个别和普遍、自由与必然的同一性是一致的，而所有这些又都是错误的同一性：一体化充满了暴力，一方将另一方纳入自己的控制之下。……这种本应是绝对的同一性，却是一种欠缺的同一性。”①对黑格尔而言，非强制化的同一性、对非暴力关系中的一体化的实现，必须诉诸主体的绝对自我关系。主体从自身的本质中获得了自我意识，并同时体现了有限与无限的差异性和同一性。哈贝马斯认为，这是黑格尔独特的思维方式，用主体哲学的手段来克服以主体为中心的理性。因此，虽然黑格尔曾经用“爱和生命”中表现出来的主体间性的一体化力量，来反抗以主体为中心的理性的权威，但是这种思想转向的萌芽并没有得到发展，并促使其从交往理论的角度弥补主体哲学中理性的反思概念。②所以，黑格尔的目的是要把哲学作为一体化的力量来克服反思本身所带来的实证化，进而克服现代世界的分裂，但他只是取得了表面的成功。实质上，他为获得真正的同一性所做的努力是徒劳的。

黑格尔还说，我们要做的是善于发现同中之异与异中之同，因此分析同一与差异的辩证关系的目的之一是要实现认同，相互承认。认同的本质内涵就在于人与人之间的相互承认。黑格尔在《精神现象学》中通过主人—奴隶的辩证法揭示了由自我意识理论所发展出的承认命题。纯粹无差别的自我意识是理想化的存在，或者说只是逻辑上的一个起点。它只有通过欲望的满足的环节才能复归到真实的自我意识。“自我意识只有在一个别的自我意识里才获得它的满足。”③自我意识只有把它自己和它的对方统一起来，也就是只有相对于另一自我意识，它才是真实的。“自我意识是自在自为的，这由于、并且也就因为它是为另一个自在自为的自我意识而存在的；这就是说，它所以存在只是由于被对方承认。”④“每一方都是对方的中项，每一方都通过对方作为中项的这种中介作用自己同它自己相结合、相联系；

① 〔德〕哈贝马斯．现代性的哲学话语［M］．曹卫东等译．南京：译林出版社，2004.38.
② 〔德〕哈贝马斯．现代性的哲学话语［M］．曹卫东等译．南京：译林出版社，2004.35-36.
③ 〔德〕黑格尔．精神现象学（上卷）［M］．贺麟，王玖兴译．北京：商务印书馆，1979.121.
④ 〔德〕黑格尔．精神现象学（上卷）［M］．贺麟，王玖兴译．北京：商务印书馆，1979.122.

并且每一方对它自己和对它的对方都是直接地自为存在着的东西，同时只由于这种中介过程，它才这样自为地存在着。它们承认它们自己，因为它们彼此相互地承认着它们自己。”[①] 以此为出发点来看待主人与奴隶的关系，主人是独立的意识，奴隶是依赖的意识。主人有力量支配自为存在；这种存在又有力量支配它的对方，即奴隶。主人还通过奴隶间接地与物发生关系，享有、占有物。所以，在这样两个环节中，主人是通过另一意识才被承认为主人的。黑格尔继续分析说，人们只是看到了奴隶对主人的依附关系，忽视了奴隶意识的独立性。在主人面前，奴隶感觉到自为存在只是外在的东西，但是在劳动中，他开始意识到他本身是自在自为地存在着的。“因此，正是在劳动里（虽说在劳动里似乎仅仅体现异己者的意向），奴隶通过自己再重新发现自己的过程，才意识到他自己固有的意向。”[②] 在这里，我们看到，即使是奴隶，也要被主人承认，这是意识演化的必然性。如果再向前跨一步，黑格尔已然运用劳动这一环节来阐释奴隶摆脱受制于人的恐惧并进而反抗主人的可能性。总之，自我认同是在与他人的相互承认、相互认可中获得的。

2. 认同的社会心理学分析

在社会心理学学科中，认同也是诸多学者关注的理论话题。他们从不同角度揭示了认同是怎样通过自我的社会化过程来实现的，以及认同危机问题。20 世纪初达到鼎盛时期的米德与 20 世纪中后期声誉超出美国国界的埃里克森就是研究这些问题的重要的两位社会心理学家。正像有些学者指出的，前者——米德并不是一位严格意义上的心理学家，“而一直是一位从实用主义哲学出发、通过社会心理学研究来关注现实问题的社会哲学家”[③]。在《心灵、自我与社会》中，米德基本上是从社会哲学的高度来研究和论述个体与社会的相互关系的。但不可否认的是，米德也由于此书成为美国社会心理学的创始人之一。米德首先表明了自我的人格发展是在社会化的过程中实现的，而它又不断自觉地选择社会化。自我不是与生俱来的，而是某种不断发展的东西，而且是在社会经验过程和社会活动过程中出现的。

① 〔德〕黑格尔 . 精神现象学（上卷）［M］. 贺麟，王玖兴译 . 北京：商务印书馆，1979.124.
② 〔德〕黑格尔 . 精神现象学（上卷）［M］. 贺麟，王玖兴译 . 北京：商务印书馆，1979.131.
③ 〔美〕米德 . 心灵、自我与社会［M］. 霍桂桓译 . 北京：华夏出版社，1999.428.

“作为可以成为自己的对象的自我，自我从本质上说是一种社会结构，是从社会经验中产生的。当一个自我产生以后，它就从某种意义上为它自己提供了它的各种社会经验，因此，我们才能够设想一个绝对离群索居的自我。但是，人们不可能设想自我是在社会经验之外产生的。”[①] 完整的自我同一性和结构是对完整的社会过程的反应。而人格分裂现象是一个完整统一的自我分裂为多重自我的过程，它对应着社会化过程中所从属的不同群体。

那么这种完整的自我是怎样产生的？米德通过儿童参与玩耍与游戏的不同，来分析人格的形成过程。他认为，游戏和玩耍之间的根本区别在于，就后者而言，儿童必须具有这种游戏的所有参加者的态度。在玩耍过程中，尤其显示了儿童人格所特有的情境，即只存在一种角色接着另一种角色出现的简单系列。儿童一会儿是这样，一会儿是那样，不可预期。这正是儿童阶段的魅力所在。我们无法假定儿童现在的所有作为会决定他在将来的某个时刻做什么。因为他还没有被组织为一个整体。儿童没有明确的性格与人格。而在游戏活动中则不同，儿童持续不断地采取他周围的那些人的态度，尤其是承担那些在某种意义上控制他以及他所依赖的人的角色。只要儿童确实采取了其他人的态度，并且允许这种其他人的态度决定他将要做的、与某种共同目的有关的事情，他就正在成为社会的一个有机成员。游戏让儿童进入了一种社会情境，这是一个他喜欢“有所归属”的时期。他加入各种组织，成了在组织中发挥作用的某种东西，并且因此而倾向于通过他与他所从属的群体的关系来决定自己。这样一个阶段，促使他成为他所从属的共同体的一个具有自我意识的成员。因此，游戏是一个有关使有组织的人格从其中产生出来的情境，这个过程就是使人格得以形成的过程。一个人的人格的实质，就在于他隶属于某个共同体。一个人要想成为一个自我，就必须成为共同体的成员。[②] 所以，自我的产生过程是一个个体在共同体中获得认同的过程。米德进一步将自我区分为“主我”（the“I”）与“客我”（the social“me”）。二者虽然同属于自我，但“主我”与“客我”不能完全等同，

① 〔美〕米德．心灵、自我与社会［M］．霍桂桓译．北京：华夏出版社，1999.152.

② 〔美〕米德．心灵、自我与社会［M］．霍桂桓译．北京：华夏出版社，1999.165-178.

"主我"并不是"客我"。笔者认为，正是二者的区别反映了自我与他人、群体之间的互动关系。"'主我'是有机体对其他人的态度作出的反应，'客我'则是一个人自己采取的一组有组织的其他人的态度。其他人的态度构成了有组织的'客我'；然后，一个人就作为'主我'对这种'客我'作出反应。"[①]"'主我'既导致'客我'，又对它作出反应。它们共同构成了一个出现在社会经验之中的人格。从实质上说，自我就是一个社会的过程，它借助于这两个区分的方面而不断进行下去。"[②]可以看出，米德始终将社会和社会性放在至关重要的地位上，并随时加以强调。

"主我"与"客我"在社会活动中的融合，更加体现了社会把个体塑造为社会性个体的过程。"主我"与"客我"在群体协作中的融合展示了个体与群体之间的认同。在某些情境下，比如当所有的人都向落水者施以援救之手时，一个人会受到他人的刺激，去和他们一起共同努力做同样的事情。这个人获得了某种与全体成员的认同感，他产生了和这个群体完全相同的反应。尽管可能会存在着他人引导的控制感，但这种融合确实会激发人们强烈的情绪反应，以致兴高采烈。"它是一种与众不同的，或许是更高级的认同态度，是我曾经称之为'群体协作'的形式出现的。在这里，人们会拥有来源于与其他人在某种情境中的合作感。当然，这里仍然存在某种控制感；归根结底，一个人所做的事情是由其他人正在做的事情决定的；一个人必须敏锐地觉察到其他人所有的立场；他知道其他人打算做什么。但是，他为了在这种群体协作中发挥自己的作用，必须持续不断地意识到其他人作出反应的方式。这种情境虽然有其令人愉快之处，但是我们可以说，它却不是那种使一个人完全融入群体之中，并且能够因此而获得某种无拘无束感的情境。只有宗教情境或者显示爱国精神的情境，才含有这后一种经验。"[③]只要共同体中的每一个人意识到了并且为了共同的目的而工作，就可以产生群体协作感与认同感。

现代学界公认的认同理论的创立者、社会心理学家埃里克森的人格发展

---

① 〔美〕米德．心灵、自我与社会［M］．霍桂桓译．北京：华夏出版社，1999.189.

② 〔美〕米德．心灵、自我与社会［M］．霍桂桓译．北京：华夏出版社，1999.193.

③ 〔美〕米德．心灵、自我与社会［M］．霍桂桓译．北京：华夏出版社，1999.297.

渐成说，强调在人的发展过程中自我与社会环境的相互作用，同样注重个人与社会的关系。在埃里克森的思想体系中，同一性及其危机是其关注的中心内容。由我们在上文中所阐释的可知，同一性也正是认同的根基与核心问题。埃里克森在前人的基础上，对同一性进行了拓展性研究。埃里克森受到了弗洛伊德精神分析学说的影响，但又深感弗洛伊德的古典精神分析不足以应付多变的当代社会，于是创立了强调自我的适应和发展的精神分析心理学，并形成了以自我同一性为核心的人格发展渐成说。首先，埃里克森掌握了大量的临床病例，他从中发现并总结了“认同危机”或者说“同一性危机”问题。埃里克森指出，“同一性危机”这个词，是在第二次世界大战期间的齐昂退伍军人健康诊所为了一种特殊的临床目的而首次使用的。那里的大多数病人在战争的紧急状态中失去了个人同一性和历史连续性。他们失去了对自己的中枢的控制，产生了混乱感。这些退伍军人由于变化太多，把自己搞得筋疲力尽，而且总是表现出躯体的紧张、对社会的恐慌和自我的焦虑，以致这些人觉得“再也认不出自己是谁了”。这是自我同一性的明显丧失，一致感和连续感以及一个人的社会角色的信任都丧失掉了。后来，他发现同样的症状也呈现在年轻人身上，而他们的混乱感主要源自内心的冲突或者与社会的冲突。发生在年轻人身上的自我同一性危机，并不是致命性的，并不一定导致恶性崩溃。如果采用了适当的方式、方法，危机是可能渡过的。这种精神病学中的人格障碍模型只是表明了个人发展的某一特殊阶段的过度延迟或倒退。因此，所造成的规范性的“同一性危机”应归属于青年期和年轻成人期。[①]接下来，埃里克森以此为基础进一步分析和归纳，提出了人格发展渐成说的八阶段论。在人生的每个阶段都有相应的危机，这些危机是人的发展必须要经历的，并且不是极端病态的，是可以克服与解决的规范性危机。此处危机有着发展的意义。它只不过是一个转折点，是不断增强潜能的决定性时期，因而也是个体发育与发展的根源。埃里克森相信自我在发展中有自我治疗和自我教育的能力，因此他对自我具有深厚的信念，表现出乐观主义精神。

① 〔美〕埃里克森．同一性与青少年危机［M］．孙名之译．杭州：浙江教育出版社，1998. 2-3.

对于认同或者同一性、同一性危机问题，埃里克森认为，它们非常普遍但又难以掌握。尽管如此，他还是强调了应该从以下几个维度去理解：首先，在心理学中，同一性的形成是一种反思和观察同时进行的过程。一个人运用这一过程来判断自己，他在自己与他人参与重要意义事件的比较中考察别人对他的判断，而他又不断反思别人对他进行判断的方式。其次，同一性的形成是一个不断变化和发展的过程。当一个人逐渐成长时，他越来越意识到与他有重要关系的其他人的范围日益扩大。这个过程，不到两个人的相互认可能力衰退之时，是不会终结的。最后，在讨论同一性的形成时，不能把个人的生长和社会的变化分割开来，也不能把个人生命中的同一性危机和历史发展的危机分裂开来。[①] 总之，对同一性的形成具有重大意义的，是在心理、社会、历史方面的交互作用。

埃里克森认为，在人的发展过程中，自我同一性的顺利形成有赖于三个要素：基本信任感、自主感和主动感。[②] 首先，信任既是对别人的一种基本信赖，也是对自己的一种基本信任感。婴儿与母亲之间相互依赖、彼此认知和相互承认的遭遇是最早和未分化的“同一感”，这种同一感使得婴儿对母亲产生基本信任感。婴儿对外界的获取应当适宜地被满足，对他的训练与管理方式也要恰当；否则，他是敏感的、易受损害的，这会破坏他的基本信任感。在成人那里，基本信任感受到损害是以一种严重疏远的方式表现出来的。与他人观点相异，缺乏对他人的信任，会使他退回自己的内心世界。这在精神病人身上的体现最为明显。治疗他们就要深入其内心，让他们重新建立对他人的信任、对自我的信心。接下来，我们会看到一种坚定发展的早期信任会有利于儿童早期的自主性的培养。儿童早期阶段，与成人之间的相互调节面临着严峻的考验。父母的控制感过强，会导致孩子产生出持久性的疑虑或者羞怯感。这使他无法获得勇气，形成独立的个体以指导自己的未来。个人同一感的获得，如果说在最早的婴儿阶段，表现

---

① 〔美〕埃里克森 . 同一性与青少年危机［M］. 孙名之译 . 杭州：浙江教育出版社，1998.9-10.

② 〔美〕埃里克森 . 同一性与青少年危机［M］. 孙名之译 . 杭州：浙江教育出版社，1998.81.

为“我就是我所希望自己占有的和给予的”[①]，那么在早期儿童自主性阶段，则表现为“我就是我所能自由意欲的”[②]。在较为成熟的儿童时期，表现出了较强的主动性。这一主动性阶段对其后的同一性发展也具有重要贡献。“显然在于解放儿童的主动性和目的感，容许（但不能保证）实现一个人各种能力去完成成人的任务。这在已牢固建立起来的、坚持生长而不惧怕的罪疚中已有所准备：‘我就是我所能想象的我所能成为的我。’”[③]埃里克森通过考察生命周期，来解释了同一性渐成说。我们也通过他细致入微的心理学分析；看到成人自我同一性的获得、自我认同的能力，在婴幼儿时期就已经开始培养了。这个过程对成人今后的人格形成与发展来说至关重要。我们也看到了一个生理、心理的自我是如何逐渐融入社会，并得到社会化的。虽然埃里克森强调了社会性的作用，但是其理论还是带有生物学化观点的痕迹，具有先天预成论的倾向。

3. 认同的文化政治分析

如果说，社会学、心理学从原点上揭示了自我通过社会化、个体与共同体之间的调节与协作获得最终的自我认同与群体认同，那么文化与政治意义上的认同，比如近些年来兴起的理论焦点——“文化认同”“认同政治”，则从更宽泛的民族、国家、世界的范围，展示了它的复杂性。对于文明的冲突、族群认同与民族认同所带来的动荡与危机，学者们的言论或者不持有立场地进行描述，或者带有各种色彩地评价，都表现出了一种深深的忧虑情结。文化的多元化与文明的多样性、国际政治秩序重建过程中的冷酷性，使得一种广义上的族群之间、民族之间、国家之间的认同似乎变得不那么容易，甚至遥不可及。塞缪尔·亨廷顿指出，冷战后的世界是一个包含了七八个文明的世界。文化与文明既是分裂的力量，又是统一的力量。在这

① 〔美〕埃里克森．同一性与青少年危机［M］．孙名之译．杭州：浙江教育出版社，1998.101.

② 〔美〕埃里克森．同一性与青少年危机［M］．孙名之译．杭州：浙江教育出版社，1998.101.

③ 〔美〕埃里克森．同一性与青少年危机［M］．孙名之译．杭州：浙江教育出版社，1998.107.

个新的世界里，最重要的和最危险的冲突不是阶级之间、经济利益集团之间、穷人和富人之间的冲突，而是隶属于不同文化实体的人们之间的冲突。人们之间的重要区别不是政治的、经济的、意识形态的，而是文化的区别。"人民和民族正试图回答人类可能面对的最基本的问题：我们是谁？他们用人类曾经用来回答这个问题的传统方式来回答它，即提到对他们来说最有意义的事物，人们用祖先、宗教、语言、历史、价值、习俗和体制来界定自己。他们认同于部落、种族集团、宗教社团、民族，以及在最广泛的层面上认同文明。人们不仅适用政治来促进他们的利益，而且还用它来界定自己的认同。我们只有在了解我们不是谁，并常常只有在了解我们反对谁时，才了解我们是谁。民族国家仍然是世界事务中的主要因素。它们的行为像过去一样受对权力和财富的追求的影响，但也受文化偏好、文化共性和文化差异的影响。"[①]亨廷顿言，全球政治正在沿着文化的轨迹重构。文化相似的民族和国家走到一起，反之则分道扬镳。文化认同是一个国家结盟或者对抗的主要因素。20世纪90年代以来爆发了全球性的认同危机，产生严重危机的是那些由不同文明背景的人组成的分裂国家。人们处理认同危机的方式就是，选择并认同那些与自己有着相似的祖先、宗教、语言、价值观和体制的人，聚集在一起；反之则疏离与自己在这些方面不同的人。

亨廷顿继续分析到，文化共性会促进人们之间的合作和凝聚力，有利于实现相互认同；而文化差异却会加剧分裂和冲突，不利于建立相互认同。第一，每个人都有多种认同，它们可能会互相竞争或彼此强化，如亲缘关系的、职业的、文化的、体制的、地域的、教育的、党派的、意识形态的及其他的认同。文化认同与其他方面的认同相比，其重要性显著增强。第二，文化认同的日益凸显很大程度上是现代社会经济现代化的结果，这一层面上的混乱和异化造成了对更有意义的认同的需要；在社会层面上，非西方社会能力和力量的提高刺激了本土认同和文化的复兴。第三，任何层面上的认同只能在"其他"——与其他的人、部族、种族或文明——的关系中来

---

① 〔美〕塞缪尔·亨廷顿. 文明的冲突与世界秩序的重建［M］. 周琪等译. 北京：新华出版社，2002.6.

界定。人类历史上始终存在着文明之内的“我们”与文明之外的“他们”。文明认同也就意味着自觉地意识到文明之间的差异，以及必须对把“我们”同“他们”区别开来的特性进行保护。第四，不同文明国家和集团之间冲突的根源在于，既包括对人民、领土、财富、资源和相对权力的争夺与控制，更在于将自己的价值、文化和体制强加于对方。明确的一点就是，物质利益的分歧，可以谈判甚至妥协解决，但是文化问题依据这种方式却得不到解决。文化与文明的冲突不是轻易就能够解决的，因为它承载了太多历史、文化、情感的意义。第五，冲突是普遍存在的。冷战的结束并未结束冲突，反而产生了基于文化的新认同以及不同文化集团之间冲突的新模式。“我们”与“他们”对立的趋势无所不在。①

亨廷顿认为，在正在来临的时代，文明的冲突是对世界和平的最大威胁。涉及世界主要文明核心国家的全球战争很可能不会发生，但不是不可能发生。拥有不同文明的人们必须学会在和平交往中共同生活，相互学习、研究彼此的历史、语言、艺术、宗教和文化。和平与文明的未来完全取决于世界各大文明之间的政治、经济与文化的理解与合作。虽然面对文明的冲突，亨廷顿看似提出了解决之方，但是他的观点更加反映了一种深刻的恐惧感。不同文明之间是否可以相互承认、相互认同？对此，一大批人感到茫然。哈罗德·伊罗生对政治变迁下的族群认同的研究，同样做出了否定的回答。我们知道埃里克森从精神分析心理学角度建立了一套“个人认同”的理论。而伊罗生以埃里克森有关群体认同的论述为基础，对族群认同作了本质上的研究。“作者首先从族群的原初形态——部落（tribe）说起。他用肯尼亚基库尤人（Kikuyu）的说法把部落比作所有族人所自出的女性共祖的子宫，即‘姆庇之家’（House of Muumbi）。从这里出发又有更多同一属性的群体：部落之外或称氏族（clan）、种族（race）、民族（nation）、族群（ethnic group）。名称纷杂，而属性更难界定。究竟什么才是族群、族群性（ethnicity）或族群认同（group identity）的基本特质？学界，特别是美国学界，都在纷

① 〔美〕塞缪尔·亨廷顿．文明的冲突与世界秩序的重建［M］．周琪等译．北京：新华出版社，2002.133-135.

纷追寻，正像他们寻找雪人一样，虽然明知雪人的存在，却不知道他长成什么样子。作者深信这些特质就植根于我们自己的身体、语言、历史、宗教与民族性中。”[①] 源自“姆庇之家”的那种民族的原乡感情，渗透在“狰狞的雪人”的血脉里，形成了根源性的“族群意识”。这样的情感与意识使得人们甘愿为自己的种族、部落献身，为自己的语言、历史、宗教、民族与国家而付出一切。在马克思主义者看来，族群冲突只是阶级矛盾的衍生物。随着资产阶级的消失、一个全面发展的理想社会的到来，问题自然就消失了。自由主义者认为，经济不平等是族群紧张的根源；只要实现了更大的平等，种族与族群的紧张关系就会得到缓解。而伊罗生则不这样认为，在权力起伏的当代政治中，族群认同总是不断加强，呈现出不同的面貌。它既是团结的力量，也是分裂的根源。

伊罗生说，在今天的世界，到处是“姆庇之家”。它们分崩离析，又在新的地方重建。不断出现的政治压迫蓄意鼓动、挑起群体分裂，造成匮乏与恐惧，也迫使人们重返自己温暖的“姆庇之家”。人类社会的这种割裂自古如此，但于今尤甚。“人类的科技越来越全球化，政治却越来越部落化；人类的传播系统越来越普及化，对于该传播哪些东西却知道得越来越少；人类离其他行星越来越近，对自己这颗行星上的同类却越来越不能容忍；活在分裂之中，人类越来越得不到尊严，却越来越趋于分裂。面对世界资源与权力的前所未有的激烈争夺，人类社会正把自己撕裂，撕裂成越来越小的碎片。”[②] 在现代传媒技术下，族群生存的洞穴之间互动增多，但不相往来的也不在少数。每一个族群都想证明自己存在的合理性，获得世界舆论更多的支持。如此一来，争吵、攻击不断，人类社会的裂解与再裂解过程重复在数字化媒体上传播，刺激着每个人的神经。“在世界各地新的政治版图中，族群之间的紧张与拉锯造成的暴力事件，事实上多到难以计数。因为，只要政治秩序处于变迁阶段，每个国家都必须在族群（部落的、种族的、

① 〔美〕伊罗生．群氓之族：族群认同与政治变迁［M］．邓伯宸译．桂林：广西师范大学出版社，2008.2.

② 〔美〕伊罗生．群氓之族：族群认同与政治变迁［M］．邓伯宸译．桂林：广西师范大学出版社，2008.17.

宗教的、民族的）冲突间找到新的平衡点，而这也正是各大洲每个国家必须面对的切身问题。”① 这是否印证了霍布斯的论点“人对其他人是狼”？这给了理想主义者致命一击，因为他们始终相信，随着科技的进步、知识的增长，理性终将获胜，它将把人类早期的落后、迷信等驱除得一干二净，然而事实并非如此。族群认同正在帝国的废墟上再次抽芽衍生，在各种新文化和新政治的墙缝中探头。

伊罗生认为，与族群认同或者说基本群体认同关系最密切的是归属感和自尊心。个人之所以归属于他的基本群体，说到底，原因在于他在那里不是孤立的。有时候他所隶属的群体是不可改变的和放弃的，无论他喜欢与否。更何况在今天大迁徙的时代，许多人东飘西荡，身体与文化都离乡背井。归属感就成了他们随身携带的方舟，是他们的信条或信念。另外，族群认同对个体自我的接纳，给予了自我尊严与自尊，因为大部分人能够凭借人格特质获得自尊的能力是有限的，很大程度上需要群体力量的支撑。对于归属感与自尊心的建立，群体成员会采取正面的或负面的两种手段去实现。“对侵略者的认同，其间不乏自我否定（self-rejection）与自我厌憎（self-hate），是强势族群把负面群体认同强加到弱势族群身上所造成的结果。但是，一旦弱势族群不再屈服，对加害者与受害者来说，族群认同都将成为一个问题，而且迟早会爆发成为社会与政治的冲突和危机。也就是在这一点上，基本群体认同与政治相遇。”② 随着时代的发展，传统族群与族群之间的秩序被打乱，加快了分崩离析。人们越来越要求获得更高的、更大的平等基础上的自尊。族群内部的动能被激发，成为点燃政治火山的导火索。因此，族群认同既有其核心本质，而又像活跃的细胞一样在外力的压制下发展出各种形态来。

---

① 〔美〕伊罗生 . 群氓之族：族群认同与政治变迁［M］. 邓伯宸译 . 桂林：广西师范大学出版社，2008.18.

② 〔美〕伊罗生 . 群氓之族：族群认同与政治变迁［M］. 邓伯宸译 . 桂林：广西师范大学出版社，2008.68.

二、认同的伦理变迁与危机

自我认同与群体认同，或者说个体认同与共同体认同，从哲学、心理学、文化学、政治学对它们所进行的分析，是从不同的横切面与角度对认同的理性认知。从纵向来看，无论何种形式的认同都是关于人的精神认同。所谓精神认同是人类寻找灵魂家园与归宿的过程，是人类的“大我”从蹒跚学步到快步奔跑的体现。这些精神认同在不同的历史时期侧重点不同。思想家们或者是以厚古薄今，或者是以抑古扬今的态度来对待它们。然而，它们孰优孰劣难以评判。尽管如此，其功能与作用却无可否认。

1. 神话与宗教：原始初民的认同

神话是原始初民的口头文学，是原始文化的结晶。它是初民们运用原始的思维方式对自然现象和社会生活所作的叙述和解释，反映了人类早期生活状况。“神话反映了古代先民对某一问题的困惑以及尽自己的智力限度所做的回答。尽管这种回答与现代科学和‘理性’相去很远，却是早期人类认识世界的一种自足的解释体系，成为他们思维结构的基础，成为他们心理活动的外在表现。可以说，神话是原始先民‘不可求证’（当时也无须求证）但能‘悠然意会’的原始哲学、科学、宗教，以及原始的道德、历史、文学的统一体、混沌体。”[①] 原始初民在与自然进行抗争时，由于认识的局限性，只能根据自己的生活经验和想象力来给予某些问题，比如“人类自身是什么与周围世界是什么”做出解答。这就决定了原始初民回答问题的特殊方式以及原始文化的创造特性：神话方式的追问。神话是一种文化积淀，也是各民族意识的发端。不同的东西方神话传说定格了不同的民族意识取向，反映了民族认同的不同旨趣。再延展开来，人们甚至可以发现神话孕育了各民族不同的思维方式，以及不同的善恶价值观念。

因此，英国著名的民族学家、民俗学家爱德华·泰勒认为，神话应该作为研究人类历史和发展规律的一种手段，作为一种科学去对待。神话不能当作虚假的事物，更不能完全靠推测去解读。“被某些人当作虚假的无稽之谈

---

① 邓启耀 . 中国神话的思维结构［M］. 重庆 : 重庆出版社 , 2004.12.

而抛弃的真实的神话，以其创作者和传播者几乎未梦想过的方式，证实着它正是往事的源头。神话的意义已遭到曲解，然而它们毕竟有意义。每个被传讲的故事，对其被传讲的那个时代来说，都有一定意义，正像一句西班牙谚语说的那样，即使是谎言，也是'会生小孩的女人'。因此，作为思维发展的证据，作为很久以前的信仰与习惯的记录，甚至在某种程度上作为各民族历史的素材，古老的神话在历史事实中都已合理地占有一席之地，具有这种见识的当代历史学家，就能够放下架子，重建历史的真实面目。"[①] 比如世界各地流传的氏族部落的头领、创建国家的人民英雄的一类神话传说，都有其类似性。这些英雄在婴幼儿时期都有着神奇的经历。他们起初被抛弃；后来，弃婴们都被救了，而且是被某种强大的动物养育。在这里，通过神话传说，各族都向分别的精神核心认同，即其来源是强烈可信的、有威力的，是不容置疑的，甚至带有神秘色彩。为此，达到了一种目的，即宣扬其存在是合理的，是天意命运如此。再如有关名祖传奇的神话，部落和民族常常采用自己首领的名字。有些部族非常重视自己祖先的传承谱系；认为祖先不但是亲属，而且是神。在神话创作者的系谱学和历史中，部族、民族和国家的名字通常不费周折就变成了名祖英雄的名字。批判地去看待名祖传奇，仍然可以看到其包含有真正的历史意义。英雄的家系包含着古代的民族观，包含着由于移民、侵略而发生的变动关系，包含着由于亲族关系的存在而进行的交往联系。部族、民族、国家由于名祖的存在而增强了凝聚力，产生了向中心靠拢的聚合力和认同力。因而，泰勒说，把各地相类似的神话分成广泛相同的类别，就有可能在神话中按迹探求一定规律支配的想象过程的作用。这让我们更加确信，"真实并不比虚构更可靠"一样，神话比历史或许更加独特。

泰勒充分肯定了人类发展的蒙昧时期的重要性。而神话就发生在全人类于遥远的世纪里所经历的蒙昧时期。神话的发生和最初的发展，是在人类智慧的早期儿童状态之中。把各种不同民族的神话虚构加以比较，并努力探求作为它们相似的基础的共同思想，人们就越是确信，自己在童年时代就处在神话王国的门旁。儿童是未来的人的父亲，这种说法在神话学中

① 〔英〕爱德华·泰勒．原始文化［M］．连树声译．上海：上海文艺出版社，1992.282.

说比平时说具有更深刻的意义。在考察低等部落离奇的幻想和粗野的神话传说时，发现它们都有最独特、最起码的形式，因此蒙昧人是全人类的童年时代的代表。蒙昧人的神话可以作为后来神话创作的基础，是文明发展到较高阶段的神话的源泉。[①] 蒙昧人以儿童般的智慧创造着他们的神话。而把日常生活经验转变为神话的最初和最主要的原因，是对万物有灵观的信仰。对蒙昧人来说，太阳和星星、树木和河流、云和风，都是有灵性的。它们好像人或其他动物一样生活着；像人一样借助工具或者像动物一样借助四肢，去完成某种职能。这些思想虽然是原始和粗陋的，但却是广泛的自然哲学的萌芽。泰勒认为，由人的灵魂引出万物的精灵，万物的精灵上升为神灵，形成了神的观念，所以说万物有灵观是宗教的基础。他说："人如此经常地把人的形象、人的情欲、人的本质妄加到自己的神的身上，因而我们能够称它为与人同性通形之神，与人同感同欲之神，最终是与人同体之神。"[②] 全世界各种宗教通过一个万物有灵原理而结合在一起。除了神话，原始宗教也是蒙昧人建立精神信仰和实现精神认同的重要途径。

然而，卡西尔对泰勒所认为的原始心灵和文明人的心灵之间没有区别，原始人的行为和思考简直像地道的哲学家的观点不甚赞同。野蛮人被描写成一个发展了形而上学或神学体系的"原始哲学家"。泛灵主义被宣称为从野蛮人发展到文明人的宗教哲学的基石。如果按照泰勒的描绘便会得出一个结论：在最原始的唯灵论与最先进、最深奥的哲学或神学体系之间，仅仅是一种程度上的差异。这显然是不正确的。神话思想完全被理智化了，已经失去了它的特性。泰勒的理论中，完全忽视了神话的"非理性"因素，即情感的背景。只有在这种背景下，神话才得以发源、兴旺和衰落。[③] 但是，也不能完全隔绝文明人的心灵与原始人神秘的心灵，因为如果二者没有任何连接点的话，那么寻求接近神话世界的希望就不得不放弃，这个世界就成为一本永远无法开启的天书。卡西尔说，虽然我们不能同意泰勒关于"原始哲学家"能

---

① 〔英〕爱德华·泰勒．原始文化［M］．连树声译．上海：上海文艺出版社，1992.284-285.

② 〔英〕爱德华·泰勒．原始文化［M］．连树声译．上海：上海文艺出版社，1992.687.

③ 〔德〕恩斯特·卡西尔．国家的神话［M］．范进，杨君游，柯锦华译．北京：华夏出版社，1990.9-14.

以一种纯粹的思辨方法来达到他的结论的描述，但是在野蛮人身上同样发现一种在不成熟的、含蓄的状态中的分析与综合、辨别与统一的能力。野蛮人通过对人与物的分析，进行细化分类。尽管与现代人的分类原则大不相同，但步骤相似。其目的就是力图实现一种秩序。这些活动反映了人类本性的共同意愿，即希望生活在一个富有秩序的宇宙中，克服那种天人无分、缥缈不定的混沌状态。“当研究宗教和神话思想的某些特殊的原始形式（例如图腾社会的宗教）时，我们会惊异地发现，原始心灵对于它周围自然力量的辨别和划分，赋予它秩序和类别，其感受的愿望和需要已经达到一种很高的程度。几乎没有任何事情能够逃脱原始精神要求分类的坚定的强烈的欲望。不仅人类社会被划分为形形色色的阶级、种族，有不同功能的部族、不同的习俗，以及不同的社会责任；并且，这种划分也同样存在于自然界的任何地方，可以说，物理的世界完全是社会的世界的复制和摹本。”① 相较泰勒以生物学原理为基础的人类学理论，卡西尔的理论更加突出了人类从蒙昧时期过渡到文明时期过程中的质变，以及社会化的重要性。按照卡西尔的观点，神话或者宗教的存在，不管它们如何独特或者虚幻，其实质都是人类认识自我，寻找秩序的需要。对于不同的人，不管其属于哪一部族，是否被认同，与其他植物、动物类有哪些不同，找到自己的归依，既是对心灵的慰藉，也是实际生存的需要。卡西尔进一步分析了神话与宗教在人类社会生活中的功能。神话主题和宗教典礼的操作具有无限的多样性，但是它们的动机都是共同的。神话和宗教就如其他学科门类一样，在多样性中寻求某种统一性。“在全部人类活动和全部人类文明形式中，我们发现有一种‘多样性中的统一性’。艺术给予我们一种直观的统一性；科学给予我们一种思想中的统一性；宗教和神话则给予我们一种情感的统一性。艺术向我们敞开一个生活形式的宇宙；科学向我们展示一个规律和原则的宇宙；宗教和神话则开始关注生活的普遍性和根本的同一性。”② 在原始信仰中，是没有形而上学同一性或者说抽象同一性的。

① 〔德〕恩斯特·卡西尔．国家的神话［M］．范进，杨君游，柯锦华译．北京：华夏出版社，1990.16.

② 〔德〕恩斯特·卡西尔．国家的神话［M］．范进，杨君游，柯锦华译．北京：华夏出版社，1990.42.

有的是具体的同一性，表现出来就是要把个体和群体生活以及自然生活统一起来的深刻而炽热的欲望，在宗教祭祀过程中充满了这种欲望。在这个过程中，个人融化进一种不可区分的整体中。这正如罗素所言："任何地方的原始宗教都是部族的，而非个人的。"① 人们举行一定的仪式，通过交感的魔力以增进部族的利益。这些宗教祭礼往往能够鼓动集体的极度热情，个人在其中消失了自己的孤立感而觉得自己与全部族合为一体。

2. 家族与身份：传统社会的认同

尽管东西方原始神话和原始宗教在某些方面有着相似的内容与主题，也有着对世界与自我进行最初诠释以获得精神同一性的共同目的，但是东西方社会毕竟有着不同的地理环境、生活习俗、思想意识，因而东西方民族的神话也表现出了基本特征和精神的差异性。在接下来漫长的历史发展过程中，原始神话被各民族按照自己的喜好进行了种种改造。比如中华民族为了实现道德教化的目的对上古神话所进行的伦理改造；再如家族崇拜、祖先崇拜，使得原始神话逐渐失去了原初的自然纯朴，分化出了古史神话，以追溯祖先、宏耀家族。"神话成了古史，古史成了神话，中国原始神话还未来得及综合为统一的神系'圣典'，就被家族崇拜所肢解，并沦落为解释现实生活的材料。……在祖先获得原始神祇神性的同时，原始神祇则获得了祖先的人性。所以，原始神祇历史化的同时也就是其伦理化的过程，原始神祇强化了祖先的神性，祖先则赋予原始神祇以人性。"② 原始神话在中国所发生的蜕变，根源在于由原始社会向文明社会过渡的特殊样式。在东西文化的比较中，人们早已注意到，东西方在原始社会阶段并无太大的差别，但是从原始社会过渡到文明社会，东西方就表现出明显的差异与特色。其中，最突出者当属对血缘氏族组织的态度。在西方，经过了一系列的变革与演变过程之后，随着私有制的确立与个体家庭的出现，古希腊与罗马的血缘氏族组织自动退出了历史舞台，完全被地缘性国家所取代。而在中国古代，文明的发生并不像古希腊那样比较彻底地摧毁了古老的氏族制度，

① 〔英〕罗素 . 西方哲学史（上卷）［M］. 何兆武，李约瑟译 . 北京：商务印书馆，1963.33.

② 刘广明 . 宗法中国［M］. 上海：上海三联书店，1993.93.

而是在原有氏族制度的基础上，将氏族首领直接转化为奴隶主贵族，通过对氏族贵族制进行“损益”改良，逐渐形成了一种以血缘宗法为基础的贵族等级制国家。因而，中国是带着血缘宗法的纽带进入文明社会的，氏族组织是建构国家的主要组织形式。

原始氏族社会后期产生的父家长制，经过夏商代不断演变，在西周时形成了完备的宗法制度。到了春秋战国时期，西周宗法等级制度就崩溃了，但是以家族或宗族为本位的实际生活基础如嫡长子继承制度、宗族的上下尊卑等级名分制度并没有消亡，而是加强与发展了。人为的等级秩序同自然的血缘和亲属关系糅合为一就构成了中国传统宗法性社会的重要特点。中国古代的社会结构就是血缘宗法制度文化影响的结果。中国古代社会以血缘关系为纽带，从家族直接走向国家；宗法制度与政治制度相结合，形成了延续几千年的“家国一体”“家国同构”的社会结构与社会体制。加之，中国古代社会是以小农经济为主的农业社会，家庭与家族是最基本的生产与生活单位，它们在维持人们生存与生计的过程中起着极其重要的作用。与这种生产方式相适应的家族制度就成为传统社会不可动摇的结构原型。与此相应，国家结构也就打上了家族结构的印记。[①]冯友兰先生认为，“家族制度，在过去就是中国的社会制度”[②]。在一般意义上，“家”与“国”拥有完全不同的组织结构原理，然而，在血缘文化中，这两种不同的社会形式却凝结为一体。“家”是“国”的原型与母体，“国”是“家”的扩充与放大，血缘关系是构成家国同构的基础。因此，传统中国人的家族意识根深蒂固。家就是中国人心中至上的“天”，具有超强的凝聚力与向心力。在家中，是“孝子”，敬奉祖先，孝顺父母，儿女绕膝，每日信心满满；离开了家，是“游子”，浪迹天涯，便少了生活的根基与心理的归依；背叛了家，是“逆子”，被逐出家门，在孤苦飘零中没入黄土，至死也不能归家是人生最大的痛苦。一个人被家族认同，是他生活意义的来源；反之，不被家族认同，被众人唾弃，他已失去了安身立命的根基，意志消沉，惶惶不可终日。

---

① 见拙作汪怀君．人伦传统与交往伦理［M］．济南：山东大学出版社，2007.178.

② 冯友兰．中国哲学简史［M］．北京：北京大学出版社，1995.24.

林语堂先生也认为，家族制度是中国社会的根基，中国的一切社会特性无不出于此，可以用它来解释中国社会的所有问题。而家族制度背后的社会哲学是儒家的“名分”。它的中心思想是等级，是维持社会秩序之原理。名分赋予每一个男人、女人以一定的社会地位。社会的理想是“凡人各得其所”。“名”即“名称”“名义”，“分”即“本分”“义务”。一个“名”给予某人在社会上以特定的地位，并明确了他与别人的关系。没有“名”，没有一个特定的社会关系，人们就不知道自己的“分”。如果每个人都知道自己的地位，并使自己的行为与自己的地位相称，社会秩序就有了保障。[①]“名分”其实就是按照自己的身份地位去行事，既尽已所能，又不越俎代庖。让每个人都清楚自己的身份，这需要“制礼作乐”。孔子非常重视礼，礼的根本要求就是“君君臣臣”“父父子子”，不同的身份有不同的行为规范。“礼既是富于差别性、因人而异的行为规范，所以‘名位不同，礼亦异数’。每个人必须按照他自己的社会、政治地位去选择相当于其身份的礼，符合这条件的为有礼，否则是非礼。”[②]礼的本质是一种基于身份基础上的社会秩序。礼的教化目的就是要让每一个人认同自己的身份，依身份行事。做出有违身份的事情则为人们所鄙夷。传统中国人在衣食住行方面都有严格的规定以与自己的身份相符合。比如，明代的官服用动物来区分品级。文官一品用仙鹤，二品用锦鸡，三品用孔雀，四品用云燕，五品用白鹇，六品用鹭鸶，七品用鸂鶒，八品用黄鹂，九品用鹌鹑，杂品用练鹊。武官一、二品用狮子，三、四品用熊罴，六、七品用彪，八品用犀牛，九品用海马。[③]人们通过一个人衣服上织绣的仙鹤图案，就可知他的高层官位，立马肃然起敬，或屈膝谄媚。而某个官员私下制作与官位不符的服装，则有谋反的嫌疑。即使他一次也没穿过，也可能因此而丢了脑袋。

家族绵延在东方社会尤其是在中国的意义重大，在西方社会则不同。西方社会从原始阶段向文明阶段的过渡，是以公民契约关系代替了血缘氏族关系，建立了以城邦为中心的地缘性国家。所以，西方社会并不是在“家”

---

① 林语堂 . 中国人［M］. 郝志东，沈益洪译 . 上海：学林出版社，1994.182-183.

② 瞿同祖 . 瞿同祖法学论著集［M］. 北京：中国政法大学出版社，1998.383.

③ 姚建平 . 消费认同［M］. 北京：社会科学文献出版社，2006.57.

的基础上建立了“国”，“家”的功能也远不如中国人的“家”。德国社会史学家汉斯—维尔纳·格茨在描述欧洲中世纪的日常生活史时，谈到了家族与家庭的发展。可以看出传统社会中东西方的家族意识有着明显不同的价值取向。中世纪的“家”既包括亲族的联合体，也包括家族的联合体。家族是按照日耳曼人的传统以统治的形式组织起来的，是与男子联系在一起的。家族是一个自治的、有合约的、有法律的管辖区。在这里，个人的和公众的权力重叠在一起，一家之主也在履行国家的职能。如同家族一样，亲族也是一个公众的法律团体，是一个具有合约的、有法律的联合体，在内和平共处，对外进行保护。作为法律的联合体，家族与亲族的职能大体上是明确的，依法处理着家产的继承与日常的纠纷争斗。至于家族中亲属的亲疏程度是难以确定的，特别是在中世纪早期。按照日耳曼人的习惯，每个人只有一个单名。从单名上一般都无法清楚地确定是某个人物，更谈不上明确地确定家系了。中世纪早期，贵族家庭的地位和职位强化了家族意识。贵族家庭开始用名单或者是家谱的形式记录他们的姓氏家族，委托他人撰写自己的家族史。家庭找到了固定的中心；家族成为一个有固定姓氏的家系，一个父系原则占支配地位的“家”。[①] 对比中国传统社会的家族与欧洲中世纪的家族，前者是血缘共同体，追求伦理与向善；后者是法律联合体，是劳动的单位与法律的单位。血缘共同体中，按照亲疏远近的差序格局定名分；而在中世纪家族中，要维护成员利益，贵族家庭对外要显示血统的高贵。所以，中国人的家族意识体现出血缘认同，按身份行事以求秩序与和谐；欧洲中世纪人的家族意识体现出利益认同，贵族要尽可能地彰显地位与身份。

西方社会注重每个人的个体性和独立性，但是在欧洲中世纪时期也存在着森严的等级制度与等级身份，这是阶级社会不可避免的。特权和等级观念，渗透了封建制度下的中世纪社会。这是个三分社会即三等级社会。“僧侣是眼睛，因为他们看到并给人们指示安全的道路；贵族是手臂，他们的

① 〔德〕汉斯—维尔纳·格茨．欧洲中世纪生活［M］．王亚平译．北京：东方出版社，2002. 25-31.

责任是：保护社会、实施正义并保卫王国；平民是人体的下部，他们的责任是：支持并负担着政治机体的上层部分。”[①] 中世纪不同等级与阶层的人的生活是多种多样的，修道士的日常生活不同于贵族的，农民的日常生活不同于市民的。格茨说：“生活方式受各种目的和职能的限制，也受人的等级的制约，与多空间的生活圈子（修道院、领地、诸侯宫廷、城市）相适应。这些就使得日常生活的外观有着类似的形式，但是在这些圈子的内部生活，在每个城市里的地位和财产关系都是不同的，甚至修道院的日常生活，也会在地区和地区之间、在修道院和修道院之间都有所差异。”[②] 不同生活圈子的人的生活习惯和生活作风是不一样的，要与他们的等级身份相符合，自觉地向某一共同的生活圈子认同与归类。修道士们天生就被选定了过着完美无瑕的使徒式生活，骑士则追求宫廷的理想并且为荣誉而战，农民甘于从事重体力劳动且受到其他阶层的鄙视。随着阶层的分化，凡勃伦认为，出现了金钱上有实力的区别于劳动阶级的有闲阶级。下层阶级获得财物的通常手段是生产劳动，劳动是屈居下级的标志，参加劳动是要降低品格的。有闲阶级拒绝劳动是体面的，是保持身份的一个必要条件。上流社会对于粗鄙形式的劳动，很少不是本能地感到厌恶的；对于苦工贱役，高雅人士总是感觉它们是污秽、不雅的，必须由仆役来做。一个上流人士如果能够免于“躬亲贱役”，就会感到安慰，感到一种自尊心与高贵身份的满足。凡勃伦举了这样一个例证：法国某国王，据说由于要遵守廉洁，不失尊严体统，拘泥过甚，竟因此丧失了生命。这位国王在烤火，火势越来越旺了。而专管为他搬移座位的那个仆人刚巧不在身边。他就坚忍地坐在炉边，不移一步，终于被熏灼到无可挽救的地步。但是，他虽然牺牲了，却保全了最高贵的基督教陛下玉体的圣洁，没有被贱役所玷污。[③] 这个国王之所以一动不动，直到被烤死，是因为要通过拒绝劳动以显示自己真正的“有闲”。“有闲”

---

① 〔美〕汤普逊 . 中世纪经济社会史（下册）［M］. 耿淡如译 . 北京：商务印书馆，1997.334.

② 〔德〕汉斯—维尔纳·格茨 . 欧洲中世纪生活［M］. 王亚平译 . 北京：东方出版社，2002.273.

③ 〔美〕凡勃伦 . 有闲阶级论［M］. 蔡受百译 . 北京：商务印书馆，1964.36.

并不是懒惰或清静无为，而是非生产性地消耗时间。有闲阶级的生活是不参与一切实用的生产性工作，过着一种从容的、舒适的高洁生活。这种“有闲”是社会地位的标志。可见，这种等级身份认同甚至达到了极端的程度。

3. 技术与专家：现代社会的认同

现代社会给了人类全新的生存境遇，有了“人为自然立法”的主体力量与勇气，然而现代性也将人类从温暖的传统家园与巢穴中抛掷出来，使人类再度寻找着新的自我同一性，并不断质疑着这种同一性的合理性，忍受着矛盾的挣扎与痛苦。齐格蒙特·鲍曼说，根据尼克拉斯·卢曼的观点，随着前现代社会的阶层社会转变为现代的、按功能区分的社会，个体的人不再能牢固地定位在社会的单一子系统中；从社会角度看，他是失去了家园的人。所有的个人都失去了家园，而且永远地、在存在意义上失去了家园——无论他们发现自己此刻置身何处，也无论他们碰巧在做什么。他们在任何地方都是异乡人，没有一个地方可以让他们真正有家的感觉，这些地方也不可能给予他们自然的身份。个体的身份因此变成了相关的个人需要获得的东西，个人永远都不能安全而明确地拥有它。因为它不停地受到质疑，而且必须再次对它进行谈判。[①] 因此，尽管传统家族人际关系看似复杂，身份的等级色彩浓厚，但是每个人可以较为轻松地进行身份定位，获得家族认同。反观现代社会与现代性，“变”与“新”是其特质。无尽的变化始终使人们处于陌生的境遇中，需要无休止地与陌生人发生缺乏凝聚性的程序化关系，身心俱疲而又无法逃脱。技术的革新不断使人们相信只有更精湛的高技术才能保证生活世界的质量。现代社会疑惑与彷徨的人们甘愿把自己的信任托付给掌握技术的专家，从而变得心安理得。现代人把认同的稻草投注在技术与专家身上。殊不知，一个技术接着一个技术，技术联结着技术，要掌握此种技术就必须了解那种技术，技术之网使人们深陷其中不可自拔。而所谓的专家们不断地分门别类地细化技术。生活世界已然被割裂，变得碎片化。这或许是现代性注定的困境。

① 〔英〕齐格蒙特·鲍曼．现代性与矛盾性［M］．邵迎生译．北京：商务印书馆，2003. 304-305.

自从马克斯·韦伯提出西方社会理性化的过程是一个价值理性异变为工具理性的过程，众多思想家将其作为出发点与理论依据，展开了工具理性批判与技术理性批判。法兰克福老一辈的理论家们尤其关注“科技异化”问题。他们认为，科学与技术正在起着与意识形态相同的社会功能，甚至科技的运用使得社会问题烟雾缭绕，变得更加具有诱惑性与欺骗性，由此转移了人们对社会制度的不满和反抗情绪。马尔库塞在《单向度的人》中对科技异化为意识形态的问题，作了更深入、更系统的论述。马尔库塞认为，科学与技术本身成了意识形态，具有明显的工具性与奴役性；技术形式成为新的社会控制形式。他说：“在发达的工业社会中，生产和分配的技术装备由于日益增加的自动化因素，不是作为脱离其社会影响和政治影响的单纯工具的总和，而是作为一个系统来发挥作用的。这个系统不仅先验地决定着装备的产品，而且决定着为产品服务和扩大产品的实施过程。在这一过程中，生产装备趋向于变成极权性的，它不仅决定着社会需要的职业、技能和态度，而且还决定着个人的需要和愿望。因此，它消除了私人与公众之间、个人需要与社会需要之间的对立。对现存制度来说，技术成了社会控制和社会团结的新的、更有效的、更令人愉快的形式。”[①] 发达工业社会是一个单向度的社会，也是一个新的极权主义社会。它不是依靠恐怖与暴力，而是依靠先进的、系统的技术装备来实现的。发达工业社会可以通过现代传媒技术如电视、电影等实现对人日常生活世界的控制。人们以为自己可以自由地操纵自己的闲暇私人时间。然而，不知不觉中，独立意志已被掌控于他人之手。人们舒舒服服地享受着、认同着这种不自由的生活。发达工业社会还可以通过整套的工业技术如大型机器与设备等实现对人们的工作世界的控制。人们由劳动“蓝领”变为技术“白领”，自以为成为掌握技术的核心要员。然而，更多的技术等着人们去研发，没有终点。人们已经异变成了技术的工具。

法兰克福学派的当代理论家哈贝马斯不同意马尔库塞把科技进步所起的社会功能同传统的意识形态所起的社会功能相提并论。哈贝马斯认为，科学与技术今天不仅成了第一位的生产力，而且作为统治的新的合法性形

① 〔美〕赫伯特·马尔库塞．单向度的人［M］．刘继译．上海：上海译文出版社，1989.6.

式，已经丧失了意识形态的旧形态，成了技术统治的新型意识形态。“一方面，技术统治的意识同以往的一切意识形态相比较，‘意识形态性较少’，因为它没有那种看不见的迷惑人的力量，而那种迷惑人的力量使人得到的利益是假的。另一方面，当今的那种占主导地位的，并把科学变成偶像，因而变得更加脆弱的隐形意识形态，比之旧式的意识形态更加难以抗拒，范围更广泛，因为它在掩盖实践问题的同时，不仅为既定阶级的局部统治利益作辩解，并且站在另一个阶级一边，压制局部的解放的需求，而且损害人类要求解放的利益本身。”[①] 无论是旧的还是新的意识形态，都是用来阻挠人们议论社会基本问题的。与马尔库塞较为悲观的态度不同，哈贝马斯认为，人们并不会因此而束手无策，必须向新的意识形态进行反思与挑战。哈贝马斯提出一个新的研究框架，即从根本上区分劳动和相互作用。“劳动”或曰目的理性的活动是工具的活动，工具的活动按照技术规则来进行，技术规则以经验知识为基础。另一方面，以符号为媒介的相互作用是交往活动。相互作用是按照必须遵守的规范进行的，而规范必须得到至少两个行动的主体的理解和承认。根据目的理性活动和相互作用的交往活动这两种行为类型，可以区分社会诸系统。前者形成了由一系列任务和技能构成的子系统，遵循工具的活动模式和战略的活动模式；后者形成了社会文化生活世界的制度系统，受到社会规范的指导。[②] 在哈贝马斯看来，我们没有必要否定先进技术所带来的社会极大富裕与发展，而是要看到现代社会制度框架与目的理性活动系统的根本区别。在目的理性活动的子系统层面上，科技进步已经迫使社会的机构和领域重新组建，达到一定的合理化状态，但是它不能肆意扩张，以致取代了另一个层面的合理化，即制度框架层面上的合理化。以制度框架为中心的社会生活实践应该永远在技术进步问题上占有主动权。“技术（向人类提出的）这种挑战是不可能用技术来对付的。确切地讲，必须进行一种政治上有效的、能够把社会在技

① 〔德〕哈贝马斯 . 作为“意识形态”的技术与科学［M］. 李黎，郭官义译 . 上海：学林出版社，1999.69.

② 〔德〕哈贝马斯 . 作为“意识形态”的技术与科学［M］. 李黎，郭官义译 . 上海：学林出版社，1999.49-50.

术知识和技术能力上所拥有的潜能同我们的实践知识和意愿合理地联系起来的讨论。”[①]哈贝马斯相信，壮大的生活世界是可以引导技术进步的方向的。他还相信技术专家和政治家可以形成密切合作的关系，政治家的统治可以从整体上接受以科学为指导的批评与建议，从而使得新技术观念时期的统治发生实质性的变化。哈贝马斯对科技的现状和发展前途充满信心，是技术乐观主义者之一。

社会学家吉登斯对现代性作了不同的解读，认为突出特征在于它的抽离化机制。抽离化机制有两种类型，即符号标志和专家系统。符号标志是交换媒介，比如现代社会体系中更为精致的、更为抽象的货币经济。货币把时空分成诸多类别，而专家系统通过专业知识的调度对时空加以分类。在现代性条件下，专家系统无孔不入，渗透到社会生活的所有方面，如食品、药物、交通等。专家系统并不局限于专门的技术知识领域。就现代性的专家系统而言，医生、咨询者和心理治疗专家的重要性和科学家、技术专家或工程师一样，并无差别。[②]吉登斯对现代专家知识的专业化表示忧虑，认为它导致了现代性的无规律的失控品质。专家解决问题通常是限于明晰或精确的难题范围。然而，一个特定领域的问题越是受到精确的关注，那对另外某些人而言，所涉及的知识领域就越是模糊不清，人们也越是不能预测超越特定领域所产生的后果。一方面，专家关注的领域愈是深邃，也愈是狭隘，并且更可能产生无法控制的、难以预料的后果。也就是说，现代人选择了对专家系统的信任，也不得不接受它所必然附带的风险。

除了人类专家系统，具有高附加值的高技术电子专家系统同样具有极强的诱惑力与冲击力。鲍曼赞同卢曼把对电子专家系统的信任看作是一种另类的“爱”。它是不涉及个人情感的，只是现代社会中个体存在的必然。一方面，个人要保持自己的独立性与差异性；另一方面，这种差异必须得到社会的认可，构成人格同一性的主观世界只有在主体间的交流中才能够实现。因此，

---

① 〔德〕哈贝马斯 . 作为“意识形态”的技术与科学［M］. 李黎，郭官义译 . 上海：学林出版社，1999.95.

② 〔英〕吉登斯 . 现代性与自我认同：现代晚期的自我与社会［M］. 赵旭东，方文译 . 北京：生活 · 读书 · 新知三联书店，1998.18.

“爱”只是一种特殊的交流样式。现代世界失去了家园的异乡人依然需要“爱”，于是“爱”的替代品出现了。电子专家系统尤其是现代人的钟爱。“……传统的解决方案（即浪漫的或激情的爱）渐渐地失去了价值，而且失去了吸引力，而对作为替代品的专家知识的需求却越来越多，可以获得的数量和品种也不断增加。这样就可以回到开始的地方。可以说专家知识是一种没有爱的爱（没有互惠之风险的爱，没有令人担忧的感情依赖的爱），它不需要人类伙伴来提供。在用户一方，原则上没有什么能阻止用计算机专家系统，或魏岑鲍姆的ELIZA类型的电子交谈专家来取代人类专家。”[①] 现代社会的一个非常重要的特征就是，人们缺乏安全感，不再相信传统经验，信任的是有专门知识的一类人。专家知识在当今时代越来越不可或缺，或者说专家知识在创造过程中加强了对自己的需要。专家知识具备了自我繁殖的能力，它不用他证，它就是它自己存在的理由。受到专门训练的专家来制定正常的社会标准，告诉人们什么是好的、什么是不好的。他们的双眼不断发现社会方方面面的漏洞，为了补救这些漏洞又发展了更好的技术。他们就这样成为社会的“诊疗师”。生活世界本身由专家知识来建构、阐明、监控。鲍曼认为，现代社会的大部分矛盾性和不安全感就产生在由专家生产和管理的技术渗透的生活环境中。这些危险的产生有两个根本途径。第一，建立于科学基础上的专家知识解决问题时的精确性、决定性和激进性，容易在生活世界系统的其他领域产生尖锐的失衡。意外的副作用呼唤新的专家知识，产生需求来对其进一步划分。第二，专家知识的某一特定领域越是变得集中、专门化和自治化，新的技能就越有机会被发明出来。它们的出现把先前中立的、常规性的生活重新定义为令人烦恼的、不能容忍的东西。为了消除恐惧，需要祛除这些令人烦恼的东西，所以人们被催促着去购买、雇佣或使用新的技能。因此，专家技能的不断细化并没有减少那些困扰生活世界管理的问题数量；相反，它导致了层出不穷的问题。[②] 每一个问题的解决都带来了新的问题，而解决之方仿佛永远只剩下一条技术之路。总之，

① 〔英〕齐格蒙特·鲍曼．现代性与矛盾性［M］．邵迎生译．北京：商务印书馆，2003.314.

② 〔英〕齐格蒙特·鲍曼．现代性与矛盾性［M］．邵迎生译．北京：商务印书馆，2003.323-324.

无论是技术乐观主义者还是悲观主义者，无论是技术爱好者还是技术恐惧者、技术绝望者，都必须承认人类世界再也无法回复到技术统治与专家知识以前的世界。技术进步带给人们是更多的幸福还是更多的痛苦，或许注定是一个悬而未决的问题。

4. 多元与流变：后现代社会的认同与危机

从原始社会、传统社会到现代社会、后现代社会，人类就如一个逐渐长大的顽童。从懵懂的自我意识的获得，到主体意识的确立、张扬与狂妄，再到主体意志的消沉与落寞，无论是最初的喜悦、理性的自信，还是其后的彷徨，都是在寻找自我、获得自我认同的过程。古老的传统已渐渐远逝，现代性也已然发展到巅峰，有巅峰就必然有回落。尽管现代性越来越多地表露出了转变的痕迹与倾向，但对于现代性是否已经终结，我们是否正生活在一个后现代时期，存在着不同的看法。有人认为现代性的发展已经出现了断裂，我们正生活在一个全新的时代——后现代时代，这个时代体现的是完全的、彻底的非连续性；有人则否认当前阶段与现代性之间的任何彻底断裂，而强调二者之间的连续性；还有一些人讨论非连续性与连续性之间的辩证关系，一方面分析断裂的层面与新特质的产生，另一方面也说明了新阶段与现代性之间的连续性。所以，尽管对后现代时期的评价有所不同，它的出现却让我们更加清晰地认识到了现代性的缺陷，都同意它对当代社会生活产生了深远的影响。

如吉登斯认为，人类社会正处于现代晚期，呈现的是高度现代性。虽然他有意避开“后现代”的提法，但事实上也分析了后现代性的某些特性。现代晚期的社会，降低了生活中总的风险性，但同时也导入了先前年代所知甚少或全然无知的新的风险参量。科学技术的发达、电子媒体的发展，使得我们今天生活的世界已远远不同于以往任何时期的世界。这些都影响着自我认同的方式。“在现代性的后传统秩序中，以及在新型媒体所传递的经验背景下，自我认同成了一种反思性地组织起来的活动。”[①] 自我反

① 〔英〕吉登斯．现代性与自我认同：现代晚期的自我与社会［M］．赵旭东，方文译．北京：生活·读书·新知三联书店，1998.5.

思性活动根源于对这个世界所持有的怀疑态度，以及多元化的场景选择。给予自我一个经过详细论证的相对肯定回答，作出一个风险较小的路径选择，是自我反思的必然结果。“由于今天社会生活的‘开放性’，由于行动场景的多元化和‘权威’的多样性，在建构自我认同和日常活动时，生活方式的选择就愈加显得重要。反思式组织起来的生活规划，其通常被假定是与专家知识相接触之后所具有的对风险的考虑，成了自我认同的结构化的核心特征。”① 然而，人类所依赖的科学技术与专家知识系统，却把自身的完整性割裂开来，追求知识的精准是唯一的；情感与道德则被排斥在外。“在晚期现代性的背景下，个人的无意义感，即那种觉得胜过没有提供任何有价值的东西的感受，成为根本性的心理问题。”② 在这里，事物发展过程中出现了动荡，呈现为“危机”。晚期现代性在很多层面都倾向于产生危机。只要个体或团体生活出现了不适，并达到一定程度，“危机”就会存在。它甚至成为现代晚期社会或者后现代社会的“正常”现象。“晚期现代性易患危机的本性在两个方面具有无法解决的后果：它激发了一种不确定性的泛化氛围，这种不确定性使得个体感到坐立不安，不论如何凝神静思也无济于事；再就是，它不可避免地使每一个人都暴露在各种重要性程度不一的危机情境中，危机的情境有时会威胁到自我认同的核心本身。”③ 情境的差异性与多样性使得自我无所适从、极度焦虑，丧失了本体存在的安全感。

泰勒认为，认同危机的产生在于已有框架和视界的缺失，在其中自我本来可以决定什么是好的、什么是有价值的或值得赞赏的。由于现在价值观问题失去了可以采取立场的框架，自我不知所措、无所适从，陷入了“认同危机”的处境。“……一种严重的无方向感的形式，人们常用不知他们

① 〔英〕吉登斯 . 现代性与自我认同 : 现代晚期的自我与社会［M］. 赵旭东 , 方文译 . 北京 : 生活 · 读书 · 新知三联书店 , 1998.6.

② 〔英〕吉登斯 . 现代性与自我认同 : 现代晚期的自我与社会［M］. 赵旭东 , 方文译 . 北京 : 生活 · 读书 · 新知三联书店 , 1998.9.

③ 〔英〕吉登斯 . 现代性与自我认同 : 现代晚期的自我与社会［M］. 赵旭东 , 方文译 . 北京 : 生活 · 读书 · 新知三联书店 , 1998.217.

是谁来表达它，但也可被看作是对他们站在何处的极端的不确定性。他们缺乏这样的框架或视界，在其中事物可获得稳定的意义，在其中某些生活可能性可被看作是好的或有意义的，而另一些则是坏的或浅薄的。所有这些可能性的意义都是固定的、易变的或非决定性的。”[①]泰勒指出，认同是某种给予人们根本方向感的东西所规定的，是复杂的和多层次的。而无方向感和极端的不确定性，使得人们在内在的道德空间中无法定位；在外露的物理空间中举止混乱，迷失了发现自己的道路。而伊罗生则从纵深的时间维度分析认同。他认为，人是历史性存在，历史与起源深深植根于人的认同之中。上帝的每一个孩子都有一个过去。人必定是来自某个谱系。在母子之间那条脐带剪断的那一刻，人与过去的联系就被另一条脐带接上。前人的集体经验与个人的历史与起源紧密结合，这种把过去与未来串联起来的时间定位，满足了人们最深沉的需要。“……自己同那些尚存的或已逝的人是相连的，通过亲子、家庭、亲属的关系，自己同他们是血脉相连的，在时间之流中拥有共同的祖先、前贤、信仰，以及想象的或历史的经验。所有这些都应当加以保存、延续。……所有这些联系帮助每个人承担他自己的存在，如果没有它们，每个人的脆弱、出生与死亡，都是他无法独自承担的。此一共同拥有的过去，亦即每个人的历史与起源，深植于个人认同之中，而个人认同又是基本群体认同的一部分，二者都是同一个模子打造的。”[②]然而，基本群体认同或族群认同，不是僵石，是活的东西，是动态的，永远处在一个蜕变的状态。生活在与世隔绝深谷中的族群，如“活的过去”，看似数百年“静止不动”，但在强大的现代世界面前也早已被判了缓刑。再恬静的农村、再偏远的角落，都很不幸地被现代人“一一发现”。曾经的根基被动摇，族群带着祖宗牌位颠沛流离。“再来是另一种更为无根的人，这种人是现代世界里面被人调包的婴儿，他们是社会、经济与科技变迁的产

---

①〔加〕查尔斯·泰勒.自我的根源：现代认同的形成［M］.韩震等译.南京：译林出版社，2008.33.

②〔美〕伊罗生.群氓之族：族群认同与政治变迁［M］.邓伯宸译.桂林：广西师范大学出版社，2008.158.

物，是移民与文化混合的产物，他们的信仰、观念和要求完全与先人脱钩。"[①] 他们被迫以新的方式来建造自己的"姆庇之家"，将过去继承得来的残骸，赋予新的包装，凑成新的认同。

如果说伊罗生还在千变万化的现代世界中寻找新的族群认同的可能性；而鲍曼则认为生活在后现代的人们习惯于绝对的流变，避免任何固定不变的认同。对比一下现代早期与深度现代、"超现代"或"后现代"的人们的生活方式。"现代人生活在一个具有结构的时空中，一个具有稳固的、坚韧的和持续的时空中——犹如正确的标准，人们可以借此来设计和调解人类意志的反复无常；也犹如一个坚硬的容器，人类行动在其中能够感到是明智的和安全的。在这一结构化了的世界中，人们可能会迷失方向，但也可能找到自己的道路，并准确地达到终点。"[②] 到了后现代，结构化世界的一致性、持续性与稳定性不复存在。后现代世界是充斥着一次性产品的世界，是随时可以抛弃的。其流变之快让人们感到任何方式的认同建构都是徒劳的。但是，似乎人们并没有被彻底击败，因为这个世界没有成功与失败之分。选择的开放性与无终结性是这个世界的特点。鲍曼认为，最为恰当地描绘后现代人的生活那就是"游戏"。在游戏过程中，游戏规则不断地改变着，每个游戏都变得非常短暂。"使游戏缩短意味着：警惕长期的承诺；拒绝坚持某种'固定'的生活方式；不局限于一个地点，尽管目前的逗留是快乐的；不再献身于唯一的职业；不再宣誓对任何事、任何人保持一致与忠诚；不再控制未来，但也拒绝拿未来作抵押；禁止过去对目前承担压力。简言之，它意味着切断历史与现在的联系，把时间之流变成持续的现在。"[③] 时间一旦被隐藏起来，它就不再是一个有方向的飞逝之箭，时间之于空间的结构性也已崩塌。无方向、无所谓"前进"与"后退"，随之而来的就是无意义。

① 〔美〕伊罗生 . 群氓之族：族群认同与政治变迁［M］. 邓伯宸译 . 桂林：广西师范大学出版社，2008.258.

② 〔英〕齐格蒙特 · 鲍曼 . 后现代性及其缺憾［M］. 郇建立等译 . 上海：学林出版社，2002.101.

③ 〔英〕齐格蒙特 · 鲍曼 . 后现代性及其缺憾［M］. 郇建立等译 . 上海：学林出版社，2002.104.

"问题不再是如何发现、发明、建构、拼凑（甚至购买）一个认同，而是如何防止长期坚持一个认同——而且，要防止它紧紧地附着在身体之上。完美与持久的认同不再是资产，它日益明显地成为一种债务。后现代生活策略的轴心不是使认同维持不变，而是避免固定的认同。"① 在后现代社会，在某种程度上，人们都在移动与变化，不论是身体的还是思想的，不论是当前的还是未来的，不论是自愿的还是被迫的。于是，差异性与不确定性就出现了。曾经的确定性给了人们安逸与舒适，也让人们付出了惨痛的代价。尽管确定性的吸引力非常之大，但确定性的复归已然不可能。多元化、多样性、流变性，意味着困惑与危机。这也是人类追求自由的必然选择，特别是后现代人的生存境遇。

三、认同模式的建构：符号消费认同

从认同的历史变迁来看，它不是纯粹生物性的，而是社会性、精神性认同所发生的阶段性变化。在生物世界里，没有精神苦恼，更不会产生认同危机，弱肉强食便可以解决任何问题。人类的认同危机正是社会复杂变更与社会秩序重组的必然结果。消费同样是社会性活动，物资匮乏使得消费在传统社会认同过程中所发挥的作用较小。人们相互之间的认同主要是靠熟人之间的言说与行为方式，以及情感来维系的。在现代以及后现代社会，市场经济的发达、物品的充裕，使得消费活动在认同过程中所发挥的作用越来越大。人们彰显身份、地位与个性并获得他人认同是通过消费物的方式来实现的。而具有文化象征意义的符号消费便成为认同建构的新模式，尽管它不是唯一的认同方式。

1. 符号消费与自我认同

正如世界上没有两片完全相同的树叶，每一个人都是唯一的，无论是生物学意义上的肉体存在，还是社会学意义上的精神存在。人区别于他人而存在，有其独立的感觉、意识和行为。作为消费者，其消费行为与其个

① 〔英〕齐格蒙特·鲍曼．后现代性及其缺憾［M］．郇建立等译．上海：学林出版社，2002.105.

性息息相关。巴宾、哈里斯把个性定义为想法、情绪、意图和行为的总称，是一个人对自己如何不断适应环境的展示。个性展示了不同的品质，包括：（1）个性对个体来说是独一无二的。（2）个性可以被概念化，即各种特征的结合。（3）个性特征是相对稳定的，它通过与环境相互作用来影响行为。（4）特殊行为可以根据时间而改变。[①] 消费方式的选择实际上是消费者个性的表露，体现为自我形象的塑造，其根本就是自我内部认同的问题。根据著名的精神分析大师弗洛伊德的说法，人类行为包括消费行为都会受到人格系统的影响。弗洛伊德认为，人格结构是由本我、自我、超我构成的。本我注重享乐和即时的满足，遵循快乐原则；超我是道德化了的自我，符合社会规范和期望，遵循道德原则；自我在本我和超我之间进行协调，约束本我的本能欲望，平衡超我的期望，遵循现实原则。弗洛伊德的人格结构理论表明，人的意识行为是由无意识转化而来的。运用这种人格理论来解释个体的消费选择行为，可以认为是个人将无意识领域的人格形象外化为有形的物品上。

不同的个性品质形成了不同的自我。自我概念是影响消费者行为的一个重要因素。消费者行为通常与自我所持有的观念相一致。如果消费者认同物品的象征性意义，那么他就会将购买行为视为完善自我的重要渠道。消费者用其购买的物品向他人表达其观念。从这个意义上说，物品是自我表现必不可缺的部分。巴宾、哈里斯阐释了不同的自我概念，其中包括实际的自我、理想的自我、社会的自我、理想的社会自我、可能的自我和延伸的自我。“实际的自我指的是消费者在现实中是如何了解他自己的（这就是，我是谁）。理想的自我指的是消费者希望如何去了解他自己（这就是，我希望自己将来会成为什么样的人）。社会的自我指的是消费者对自己是如何被他人看待所持有的信念。社会的自我也被称做看起来像玻璃一样的自我，因为它表示出消费者所拥有的想法并且想象其他人是如何看待的。理想的社会自我反映了消费者所希望的他人对他的看法。可能的自我与理想的自我很相似，反映了消费者可能会成为的人，而延伸的自我则反映了消费者所拥有

① 〔美〕巴宾，哈里斯．消费者行为学［M］．李晓等译．北京：机械工业出版社，2011.61.

的可以帮助他们感性认识自我的东西。"[①] 自我概念的多重性表明个体认识与认同、定位自己的多角度性。自我概念在消费行为中的作用是显而易见的，它与物品消费之间的关系是相互的。自我认同指引着物品的选择方向，买回来的物品帮助消费者实现如何看待自己。美国社会心理学家米德通过"主我"与"客我"的区别，来阐明他的"自我"概念，有着异曲同工之处。"主我"和"客我"这两个侧面对自我来说都是不可或缺的。一个个体要想成为共同体的成员，他就必须采取群体其他人的态度。当然这个个体也不断对社会态度做出反应，并力图改变他所从属的共同体。"自我在经验中基本上是作为一种具有它所从属的共同体之组织的'客我'而出现的。当然，这种组织是通过个体的特定天赋和特定社会情境表现出来的，他虽然是这个共同体的成员，但是，他也是这个共同体的一个特定组成部分，具有使他不同于任何人的、特定的遗传特征和地位。只要他是这个共同体的成员，他就是他现在这个样子，而且使这个特定个体从中产生的原料不可能是一个自我，而是与他在他作为其中一个组成部分的共同体中和其他人的关系有关。"[②] 人们在"主我"与"客我"的互动与交融中实现自我认同。物品消费是完成他人看待自己态度、实现"客我"的手段与方式，进而又充实了具有特定个性的"主我"。

在消费活动中，个体实现了自我认同，因此它是一种特殊而又重要的认同行动。"人们通过向别人传达信息来定位自己，而这种信息的传达是通过他们加工和展示的物质产品和所进行的活动方式实现的。人们对自己进行熟练的包装，由此创造并维持自己的'自我身份'。物质商品的不断丰富给这一过程提供了支柱。在一个物质产品不断丰富的世界，个人的身份成为一个对个人形象进行选择的问题，而以往任何时候都不曾如此。人们也越来越不得不对他们的身份做出一定的选择。"[③] 尽管丰富的物品成千上万，令人眼花缭乱，但是消费者只钟情于体现他的品位的那些种类。也就是说，人们对商品的选择不是完全随意的。这种选择不仅可以带来享受

① 〔美〕巴宾，哈里斯．消费者行为学［M］．李晓等译．北京：机械工业出版社，2011.71.

② 〔美〕米德．心灵、自我与社会［M］．霍桂桓译．北京：华夏出版社，1999.217.

③ 〔芬〕尤卡・格罗瑙．趣味社会学［M］．向建华译．南京：南京大学出版社，2002.6.

与无穷的快乐，更重要的是每个人在消费过程中可以建构身份和养成一种生活方式。“人们消费什么和不消费什么，并不仅仅是对自己可支配货币拥有情况的反映，更是反映了人们对某种有价值的东西的认同行动。‘我’消费什么、怎样来消费，实际上体现和贯彻了‘我’对自己的看法、定位和评价，也就是说，是自我认同的表现。自我认同决定了‘我’在进行消费时，哪些消费内容和形式是恰当的与哪些是不恰当的，哪些是符合‘我’的地位、身份和认同的以及哪些是不符合的。因此，人们的消费活动是围绕着自我认同进行的。”[①] 自我认同在一定意义上是由消费者在消费物品的过程中创造出来的，但是如果把消费当作唯一的认同方式，必然导致人格自我的疏离。人的主体身份主要是内在精神气质的外化形态，占有物品并消费物品只是显现身份的一种方式。如果以变换不尽的物品衡量一个人的身份，身份也将失去其本真的文化性与精神性，成为一个粗陋的无定性的东西，这违背了自我认同塑造的初衷。

那么，消费特别是具有文化象征意义的符号消费是怎样成为认同建构的重要手段的呢？在消费活动中，消费者、物品世界、文化世界，三者联结为一个共同的场域。萦绕在这个场域中的“意义”是其磁力与生命力所在。“意义”不停地流转着，从文化世界到物品世界，再到消费者，实现消费者价值与意义层面的自我认同。麦克拉肯认为，在意义转移中，“商品有一种超越它们效用特征和商业价值的重要性。这种重要性主要由它们承载和沟通文化意义的能力构成”[②]。消费者所憧憬的文化与意义世界，由物品来承载与传递。得到相应的物品，即越来越靠近自己所设定的理想目标。伍庆认为，“意义”正是认同建构中最重要的因素之一。“意义”通过人们能动性的创造活动形成了新的价值创造模式。通过商品符号化和符号商品化的机制，文化世界中的意义转移到商品中形成了符号价值，使得商品成为意义的载体。商品的符号价值为消费建构认同提供了意义基础。值得注意的是，人们利用消费行为建构认同不是被动的，是能动性的；通过消费的过程以不

① 王宁．消费社会学［M］．北京：社会科学文献出版社，2011.50.

② 转引自伍庆．消费社会与消费认同［M］．北京：社会科学文献出版社，2009.107.

同的方式继承或者改变甚至反对商品的符号价值，建构起与他人相连接的意义关系。人们与文化世界和符号价值是互动的关系，可以说商品的符号价值与外在的文化世界也是消费者参与创造实现的。[①]消费行为不再是传统意义上简单的购买、拥有或消耗，而是以物品为中介建立人与人之间关系的重要方式。在消费中，定义自我、展示自我，获得意义的自足。正如人类学家弗里德曼所言："在最一般意义上，消费是创造认同的特定方式，一种在时空的物质重组中的实现方式。就此而言，它是自我建构的一种工具，自我构造本身依赖于将切实可得的物品引导入与个人或人们相联系的特定关系中的更高等级的样式。"[②]

在消费行为之上甚至形成了消费意识形态。消费意识形态无限夸大商品的符号价值；认为人们不再关注商品的使用价值，而是注重它的象征意义，从而给消费者带来非凡的意义。然而，商品果真如此神奇吗？沃齐亚克曾经指出了消费意识形态的误导性。首先，它的作用被夸大了。消费的吸引力是短暂的，人们所谓从商品中获得意义的说法是言过其实的。其次，商品提供的快感、身份建构以及无限的意义等只适合某种特定群体。身份概念是非常复杂的。它需要持久性地、稳定性地发展和保持，并不是用简单的消费就能解释的。再次，消费意识形态忽略了商品的使用价值和实用价值。最后，消费活动往往受到生存环境的影响和经济条件的制约，无法体现人们的选择自由。[③]尽管商品能否承载无尽的象征意义受到沃齐亚克等一些学者的怀疑，但是现代处于消费时代，生产性社会转入了消费性社会，消费比以往任何方式都更能体现人们的生存样式。哪怕人们在消费行为中只是看到了镜子中的自己，那也是另一个自我。

2. 消费、生活品位与社会分层

个体在消费中实现了自我认同，似乎是要保持自己完全的独立性、与他人绝对的差异性。但是，人更为重要的需求是找到自我的归属感与归依

---

① 伍庆 . 消费社会与消费认同［M］. 北京 : 社会科学文献出版社 , 2009.108-113.

②〔美〕弗里德曼 . 文化认同与全球性过程［M］. 郭建如译 . 北京 : 商务印书馆 , 2003.227.

③ 转引自蒋道超 . 消费文化、身份建构、现代化——美国二十世纪消费文化的流变［J］. 外语研究 .2004 (2) .

感，识别自己隶属于哪个社会阶层、哪个社会群体。社会分层是人类历史发展普遍存在的现象。只不过处于不同的阶段，分层的依据与标准是不一样的。根据手中是否掌握权力，分为统治阶级与被统治阶级；依据拥有财富的多寡，分为富人和穷人。然而，金钱与权力并不是区分阶层的唯一标准。与金钱和权力同等重要的因素还包括风格、品位与趣味。今天，个人的生活方式，其中以消费方式为主体，成为社会分层的一个重要维度。不同的消费方式，反映了不同的社会阶层。西方思想家如布迪厄、西美尔、格罗瑙、福塞尔、费瑟斯通，都认为消费风格与品位更能表现不同社会阶层的生活习性。“……一个永远变化的商品洪流，使得解读商品持有者的地位或级别的问题变得更为复杂。在这种情形下，品位、独特敏锐的判断力、知识或文化资本变得重要了。有了它们，才会使特殊的群体或不同类别的人群，去恰当地理解和分类新商品，并懂得如何去运用它们。”[①] 通过人们对商品的购买、使用与品鉴，可以划分相应的社会关系。例如一个文化人，他不仅仅了解商品的物质信息，更是懂得商品身上的文化标签，恰如其分地去使用、消费，而且无论何时，他都能够以自然娴静的方式泰然处之。

早在凡勃伦那里，提出“有闲阶级”的形成，最初是因为业务的差异，养成了不同的生活习惯。非生产性业务如政治、宗教、比赛等由上层阶级掌控，是光荣的、值得尊敬的；生产性业务如劳作、苦力等由下层阶级承担，是受到歧视的。占有财产是取得荣誉、获得尊敬的基础，能够挥霍金钱更加表明比他人的优越性。有闲阶级的生活中，雇佣着大批仆人和门客，主妇不用劳动，实现“代理有闲”和“代理消费”。“……畜养一批仆役，不让他们从事任何生产工作，其所证明的却是更多的财富和更高的地位。在这样的原则下，就兴起了一个仆役阶级，其人数越多越好。他们的唯一任务是懵懵懂懂地侍候主人，从而证明他们的主人有力量消费大量不生产的劳务。于是在这些仆役或寄食者之间发生了分工，这些人的一生是消耗在如何保持一位有闲绅士的尊荣这一点上。”[②] 妻子们执行着代理有闲。“这

① 〔英〕迈克·费瑟斯通．消费文化与后现代主义［M］．刘精明译．北京：译林出版社，2000.25.

② 〔美〕凡勃伦．有闲阶级论［M］．蔡受百译．北京：商务印书馆，1964.49.

位主妇总是在这样或那样的借口之下忙忙碌碌，她所不停地忙着的或者是某种方式下的工作，或者是家务，或者是社交活动；但试分析其内容，就可以看出，这些活动除了被用来表明她没有并且也无须从事与任何胜利的或有实用的工作以外，很少或根本没有其他目的。”[①] 这种有闲不是仆人与主妇自己的有闲，而是为了增进主人阶级荣誉的专门职务。在“代理有闲”“代理消费”的习惯下，有闲阶级绅士般的生活方式也逐渐养成。他不再是一个粗汉，培养出了精致的爱好，可以正确地鉴别哪些是名贵的、哪些是粗陋的消费品。他成了名贵食品、饰物、合适的衣着和建筑以及竞技、舞蹈方面的行家。审美力的养成使他可以过他的真正的有闲生活。“这位绅士必须痛痛快快地消费恰如其分的那类事物；同时与此密切相关的一点是，他必须懂得怎样用恰当的方式来消费，他必须在恰当的方式下来过他的有闲生活。这就发生了前章所指出的礼仪问题。高贵的风度和娴雅的生活方式，是应当遵守的明显有闲与明显消费的规范中的两个节目。”[②] 可见，凡勃伦认为，财产与金钱的占有是区分阶级的首要条件；在此基础之上，逐渐培养出了上层阶级精致的生活方式，养成了不同于下层阶级的生活品位。

布迪厄明确指出品位是阶层区隔的标志，品位的差异源于每个阶层的文化资本和经济资本的拥有量不同。其中，文化资本在阶层的生活品位形成过程中所起的作用越来越大。文化资本具有自己的、独立于财产收入或金钱之外的价值结构，它可以按照自己的逻辑转化为经济资本。文化资本的拥有者特别是知识分子以文化资本的特权和稀缺性显示其社会价值。对此观点，费瑟斯通也是基本认同的。“当认定不存在交换率，或特权的文化商品不可以兑换为金钱时，这说明文化资本的拥有者在维护一种‘高贵’的、‘神圣’的文化领域，……表明知识分子已经能够在文化领域定义合法品位的垄断地位；说明他们能够在什么是有品位的与什么是无品位的之间、在纯粹审美凝视与庸俗观赏之间、在距离审美与直接感官享受之间，作出区分、

① 〔美〕凡勃伦．有闲阶级论［M］．蔡受百译．北京：商务印书馆，1964.62.

② 〔美〕凡勃伦．有闲阶级论［M］．蔡受百译．北京：商务印书馆，1964.57.

判断，并赋予等级序列。”[①]文化资本的拥有者运用文化符号与象征意义的系统逻辑，在阶层之间创建并加强相互关系的区隔。布迪厄揭示了文化资本的生产与再生产必然和社会等级秩序存在着对应关系。“文化资本的传承和积累是长时间的过程，其结果是形成某种生活方式（life style）。这种生活方式与社会位置之间的结构同源（structural homology），或者说在心智结构与社会空间形成对应。社会上层名流追求优雅的仪态和悠闲生活方式，在闲暇时光喜欢打网球、高尔夫球，参加马术俱乐部等需要有相当经济实力的体育项目。他们悉心培养自己的鉴赏眼光、文化格调，拒绝沉溺于对艺术品的官能享受。而下层民众却被束缚在日常生活的迫切之需上，根本就没有前者那种奢侈优裕的心态，来咀嚼重视形式超过功能、内容的艺术品。他们要求艺术指涉现实，不接受颓废、唯美的审美趣味。因此文化品位具有重要的区隔功能，象征性地显示阶级地位。”[②]一个阶层内部人群的身体姿态、发音、话语方式等习性都有一定的类似性，反映了他们的社会归属。不同阶级、阶层的习性形成了明显的对立，使得他们之间相互区隔。

保罗·福塞尔也避开了从严肃的政治、经济、宗教层面来分析社会等级与阶层，从人的衣食住行等日常生活现象来考察社会阶层。他认为，正是人的生活品位和格调决定了人们所属的社会阶层，而这些品位格调只能从人的日常生活中表现出来。区分等级的绝非只有金钱和财富，同样重要的还有风范和品位。福塞尔援引约翰·布鲁克斯的例子来说明界定阶层、地位的关键因素不是金钱，而是拥有金钱的方式。有两家在郊区毗邻而居的居民，一位是机修工——“蓝领”，另一位是出版社的雇员——“白领”。他们的收入不相上下，可生活差别却非常大。蓝先生购置了一座干净漂亮的“牧场小屋”；白先生买下了一座破烂的旧屋，并亲自动手重新装修了一番。蓝夫人在当地的商店尤其是住家附近的购物中心采购，而白夫人去城里的店铺买她的衣物。蓝先生饮酒，但宁愿偷偷摸摸，并通常是在星期六晚上，

① 〔英〕迈克·费瑟斯通．消费文化与后现代主义［M］．刘精明译．北京：译林出版社，2000.130.

② 张意．文化与符号权力——布尔迪厄文化社会学导论［M］．北京：中国社会科学出版社，2005.142.

窗帘紧闭。白先生一家也饮酒，很开放，常常在自家的后院里喝。蓝先生夫妇常冲着对方大喊大叫，声音大得穿过每一个房间。白先生一家总是控制自己的音量，声音小得有时听不清楚。书籍是家居摆设的一个重要标准。蓝先生家中找不到一本书，而白先生家的起居室里有无数堆放得满满的书架。① 两个家庭收入大致相当，但生活习惯却完全不同。有文化教养和缺乏文化教养的人的认知水平不同，其生活品位与感知也不同，也决定了隶属阶层的不同。

欧洲古典人文传统一直认为时尚是与高雅趣味背道而驰的，一个盲目追随时尚潮流的人是没有个人风格的。康德及同时代的人持这种观点。而格罗瑙指出："西美尔关于时尚的名论可以最适当地理解为对康德的共感思想讥讽性的评论：时尚群体，尽管是变化频繁的，但它是真正的具有统一趣味的群体。" ② 时尚是阶级分野的产物，它起到既使社会各界聚合又相互分离的作用。社会较高阶层的时尚把他们自己和较低阶层区分开来；而当较低阶层开始模仿这种时尚时，较高阶层就会抛弃这种时尚，重新制造另外的时尚。西美尔认为，时尚是体现人类生命的社会一致化和个体差异化相结合的显著例子之一。"如果社会形式、服装、审美判断、人类表达自我的整体流行风格籍时尚而不断变异，那么所有这些事情中的时尚——最新的时尚就仅仅影响较高的社会阶层。一旦较低的社会阶层开始挪用他们的风格，即，越过较高社会阶层已经划定的界线并且毁坏他们在这种时尚中所具有的带象征意义的同一性，那么较高的社会阶层就会从这种时尚中转移而去采用一种新的时尚，从而使他们自己与广大的社会大众区别开来。" ③ 时尚的本质就是制造差异，但是正是人类统合与分化的双重需要才造就了时尚。在大众消费时代，较高的社会阶层想长时间保持使用标志上层社会的商品变得不容易了。一旦下层群体僭用了标志上层社会的商品，较上层群体就投资于新的商品，以重新建立与下层的社会距离。这便形成了"犬兔"

---

① 〔美〕保罗·福塞尔. 格调——社会等级与生活品位［M］. 梁丽真，乐涛，石涛译. 北京：世界图书出版公司北京公司，2011.25.

② 〔芬〕尤卡·格罗瑙. 趣味社会学［M］. 向建华译. 南京：南京大学出版社，2002.17.

③ 〔德〕西美尔. 时尚的哲学［M］. 费勇等译. 北京：文化艺术出版社，2001.74.

越野追逐式的游戏。费瑟斯通有同样的解释："知识商品的供给过剩、符号商品和消费商品的快速流通，产生了通货膨胀的问题，它威胁着标志社会地位的商品。作为市场和文化全球化过程的一部分，紧密捆绑在一起的国家—社会的关联逐渐衰微，在这种情况下，要使恰当地标志身份地位的产品稳定下来，也许就变得更为困难了。这就威胁到了地位差异的文化逻辑，在其中文化商品、消费商品及生活方式中的品位，被反向地建构起来。"[①]时尚不断被创造出来，它既存在又不存在，遵循着一套自动运行的机制；在现代消费者社会，时尚的范围大大扩展，不仅仅限于服饰领域，而是表现在各行各业的先锋与前卫性。但无论如何，时尚都以品位或趣味的偏好为基础。

3. 自我认同与群体认同的张力

从某种程度上说，现代社会呈现的是"唯我独尊"的文化氛围，以"自我"为中心，跟着"自我"的感觉走，因此"我感觉，故我存在"。现代人感知世界的方式发生了剧变，自我感觉和经验成为辨别事物的依据。正如丹尼尔·贝尔所说："对于'你是谁？'这个典型的身份问题，一个墨守传统的人通常回答说：'我是我父亲的儿子'。今天的则说，'我就是我，我是自己的产物在选择和行动的过程中我创造自己'。这种身份变化是我们自身的现代性的标记。对我们来说，已经成为认识和身份源泉的是经验，而不是传统、权威和天启神谕。甚至也不是理性。经验是自我意识——个人同其他人相形有别——的巨大源泉。"[②]原来根据家庭和阶级来确认人的身份和地位的做法已经失效了。人们不再固守代代相传，而是不断地进行选择，包括事业、朋友，以及生活方式的选择，在选择中更新自己。消费领域里就存在着为创造个人或独特生活方式的广阔天地。然而，现代社会的流动性与经验的变动性也造成了虚无的自我、角色与人的断裂。

无论现代人多么珍爱、重视个体自主性，也无论现代人对捍卫这种自

---

① 〔英〕迈克·费瑟斯通．消费文化与后现代主义［M］．刘精明译．北京：译林出版社，2000.28.

② 〔美〕丹尼尔·贝尔．资本主义文化矛盾［M］．赵一凡，蒲一隆，任晓晋译．北京：生活·读书·新知三联书店，1989.137.

主性的个人力量多么有信心，他们还是会感到繁华世界里的孤独，需要归属感与隶属感。自我人格的塑造与个体生活方式的自由选择是现代人的追求，被群体、共同体接纳与认可同样是现代人的需求。自我认同与群体认同是人类延续生存的两个不可或缺的维度，二者的张力是现代自我生命不竭、充满活力的首要缘由。正如西美尔分析时尚形成的根源时从人的生命现象的本质谈起，多重力量汇聚成一个真实的人。人是双重性的生物，喜欢抗争也乐享宁静。“这种双重性无法被直接描述，只存在于个人的抗争中，个人抗争是我们存在的典型行为，被认为是基本的、结构性的形式。我们自身特质的生理学基础首先就透露了：身体需要运动和安宁、生产力和感悟力。如果把这种分析运用到精神生活，就会发现，一方面，对普遍性的追求会对我们有所引导，另一方面，我们也需要抓住特殊性；普遍性为我们精神带来安宁，而特殊性带来动感。在情感生活中也是如此：我们寻求专注于人和事的平静，也寻求旺盛的自我表现引起的斗争。”[①] 人类的历史生活在社会群体的宁静与个性提升的争斗两极之间摇摆与显现。群体、共同体为人类带来普遍性、同一性，生活内容与方式的相似性；个性、自我为人类带来特殊性、差异性，维护独立个体生命的延续。遗传与变异很好地说明了生命形式的同一与持久、差异与变化合一的运动轨迹。

鲍曼认为，人们梦想中的共同体总是好东西。它是一个“温馨”的地方，一个温暖而又舒适的场所。它就像一个家，可以遮风避雨；它又像一个壁炉，可以温暖我们的手。在共同体这个“家”中，我们可以放松自己；我们是安全的，几乎从来不会感到困惑、迷茫或是震惊。共同体中，人们都不是陌生人，能够相互依靠对方。如果我们跌倒了，其他人会帮助我们重新站立起来。如果我们犯了错误，人们会满怀同情地倾听并原谅我们。如果我们陷于困境，需要帮助的时候，人们会伸出援助之手而不图回报。共同体给人不错的感觉，所以生活在竞争时代的人们热切渴望拥有这样一个可以栖息的世界。然而，真正的“共同体”或许是失去了的天堂。实际存在的“共同体”是虚妄的。为了得到“成为共同体中的一员”的好处，需要付出代价，

① 〔德〕西美尔．时尚的哲学［M］．费勇等译北京：文化艺术出版社，2001.70.

付出的代价是自由。无论我们选择什么，有所获得也会有所失去。失去共同体，意味着失去安全感；得到共同体，意味着很快将失去自由。确定性和自由是两个同样珍贵和渴望的价值，它们不可能永远和谐一致。[①]鲍曼非常现实地看到了确定性与自由、共同体与个体之间的争执永远不可能解决。但是，他没有绝望与放弃，而是努力探索如何在现代不确定的世界里寻找相对安全的共同体。因为人类虽然不能实现梦想，但不能停止希望。从鲍曼的诠释来看，自我与群体、个体与共同体之间的关系是悲观的、消极的，似乎是一个二律背反，但这又何尝不说明了人类的生存境遇原本如此，矛盾与冲突是动力之源，没有了争论也就如寂静的死水再也翻不起波澜。

泰勒则十分肯定，哪怕是高度独立的个人主义也不能否认，一个人只有在其他自我中才是自我。现代自我追求自由和个性，但是自我的这种现代独立性并不否定自我只能在其他自我中存在。这一点必须蕴含在真正的认同概念中。一个人需要根据家谱、社会空间、社会地位和功能、与他关系密切的人、各种规定关系来定义他是谁。哪怕是一个人独特新颖的生活方式，以及各种创新的萌发都产生于公共空间与共同语言之中。因为一个人只有在某种公共空间中，才能够得到客体的经验，才知道爱、愤怒、焦虑、渴望到底是什么。一个人也只有在共同语言中才能表达自我，为他人所理解；否则便陷于混乱之中，无法辨识自我。泰勒说："根据这种含义，一个人不能基于他自身而是自我。只有在与某些对话者的关系中，我才是自我：一种方式是在与那些对我获得自我定义有本质作用的谈话伙伴的关系中；另一种是在与那些对我持续领会自我理解的语言目前具有关键作用的人的关系中——当然，这些类别也有重叠，自我只存在于我所称的'对话网络'中。"[②]因此，某个人的认同的全面含义，不仅与他的道德立场有关，而且与群体、社团有必然的关系。正如一个独立的年轻人外出工作就是一种认同。这个认同是对他自己的肯定，尽管可能遭到家人的反对；这种认同同样是在与家人父母的交流和社会组织的沟通中形成的。总之，一个人生存于世时刻要靠他人的支持。

---

① 〔英〕齐格蒙特·鲍曼．共同体［M］，欧阳景根译．南京：江苏人民出版社，2003.1–8.

② 〔加〕查尔斯·泰勒．自我的根源：现代认同的形成［M］．韩震等译．南京：译林出版社，2008.44.

在现代陌生人的社会里，无论是各种年龄的、种族的、性别的群体，找到各自的归属，最轻松的方法就是消费与购物。人们将自己归属于消费某种商品的群体，或者以某个特定品牌作为自己的群体标志。以阶级、身份和地位来定位的传统认同方式逐渐衰落，消费认同为大多数人所认可。商品把人们联结在一起，形成了消费者共同体，成为现时代共同体类型最突出的一种。它在物质上是享乐享受的，给了现代人短暂的休息场所；同时，它在精神上是文化愉悦的，给了现代人最现实的家园。但是，它却不完全是形而上的，只是一种识别自己与他人的途径而已。

第四章
符号消费视域下的面子消费

“面子”这一概念是人类所共有的，代表了一种社会心理与文化现象，体现在人们的交往生活中。而中国人的“面子”又极具特殊性，孕育于独特的历史文化土壤，形成了具有中华民族心理特征的“面子文化”。在中国传统“面子文化”的影响下，国人的消费行为呈现为“面子消费”。在当代，“面子消费”并没有消失，更可能以一种新的姿态演绎出来。“面子”既是自我尊严的肯定，也表明了他人评价的态度及认可的程度。因此，“面子”也是一种符号资源。人们在消费中讲面子、爱面子，其实表现为对面子这种符号资源的争夺。所以，中国人“面子消费”与后现代“符号消费”呈现出了一定程度上的契合性。人们可以借助“面子消费”符号来彰显自己的身份、地位与财富，实现人情互换与礼尚往来，继而维持、延续一定的伦理关系。然而，“面子消费”通常以时尚消费、炫耀性消费、攀比性消费、过度的人情消费等形式表现出来，不但造成了大量资源浪费，而且不宜于人与人之间和谐伦理关系的建立。

一、面子的理论分析

1. 面子的内涵

虽然面子不是中国人所独有的，但根植于中国社会的“面子文化”确是唯一的，西方社会对面子的重视程度也远不及中国人。脸面观在中国人的思维中根深蒂固，支配着每一个人的哪怕十分微小的所有行为。面子文化逐渐为中外学者所关注，中国港台、大陆的心理学家、社会学家纷纷对这一本土现象进行了广泛而深入的学术探讨。最早也是最为西方世界所关注的有关中国人面子的论述开始于美国传教士明恩溥的《中国人的气质》，这本著作开篇第一章的核心就是“面子”。明恩溥认为，在中国，面子绝非像一个身体部位那样简单，而是具有丰富的内涵，甚至超出了西方人的描述能力和理解能力，并断言它是一把能够打开藏有中国人许多重要性格的密码箱的钥匙。面子与中国人的戏剧表演习惯是分不开的。要理解它，就时刻不能忘了中国人的戏剧化思考方式。而西方人通常做不到这一点。“对西方人来讲，中国人的‘面子’就像是南洋岛民的塔布一样，是一种不可否认的潜在力量，它叫人捉摸不透，不受规则约束，其废止和更替的依据仅在于一致的感受。”[①] 中国人的“死要面子”经常使在中国的外国人感到荒唐可笑。但是，英国著名哲学家罗素却给出了较为客观的评价，认为面子是一个人人格尊严的反映。“中国人仅仅是要求实现与他们社会生活方式相一致的个人尊严。每个人都要‘面子’，甚至连社会地位最卑下的乞丐也是如此。如果你不想严重触犯中国人的道德规范，那你就不能使他丢面子，不然你就是在羞辱他。”[②] 鲁迅也认为西方人抓住了要害。面子确实是中国精神的纲领，就像是曾经的辫子一样，只要抓住了，全身都跟着走动了。对于面子，中国人谈话里常常听到，但是对它仔细思考的人不是很多。中国人似乎都懂面子，但对于它究竟是怎么回事，鲁迅也说：“不想还好，一想可就觉得糊涂。它像是很有好几种的，每一种身份，就有一种‘面子’，也就是所谓‘脸’。”[③] 林语堂指出统治中国的三女神，即面子、命运和恩惠。其中，面子是中国人社会心理最微妙奇异之点。它是抽象的、不可捉摸的，却是中国人调节社会交往的最细腻的标准。林语堂认为给面子下个定义非常之难，但可以从中国人的行为活动中去感触它。“它像荣誉，又不像荣誉。它不能用钱买，它能给男人或女人实质上的自豪感。它是空虚的，男人为她奋斗，许多女人为它而死。它是无形的，却又靠显示给大众才能存在。

---

① 〔美〕明恩溥 . 中国人的气质［M］. 刘文飞，刘晓旸译 . 上海：上海三联书店，2007.2.

② 〔英〕伯兰特 · 罗素 . 中国人的性格［M］. 王正平译 . 北京：中国工人出版社，1993.55.

③ 鲁迅 . 鲁迅全集（第 6 卷）［M］，北京：人民文学出版社，2005.130.

它在空气中生存，而人们却听不到它那倍受尊敬、坚实可靠的声音。”[①] 林语堂直言不讳地指出面子的存在使中国人过着虚荣的生活，甚至断言除非每个人都丢掉自己的面子，否则中国不会成为一个真正的民主国家。

可以看出，近代中西方学者主要通过日常生活中的观察与思考来描绘面子的形态，并没有对面子概念进行明确的定义。20 世纪 40 年代，我国留美人类学家胡先缙首先将面子研究带入社会科学探讨的领域，对面子定义与内涵的研究步入了新的学术性研究阶段。胡先缙认为，脸与面子是两个很不相同的概念，但是在一定的环境中，二者并不完全是独立的，而是重叠缠绕在一起。脸是品格的基本要件，同时也是决定面子多寡的条件之一。一旦失去了脸，面子便很难维持。故意让人丢脸，也可以说是不给人面子。面子和脸是人们获取声誉、提升地位的两组标准。前者“代表在中国广受重视的一种声誉，这是在人生历程中步步高升，借由成功和夸耀而获得的名声，也是借着个人努力或刻意经营而积累起来的声誉。要获得这种肯定，不论在任何时候自我都必须仰赖外在环境”[②]。而后者“代表社会对于自我德性之完整的信任，一旦失去它，则个人便很难继续在社群中正常运作。‘脸’不但是维护道德标准的一种社会约束力，也是一种内化的自我制约力量”[③]。脸和面子两个概念的存在说明了在自我与其环境之间关系的重要性。脸指的是社会对个人道德品格的信心。它约束违反道德规范的行为，成为一种内在制约力量。因为“丢脸”之事会将一个人打入非正直的行列，被家族、社群孤立，承受着被唾弃的精神煎熬。面子却大不相同，它可以出借、争取、添加。它最先是依靠高位、财富、权力和才能获得的，然后再恰当地运用一些与名流之间的社交关系加以巩固。因此，“社会赋予‘面子’的价值也是双重的。一方面，它指的是经由正当途径取得的声望，此即为名誉；另一方面，它却暗示了一种‘自我膨胀’的欲望”[④]。按照胡先缙的说法，脸是一个人优良道德品格的唯一表征；而面子的获得途径既可以是正当的，

① 林语堂 . 中国人［M］. 郝志东，沈益洪译 . 上海：学林出版社，1994.204.

② 黄光国，胡先缙 . 面子：中国人的权力游戏［M］. 北京：中国人民大学出版社，2004.40.

③ 黄光国，胡先缙 . 面子：中国人的权力游戏［M］. 北京：中国人民大学出版社，2004.41.

④ 黄光国，胡先缙 . 面子：中国人的权力游戏［M］. 北京：中国人民大学出版社，2004.58.

也可能是不正当的，是自我虚荣心膨胀的结果。任何时候，每个人只要有心，都可以保持一张诚实、正直的“脸”，但是每个人因他所处的环境、地位的不同，拥有的关系的不同，影响他人的能力的不同，而拥有的面子的多寡也是不同的。

金耀基基本认同胡先缙的脸面观，但同时他指出，胡先缙将英文中的face翻译成中文的“面”和“脸”有些不妥，因为这种区分适用于中国北方地区，而在中国南方说粤语或客家语的区域只有“面”字，无“脸”字。所以，他建议用“面子”来涵盖“面”与“脸”，“面子”的内涵包括了“面”与“脸”的二重文化与意义。金耀基将“面子”分为社会性的面与道德性的面。“所谓面子的社会性，乃是指面子是社会所赋予一个人的，除非他的行为证明是‘实至名归’，否则社会是可以收回所给予他的‘面子’的。在中国，面子是一种声望，声望是依个人在社会阶梯上所占据的身份地位而定的。”[①] 面子是有大小与多少的量的概念。面子的大小与一个人的身份、地位高低，以及拥有的社会资源如财富、权力、关系等相关。“争面子”是面子的增多；“失面子”是面子的减少，会引起人们的耻感心理。因此，维护面子、避免面子的减少，需要一套精致的“面子工夫”。社会性的面体现了社会互动中的他律性。道德性的面与社会性的面有重要的区别。道德性的面是人人都可拥有的，至少有普遍拥有的潜能，而不仅仅隶属于有身份、地位者。道德性的面没有大小、多少的量，而是质的区别，有或是没有。有道德性的面完全在于一个人能否在内心中遵从道德的要求，是靠内在制约的。从这一点来看，道德性的面体现了社会互动中的自律性。

香港心理学家何友晖《论“脸面”》一文主要通过脸面不是什么来反衬脸面是什么。诸如脸面不是行为标准，不是人格变量，不是自我评价，不是地位和尊严，不是荣誉和威望。他给脸面的定义是，脸面就是个体要求别人对他表现出的尊敬和（或）顺从。他之所以有这种要求，是因为他在社会网络中占据一定的地位，并且人们对他在其位适当地发挥作用及做出的正常的、一般的、可接受的行动具有一定程度的评价。人们留给个人

---

① 杨国枢主编．中国人的心理［C］．台北：桂冠图书公司，1988.329.

脸面取决于人们对他总体生活所做的各种评价之间的一致性。大陆学者翟学伟认为，这个定义仍然有可商榷之处：一是脸与面子还是应该加以区分。二是"要求尊敬"和脸面有一定的区别。有时脸面只是为了下台，并没有获得真实的尊敬。"要求顺从"显示了居高位之人的权威性，但普通人也是有"脸面"的，这时的脸面只能是"自我保护"，而无力要求他人顺从。[①]翟学伟认为，从根本上看，把脸、面合并，甚至混为一谈，将会给理解中国人的脸面观带来误区。通过对脸面引申含义的考察，他指出了二者的不同。脸和个体的行为关系较大，它所集中体现的是人自身的形象或表现；而面子和社会互动关系较大，它所偏向的是互动双方所处的关系状况。"脸是个体为了迎合某一社会圈认同的形象，经过印象整饰后表现出的认同性的心理和行为，而面子是这业已形成的心理及行为在他人心目中产生的序列地位，也就是心理地位。"[②]脸作为个体印象整饰的资源，所拥有的是气质、性格、能力、知识、道德、装束、言辞等；而面子作为关系产生的心理地位资源，则包含家世、身份、地位、权力、职务、世故、关系网等。脸和面子按照西方人的理解是同质性的，个人脸的资源的多寡直接关系到与他人关系的建立和获得面子的多寡。事实上，中国社会是"关系社会"，中国人重视"关系"造成了原先统一的脸面观上的异质化。关系与人情"导致中国人不但在脸面心理与行为中偏向面子，而且还造成了脸和面子的分裂。这意味着，中国人的做人重点已不落在自己的人格与品性的施展上，而是放在以他人为重或表面应酬上，即处处考虑情面"[③]。这表明中国人在社会互动中某种程度上对脸的放弃、对面子的重视。

可见，学者们虽然在脸与面的区分方面有所分歧，但都看到了外在环境对自我的脸与面的影响，也都肯定了中国人脸面观在行为中的重要性。笔者比较赞同金耀基的看法，面子的内涵包含了社会性的面与道德性的面。如果两个面高度融合，恰恰表明了面子的正向意义，不再是虚荣的呈现。

① 翟学伟 . 面子、人情、关系网［M］. 郑州 : 河南人民出版社 , 1994.45-46.

② 翟学伟 . 中国人行动的逻辑［M］. 北京 : 社会科学文献出版社 , 2001.76.

③ 翟学伟 . 中国人行动的逻辑［M］. 北京 : 社会科学文献出版社 , 2001.81.

2. 面子文化的产生根源

面子越来越得到更多学者的关注，有关面子的研究也算得上汗牛充栋。但是，仅仅明确其内涵是不够的，应该从其产生根源与文化土壤去深刻理解它。中西方人都有面子之说，但中西方面子文化是有差异的，其根源就在于中西方文化的差异。中国的面子文化孕育于传统社会的血缘文化、情理文化、耻感文化，并且在当代社会依然发挥着其功能与作用，这是显而易见的。

首先，血缘文化是面子文化产生的根基。中国传统社会结构中最重要的是家族制度，它是整个社会的核心。中国的家不仅仅包括一个家庭内的成员，而且从横向延伸为家族、宗族，从纵向承继为子孙后代。因此，中国的家形成了多面向的、多功能的、延伸性的巨型家族。家族孕育了家庭这一团体之内以及之外的所有价值系统，为亲缘关系下的每一个成员都提供了行为标准。家族是以血缘为基底的，家族关系从根本上来说就是血缘关系，家族文化的实质就是血缘文化。血缘关系与文化在传统社会中是一种动态的伦理精神力量，具有一定的结构生成性。血缘关系是社会的原型。它的结构方式也成为整个社会的结构方式，从而形成了传统家国一体的社会结构。“中国这种社会结构与政治制度的实质，就是以家族制度作为国家制度的原型，家族制度成为政治统治的手段，使家与国、血缘伦理与政治等级合而为一、直接同一。因而血缘关系、血缘心理、血缘精神成为中国社会、中国文化的最重要、最基本的结构要素，它渗透到民族文化、民族心理、民族精神的一切方面，成为中国‘人化’的最基本的特征，使中国文化成为一种血缘文化。”① 血缘文化是中国文化的发源地与起始点，也引导着中国文化的价值取向，并最终形成中国文化的独特品格。

血缘文化的绵延在于家族的延续、兴旺、稳定与和谐，所以能够保持家族的血脉承继、维护家族和睦，是每个家族成员荣耀祖先的表现，是获得了人生最大的面子。家族主义影响了中国人的思想意识形态，包括世界观、价值观、伦理道德观、心理和交往方式。面子观也由此而生。杨国枢分析

---

① 樊浩．中国伦理精神的历史建构［M］．南京：江苏人民出版社，1992.8.

了叶明华关于家族主义的特点。“……中国人的家族主义在对家族的认知、感情及意愿方面皆有其特点。在对家族的认知方面，中国人的家族主义主要是强调五种相互关联的事项，即家族延续、家族和谐、家族团结、家族富足及家族荣誉；在对家族的感情方面，中国人的家族主义主要有六种互相关联的感觉，即一体感、归属感、荣辱感、责任感（忠诚感）及安全感；在对家族的意愿方面，中国人的家族主义包含八种行为倾向，即繁衍子孙、崇拜祖先、相互依赖、忍耐抑制、谦让顺同、为家奋斗、长幼有序及内外有别。”[①] 这是长期生活于传统家族中的中国人所形成的心理与行为特征。中国人有着深厚的祖先崇拜思想，要求承继先人的血脉与思想，因此每当节日之时便虔诚祭拜，希望祖先能够护佑后世子孙。在一个家族中，如果人丁不旺，特别是男丁越来越少，就意味着承续的家族历史要中断，即俗语说的“断了香火”，是对祖先的大不敬，所以“不孝有三，无后为大”。这必定是在现世的人做了有违家规与不道德之事，才受到的惩罚。这样的家庭成员终老之时，必捶胸自问，到了那界也无颜见先祖，是最大的没面子。所以，在封建社会，妻无子可被休掉，纳妾是为了再添子嗣，便是挽回了面子。因此，生儿育女、传宗接代，不是男女双方简单的生殖现象，而是承载了重大的社会文化意义。再有，任何家庭成员都要努力维护家族的和睦，这永远是他们生活的目标与方向。在这个家族中都是长辈与晚辈、都是兄弟姐妹的关系，没有外人，所以相互之间要认识到彼此的责任，对长辈要孝敬、感恩，对晚辈要爱戴、以身作则。在大家庭中要学会忍让，及时调整自己。切不可为了利益而争得头破血流。如果撕破了脸，双方都丢了面子，这会让其他家族瞧不起，威望尽失。在这个大家庭中没有独立的自我。大家都是亲属，都有着血浓于水的关系，没有必要针锋相对。所以，中国家族以世代同堂、孝悌同财为荣。而传统中国人最露脸、最有面子的事就是在外取得了成就，回归故里，光宗耀祖。脸面构成的心理动力，在当代中国社会也随处可见。一个在外取得了巨大成就的人，一般都要荣归故里，让家乡人亲眼看到他

① 杨国枢主编 . 中国人的心理与行为：本土化研究［M］. 北京：中国人民大学出版社，2004.93.

是怎样光宗耀祖的。或者扩建祠堂，或者为公共设施比如学校出财献力，或者为全村人铺上新的柏油路，或者为自家人修筑新居，让所有的人都刮目相看，成为家族人的谈资。他的成就是因为“祖坟上冒青烟了”。

其次，情理文化推动了面子文化的运作。家族血缘文化的核心是情感，也就是说家庭成员之间所有的交往行为都是以情感交流为基础的。如果情感需要投射出去或者出现纠葛，错综复杂，这个时候就需要疏解、理顺情感之理。所以，传统中国人所言之理并非获取知识的“理智”，而是人情之理、人伦之理。“理”以情为出发点，是谓“情理”，既充满了人情味，也造就了特殊的人伦交往方式。血缘文化最大限度的保留与强化的结果就是衍生出了情理文化。“情理是中国文化也是‘中国人’的主体品格、判断机制与行为方式。与由家及国、血缘本位的社会结构方式相适应，中国文化一开始就选择了情感的道路而拒绝向纯粹理性方面发展。在文化的开端，这是一种自然的倾向，而日后向同一方向发展的文化传统又加强了这一倾向，因而情理便成为中国文化精神的重要结构。”① 中国情理文化不同于西方纯粹理性文化，它要求时时、事事都要以温情脉脉的“说情”的方式而非以冷冰冰的诉诸“法律”的方式来解决问题。一旦走向后一步解决方式，双方已经针锋相对，谁都不给对方面子，是迫不得已的最后道路。这样做也就意味着，以往的亲情已不复存在，是最令人心痛的。传统中国人认为人与人之间以仁爱为本，讲求天下一家亲。所以，中国传统社会是以伦理组织的社会，而不是以法律组织的社会。梁漱溟说，伦理的社会就是重情谊的社会。“中国之以伦理组织社会，最初是有眼光的人看出人类真切美善的感情，发端在家庭，培养在家庭。他一面特为提缀出来，时时点醒给人；——此即‘孝悌’‘慈爱’‘友恭’等。一面则取义于家庭结构，以制作社会之结构；——此即所谓伦理。于此，我们必须指出：人在情感中恒只见对方而忘了自己；反之，人在欲望中，却只知为我而顾不到对方。”② 凡感情深厚处，便以对方为重，时刻替对方着想；凡利益争执处，会以自

① 樊浩．中国伦理精神的历史建构［M］．南京：江苏人民出版社，1992.12.

② 梁漱溟．中国文化要义［M］．上海：上海人民出版社，2003.104.

己为重，总想着打倒对方。情中有礼与义，古人的美好愿景就是把社会中的人按照彼此的身份、地位加以定位，“……指明相互之间应有之情与义，要他们时时顾名思义。主持风教者，则提携其情，即所以督责其义。”[①]伦理社会最为推崇的是尊重对方，给对方面子。当然这种“尊重”“给面子”在实施的过程中，在家族内部、熟人之间是畅通的，在家族外部、陌生人之间是有障碍的。

中国传统情理文化的模式可以概括为发乎情、合于礼、至于乐。由血缘关系产生的自然情感要上升为道德情感，这个过程需要的是“礼”。孔子的思想以“仁”为核心，但落到实处必须有“礼”。“克己复礼为仁。一日克己复礼，天下归仁焉。”[②]孔子将礼作为立身之本，礼也是行为法则。“非礼勿视，非礼勿听，非礼勿言，非礼勿动。”[③]费孝通说：“礼是社会公认合式的行为规范。合于礼的就是说这些行为是做得对的，对是合式的意思。”[④]如果违礼行事，做出了与自己的身份、地位不相符合的事情，对自我和他人而言，都是丢脸面的。从最初意义上说，礼是维护宗法等级制度的社会规范，它的作用就是定亲疏、明贵贱、区分尊卑的。礼的规定是非常严格的，人们必须按照礼来办事，越礼是不行的。君臣父子、士农工商，都被约束在礼制范围之内。如果一味讲“平等”，超越了一定的限度，双方都会觉得失了礼，也就是失了“面子”。如果剥离了礼的宗法等级意义，就其规约行为的礼俗意义来说，礼崇尚的是高尚的道德品格和优良的社会风俗，希望依靠自我约制与调节实现良好的社会秩序。“礼仪之邦”体现的是对他者的充分尊重，追求的是与他人的融洽与和谐、以和为贵。为了实现和谐，要“制礼作乐”，乐可以辅助礼的运行，它可以调节礼制内人与人之间的思想感情。礼主导人们之间的恭敬之情，乐则引导人们之间的合和之情。所以，这种乐，以家族的“合家欢乐”为基础，提升为天下人的“普天同乐”，乃至民胞物与的“自然之乐”。

---

① 梁漱溟．中国文化要义［M］．上海：上海人民出版社，2003.105.

② 《论语·颜渊》

③ 《论语·颜渊》

④ 费孝通．乡土中国　生育制度［M］．北京：北京大学出版社，1998.50.

再次，耻感文化是面子文化运行的监督力量。“面子”源自中国的耻感文化；反过来，耻感文化又监督并巩固了面子文化。美国人类学家本尼迪克特在分析东西方文化差异时，将日本文化的特征概括为“耻感文化”，以区别于西方的“罪感文化”。本尼迪克特对耻感文化的描述在某种程度上也适用于中国人的行为。她说：“真正的耻感文化依靠外部的强制力来做善行。真正的罪感文化则依靠罪恶感在内心的反映来做善行。羞耻是对被人批评的反应。一个人感到羞耻，是因为他或者被公开讥笑、排斥，或者他自己感觉被讥笑，不管是哪一种，羞耻感都是一种有效的强制力。但是，羞耻感要有外人在场，至少感觉有外人在场。罪恶感则不是这样。有的民族中，名誉的含义就是按照自己心目中的理想自我而生活，这里，即使恶行未被人发觉，自己也会有罪恶感，而且这种罪恶感会因坦白忏悔而确实得到解脱。”[①]本尼迪克特认为耻感文化完全是靠他律性来实现的，学者们对此有不同的看法。翟学伟认为，本尼迪克特把耻辱感看作是外控的心理反应是一个小小的失误，耻与外控不具有必然的相关性与因果性。比如，在儒家的经典中，耻不完全是个外控的心理反应。[②]孟子说，一个人看到落井的孩子去施救的原因不在于外在的因素，而是恻隐之心的触发。如若不救则会受到内心的谴责。这种行为是禽兽才做得出的，是作为一个人的羞耻。所以，他说：“由是观之，无恻隐之心，非人也；无羞恶之心，非人也；无辞让之心，非人也；无是非之心，非人也。”[③]这充分体现了具有道德人格的自我的自律性。

金耀基认为，中国的耻既有他律性，也有自律性。一个人感到没有面子，产生耻感的时候，可以是他人不在场、面对自己的时候。无论如何，中国的耻及与其有关的面子，对中国人的行为有着不容忽视的影响。并且认为，“在一般的论述或研究中，显然倾向于剖析它们所产生行为的‘坏’的一面，但很少注意到它们可能有的积极作用，特别是‘耻’与‘面’在道德性的自律上可能产生的‘立己立人’的潜能，几乎完全被忽略了”[④]。金耀

① 〔美〕鲁思・本尼迪克特．菊与刀［M］．吕万和等译．北京：商务印书馆，1990.154.

② 翟学伟．面子、人情、关系网［M］．郑州：河南人民出版社，1994.138.

③ 《孟子・公孙丑上》

④ 杨国枢主编．中国人的心理［C］．台北：桂冠图书有限公司，1988.344.

基辨析了耻感可以不依赖于社会性的面存在，而是对理想自我认同的结果。但笔者更赞同孙隆基的说法，中国耻的他律性相对于自律性具有压倒性，中国人耻感的自律性或多或少总是以他人为前提的。“……因此‘羞耻感’在‘良知系统’中的比重就远远地压倒了‘罪恶感’。自然，中国人也常说：‘心中感到罪过。’但其内容多半指应该帮人而没有去做而言的——不过，它既然是从内心发出的，而非被别人诉说以后才产生的不安感，因此也应该算是一种人情化了的‘罪恶感’。”① 中国人的罪恶感与内在反省是在感觉自己做了有损他人利益的事情的情况下进行的。中国人的生活以他人为重，通常意义上没有西方独立性的自我。这呈现出了中国人行为的他人取向特征。他人取向是杨国枢所分析中国人四种社会取向中的一种。“他人取向是指中国人在心理与行为上甚易受到他人影响的一种强烈趋向——对他人的意见、标准、褒贬、批评特别敏感而重视，在心理上希望在他人心目中留下良好印象，在行为上则努力与别人相一致。他人取向所强调的，不是当事人与他人的关系，而是在消极方面要尽量避免他人的责罚、讥笑、拒绝、尴尬及冲突，在积极方面要尽量获得他人的赞同、接收、帮助及欣赏。”② 顾虑人意、顺从他人、关注规范及重视名誉，是他人取向的主要运作特征。其中，传统中国人尤其重视名誉。名誉的好坏，也就是自己在他人心目中的形象如何，是衡量自己的重要途径。对中国人而言，名誉不是指的在家人心目中的形象，而是在熟人、外人心目中的形象。好的名誉使一个人感到他是一个极其有面子的人，它的作用甚至远远超过他拥有的财富与权力所带来的精神享受。

二、面子：一种符号资源

1. 面子与符号

人类是使用符号的动物，而符号总是承载了一定的意义。“人类总想给自己周围的事物赋予意义，而且，这时的‘给予意义’完全是根据与人

① 孙隆基．中国文化的深层结构［M］．桂林：广西师范大学出版社，2004.175.

② 杨国枢主编．中国人的心理与行为：本土化研究［M］．北京：中国人民大学出版社，2004.109.

类自己的关系进行的。哪怕对象属于自然界，也将根据与人类的关系来判断其价值，然后编入人类世界。这个世界是个出色的文化世界。而且，人类掌握符号的活动与这个世界的创造、维持，以及在时间、空间上的所有意义上的交流——这一切文化性的活动都有着深刻的关系。”[①] 符号所承载的意义说明了符号与人类的文化活动有着深刻的关系。罗兰·巴尔特说当我们读解一个符号或记号时，它最后转换成了一种乌托邦的、非真实的功能，形成了意识形态现象。所以，意义是一种文化现象、一种文化的产物。人们往往认为自己处于一种由物体、功能、物体的完全控制等现象所共同组成的实用世界中，但在现实里，人们也通过物体处于一种有意义、理由、借口所组成的世界中：功能产生了记号，但是这个记号又恢复为一种功能的戏剧化表现。巴尔特相信，正是文化向伪自然的这种转换，定义了人类社会的意识形态。[②] 简单来说，所谓符号，是被人类赋予意义的形象与标志。语言是人类所熟知的符号。现代符号学的研究范围愈来愈广泛，不仅限于语言符号。符号学是研究生活中所有符号生命的科学。“……符号学将以所有符号系统为研究对象，无论它们有着怎样的质料和界限。图像，动作，乐音，物品以及我们在礼仪、仪式或演出中所见到的由这些不同质料所组成的复合体，如果它们不构成‘语言’，至少构成着意指系统。”[③] 罗兰·巴尔特认为，所有的符号系统都与语言纠缠不清，视觉符号如电影、广告、新闻图片就是通过语言信息的辅助来确定其意义的。因此，尽管现代社会图像繁多泛滥，但今天的人们却前所未有地生活在一个文字的文明之中。归根结底，人之所以需要符号是因为他并不是孤立的存在，而是社会性存在，存在于他的所作所为、所感所思中；生活于庞大的社会生活系统中——生活在语言的世界、宗教的世界、艺术的世界、政治制度的世界之中。“倘若他不经常地以这些形式来表现他自身的生活，他就不可能经历自身本己的生活。他创造出言语符号、宗教符号、神话的和艺术的形象；而他只有借助这些符号和形象的整体及体系，他才可能维系其社会生活——即他才

---

① 〔日〕池上嘉彦．符号学入门［M］．张晓云译．北京：国际文化出版公司，1985.6.

② 〔法〕罗兰·巴尔特．符号学历险［M］．李幼蒸译．北京：中国人民大学出版社，2008.198.

③ 〔法〕罗兰·巴尔特．符号学原理［M］．李幼蒸译．北京：中国人民大学出版社，2008.1.

可能与其他人类存在产生交往并使自己被他们理解。”[①] 人类文明不断创生出新的符号、新的形式，人类生活借此获得外在表现。而且符号世界与自然世界相比，存在着差异。它是多变的、不恒定的，比如具有意义转换的功能。

人们之间进行沟通时最有效的方式就是语言的交流，但表达自我并非单纯使用语言符号。人们与外界的交流与沟通更多时候是通过非语言符号来进行的。一个人，从静态上看，他所拥有的；从动态上看，他的行为举止，都蕴含了多重符号意义，使这个人变得丰富多彩。一个人的面子也是通过内在自我与外在自我的双重自我的呈现中逐渐积累与积聚起来的。面子的积聚是通过人的身份与地位、财富与权力、名声与名誉、人际关系、道德品质、行为举止、消费风格来实现的。因此，这些要素就成为面子所代表的符号象征意义，这也是人类特别是中国人重视面子、做足面子功夫的根源所在。“中国人讲面子是因为面子在人际关系中的象征符号作用，即面子代表了一定的家世、财富、身份、地位、角色、权利、声望、荣耀和社会关系等，‘面子’的大小与有无是个体社会地位与名望高低的一种象征。一个人在社会上具有的‘脸面’，可以系统地表现出他在社会中占据的位置。因此，‘面子’的符号象征功能造就了个人印象整饰的面子功夫，个体通过符合社会地位与名望要求的‘面子’行为来参加活动，并归属于一定的社会阶层。”[②] 可以说，面子在运作过程中的效果如何，即成功抑或是失败，都是各种符号意义表征的过程。面子逐渐成为只有人类才具有的一种特殊符号。人们通过面子符号传递着信息，彼此识别着对方，建立起互动关系。

朱瑞玲认为，面子至少包含两种社会赞许的价值，即个人成就与品德。“人们往往以行为者的主要身份为行为的依据，于是种种因其特定的社会地位带来的声望、权势及生活方式，就是个人拥有其面子的表征，也就是社会给予个人成就的认可与酬赏。由于地位取得的方式不同，一个人的面子可以是与生俱来（性别、年龄、出生序等）或继承而来（家世、财富），

---

① 〔德〕恩斯特·卡西尔．符号·神话·文化［M］．李小兵译．北京：东方出版社，1988.83.

② 姜彩芬．面子、符号与消费［J］．广西社会科学，2008（5）．

也可能来自本身的能力与努力（教育、职业成就等）。”[①]一个人与生俱来的或继承而来的面子符号的多寡是一定的，但他可以通过自己的后天努力改变面子符号的积聚程度。除了人的地位或能力所形成的面子符号，个人品德所带来的面子符号则主要依靠自己是否遵循道德规范，以及在道德行为上的自律程度。“除去特定社会地位对个人行为的要求不谈，道德规范是社会给予个人行为最基本的约束，一个人起码的面子，完全依赖其在道德行为上的合宜性。”[②]一个人哪怕只有一次违背道德规范的行为，他也会被人瞧不起，既丢脸又丢面子；他长期积攒的面子大楼也可能轰然倒塌。更不用说那些常行恶事之人，甚至被排除在人类种属之外，成为禽兽，就连面子的影子也摸不着。

黄光国也认为，个人的声望是由其归属的地位而获得的，包括性别、家世、祖籍等，也可能是由于个人的努力而获得的。后者可以进一步分为基于个人素质所获得的地位，如学识、美貌、能力等；或得自非个人素质的地位，如财富、权威或社会关系等。在地位与个人努力所带来的声望及面子的过程中，黄光国特别指出个人所掌握的社会关系网对其名声与威望培育的重要性。他说：“在中国社会中，个人的社会关系是决定个人社会地位的重要因素之一。讲究人情法则的社会，必然是个关系取向的社会。人们不仅依据个人本身的属性和他所能支配的资源来判断其权力的大小，而且还会进一步考虑他所属的关系网络。个人的社会关系网愈大，其中有权有势的人愈多，他在别人心目中的权力形象也愈大。”[③]因此，“做面子”可以炫耀个人的权力，面子功夫可以运用所掌握的人际关系改变资源配置方式。黄光国说，这是中国人常玩的权力游戏。

总而言之，人是社会存在中的人，社会互动是人活动的唯一表现，哪怕是特别孤僻的人也无法脱离社会而存在。中国人善于运用人际互动，中国人发达的面子符号的根本目的就是达到一定的互动。中国人面子符号的象征意义表现为四个层面。第一，由与生俱来的血缘、地缘、性别所形成

---

① 杨国枢主编．中国人的心理［C］．台北：桂冠图书有限公司，1988.241.

② 杨国枢主编．中国人的心理［C］．台北：桂冠图书有限公司，1988.241.

③ 黄光国，胡先缙．面子：中国人的权力游戏［M］．北京：中国人民大学出版社，2004.20.

的身份与地位的不同。尽管每一个人天生都是平等的，但出身于家世显赫与出身于家境贫寒的两个人，自然地就被看作两个世界里的人。他们的面子资本大小也是不一样的。男女在生理上的不同也导致人们赋予他们的符号意义不同，一个是刚强勇敢的，另一个是柔弱善良的。按照性别不同发展出不同的男女人格，是主体性的最大张扬；相反，男性一举一动弱不禁风，女性举止上下狂野粗陋，是对自身面子资本的削弱。第二，依赖后天个人的智慧与能力获得财富与权力的大小不同。面子资本是可以通过后天努力去改变与积聚的。依靠个人能力而出人头地的人无论哪朝哪代都是让人刮目相看的。传统社会中走仕途为苍生的贫寒学子，今天勤劳吃苦或善于经营的致富者，或者聪颖创新的智慧者，或者深谙治理之道的权力者，都是令人敬佩的。第三，作为一个大写的人，由于遵循道德原则的程度不同，道德品质的高低不同。我们常说即使是一个死刑犯也有其人格权利，也要以人的观念去对待他。这是人类不以复仇而是以拯救的方式去维护他作为人的尊严。但是，违背道德原则乃至违法的人，他的颜面也随着他被押入牢狱的那一刻戛然而失。当然，一个不违背道德底线的人，在今天的社会可以不被谴责，但是同样的，他也是平庸的，甚至不如沧海一粟，还可以汇聚成流。只有那些具有自律性的高品质的人才是楷模，才推动了社会的有序发展。第四，行为举止、消费风格的不同揭示了不同群体分化的秘密。现代哲学避免宏大叙事，而是在日常生活中把握哲学思维。原因在于哲学原本就来源于对生活的反思、对人生的思考。人们日常生活的吃穿住行无意中就会暴露了其价值追求、生活风格。以往对存在的人的研究从来没有像今天这样细腻，而且具有多元发散性特点。购买了高档西服、开着豪车的人，一转身就随手扔纸屑，一踩油门就不遵守交通规则。这样的人，你还能指望他再有什么样的高尚举动?

2. 面子符号的功能

中国人之所以爱面子、争面子，是因为相对于自我与他人而言，面子符号具有两个层面的功能：其一是通过树立自我形象实现尊严的维护，其二是通过社会交换实现人际互动。传统中国人视面子为珍宝，并且将个体的面子与整个家族的面子联系起来。中国历史上为面子而献身的英雄当属项羽。刘邦、项羽楚汉之争的最后，是韩信设伏，把项羽围困在垓下。“于是项王乃欲东渡乌江。乌江亭长权船待，谓项王曰：‘江东虽小，地方千里，众数十万人，亦足王也。愿大王急渡，今独臣有船，汉军至，无以渡。’项王笑曰：‘天之亡我，我何渡为！且籍与江东子弟八千人渡江而西，今无一人还，纵江东父兄怜而王我，我何面目见之？纵彼不言，籍独不愧于心乎？’”[①] 项羽已被刘邦大军逼至乌江，他其实可以选择回家乡重整旗鼓，但是这个时候的他认为自己所遭遇的失败非但没有为家乡父老争脸，反而丢尽了脸面，是整个家乡的耻辱。回去意味着厚着脸皮，所以他不愿丢丑而归。最终这位曾经的霸王自刎而死，让人扼腕叹息。大人物可以为面子而亡，小人物也可以为面子的丢失而伤心，不同身份的人丢面子的底线是不一样的。鲁迅先生说：“这‘脸’有一条界线。如果落到这线的下面去了，即失了面子，也叫作‘丢脸’。不怕‘丢脸’，便是‘不要脸’。而‘丢脸’之道，则因人而不同，例如车夫坐在路边赤膊捉虱子，并不算什么；富家姑爷坐在路边赤膊捉虱子，才成为‘丢脸’。但车夫也并非没有‘脸’，不过这时不算‘丢’，要给老婆踢了一脚，就躺倒哭起来，这才成为他的‘丢脸’。这一‘丢脸’律，也是适用于上等人的。”[②] 由此可见，每个人都有让自己“丢面子”的事情。一旦超越了一定的底线，尊严尽失，脸面扫地。因此，面子是个体尊严的外在表现，表明每一个人都需要他人的尊重。马斯洛在分析人的需要层次理论时，指出尊重的需要是人们较高层次的需要。他说：“社会上所有的人（病态者除外）都希望自己有稳定、牢固的地位，希望别人的高度评价，需要自尊、自重或为他人所尊重。牢固的自尊心意味着建立在实际能力之上的成就和他人的尊重。这种需要可以分为两类。第一，在面临的环境中，希望有实力、有成就、能胜任和有信心，以及要求独立和自由。第二，要求有名誉或威望（可看成别人对自己的尊重）、赏识、关心、重视和高度评价。”[③] 面子的获得满足了自我尊重的需要，意味着得到了他人的认可与积极评价。

---

① 《史记·项羽本记》

② 鲁迅．鲁迅全集（第 6 卷）［M］．北京：人民文学出版社，2005.130.

③ ［美］马斯洛等．人的潜能和价值［M］．林方主编．北京：华夏出版社，1987.167.

"讲面子""爱面子""争面子""丢面子"等，都体现了个体强烈的自尊感，意味着个体要求他人尊重自己。"而个人的尊重与自尊需要的满足，只有在与他人的互动中才能获得。所以，当一个人伤了别人的面子时，实质上是伤害了他的自尊，没有尊重他；当一个人极力维护自己的面子时，也就等于是在维护自己的尊严；而当一个人'不要脸'或'没有脸'时，实际上表明这个人没有做人的尊严。"[①] 自尊是人的一种高级社会性需求，实际上是个体对自我价值的肯定与确信。个体对自我价值的肯定与确信是个体关注自我在他人心中的价值与地位的基础，因此自尊是面子的内在基础。

按照戈夫曼的说法，面子功夫是一种印象整饰行为；是为了让他人对自己产生特定的印象，而故意做给他人看的行为。戈夫曼用戏剧理论解释日常生活，分析人们在重要人物面前维持自我形象的复杂方法。他认为，人与人交往时都是在试图给对方一个印象；人们似乎就像演员一样，不断地关注着他们所接触的各式各样的观众以及由此所形成的、有关他们的印象。印象是一种由表演者作出的情境定义，日常生活就充满着这种情境。人们行为举止的形成，在于他们想让那些他们认为是重要的人留下一个可以接受的印象。行为要表现现象，而印象代表着真实的自我。[②] 当一个人出现在他人面前时，他总是不断地调节自己的行为，以便这些行为向他人传递一种对他有利的印象。戈夫曼举了一个浅显易懂的事例。如在一个几个人共同居住的宿舍里，同宿舍成员判断一个姑娘的受欢迎程度要根据她所接到的电话的次数多少，所以这位姑娘可能会动点心思，预先安排好别人她打电话。通过观察，这是个事实。集体宿舍的姑娘在接电话时常常让对方多打几次电话，其目的是让其他姑娘知道有许多人在给她打电话，她是人人喜爱的好女孩，这样就可以给别人留下好印象。其目的是非常明显的：一方面，她自身的面子与自尊得到了捍卫与维护；另一方面，通过对情境的调节与影响，来控制他人的行为，尤其是引导他人对自己的反应与看法，使他人自愿地向自己的本来计划靠拢，从而从中获益。不能忽视的

① 姜彩芬．面子与消费［M］．北京：社会科学文献出版社，2009.41.

② 〔美〕欧文·戈夫曼．日常生活中的自我表演［M］．徐江敏译．昆明：云南人民出版社，1988.2.

事实是，任何一种情境的调控都具有明显的道德特质。每个个体都有一种道德权利，希望他人以合适的方式对待他、尊重他。在向他人表明他是怎样一种人的时候，自动地向他人提出了道德要求，能够正确地衡量他自身的价值。

因此，面子功夫作为印象整饰行为，在他人面前所做的表演，最终还是为了实现进一步的互动，确立一定的交往关系。“互动（即面对面的互动）的定义可大致规定为，个体面对面地出现在一起时对彼此行为的相互影响。在任何一种场合的始终，一组既定的个体持久地出现在彼此面前时，其一种互动亦等于所有的互动；此时我们亦可用‘日常交往’取而代之。‘表演’的定义可作为一个特定个体在任何特定场合所表现出的全部行为，这种行为可以以任何方式对其他参与者中的任何人施加影响。……无论在什么时候、什么地方，只要个体或表演者对同样的观众扮演同样的角色，就可能出现一种社会关系。”[①]个体在他人面前的自我表演，如果得到了他人的赞同，双方的互动便向前推进了一步，深层次的交往关系也会逐渐建立起来。就如志趣相同的两个朋友，在谈论某个话题时，会有强烈的共鸣。在交谈过程中，相互尊重、相互喜爱之情在双方之间愈加浓烈，这便牢固了双方的交往关系。再接下来，当朋友有难事时，一方会及时伸出援助之手，给足了面子；另一方也欣然接受了面子。在互动过程中也会出现否定性、对抗性的事件，互动本身有可能变成了令人尴尬甚至尖锐对立的僵局。如一个顾客到餐馆用餐，服务生不小心将热汤洒在了顾客身上。尽管这名服务生及时道歉，但是顾客依旧非常生气，当着众人的面强烈斥责笨手笨脚的服务生，言语中带有鄙视的意味。服务生原本想通过真诚的道歉挽回局面，但现在却因顾客的恼羞成怒而不可收拾。在这个时刻，如果服务生无法克制自己，双方的矛盾可能会激化。服务生原本在开始阶段为自己洒汤的行为感到惭愧，现在反而觉得顾客不可理喻，让他在大庭广众之下丢尽了面子。这次短暂的陌生人互动行为便以失败而告终。

---

① 〔美〕欧文·戈夫曼．日常生活中的自我表演［M］．徐江敏译．昆明：云南人民出版社，1988.15.

作为一种心理现象，面子是一种自我呈现，是个体影响力的展现。面子因社会互动而产生，又因个体所拥有的社会资源而影响到人际间的互动。面子甚至成为一种约定俗成的社会规范。人们逐渐习得遵循社会规范的行为模式，目的就是塑造对自我有利的社会形象，以备后来的顺利交往。当面子受到威胁时，负面的情感必然伴随而来。一方面，自我感觉羞愧难堪；另一方面，也限制了双方的交往互动。朱瑞玲认为，面子的主要特征就是具有依赖性，要由互动对方或观众赋予才成立；面子也可称为交换的社会资源，中国人往往以人情称之。“在人际关系中，面子行为的互惠性至为明显。刘备三顾茅庐请出诸葛孔明，后者的面子是刘备所给；同样的，刘备既有的权势也并不成为绝对有分量的面子，不过诸葛亮终究替他顾全了。由此可见，双方均无面子的人际关系不可能持久，给对方面子是另一种维护自己面子的技巧，如此一方面是因为讨好对方，自己也就有机会获得对方的支持；另一方面，在互动过程中有一方面受到威胁时，对方有可能也会丢脸，后者尤其常发生于亲密的人际关系中。”[①] 面子行为的互动性表明了它实质上是一种社会交换行为。社会交换反映的是在互动过程中，人们利用社会资源进行交换的现象。其遵循的基本原则就是互惠互利。

社会学家布劳的交换理论认为，为了实现彼此互惠的需要是社会互动的起动机制。同样重要的是，当交换发生之后，互惠规范就逐渐形成，规范以后的交换活动。互惠规范本质上是植根于交换过程之中的。对互惠规范的违反就会造成社会对立或者其他消极的制裁。布劳的基本交换系统原理是这样运作的：“人们从事社会交换是因为他们知道会得到报酬（原理一）。布劳把这种认知称为社会吸引（social attraction），并假定除非其中包含这种吸引，否则就不是交换关系。每个行动者在进入交换关系时都揣测他人的想法，从而知道他人的某些需求，于是行动者操纵自我表现以使对方相信他们拥有对方所需求的东西。人们在调整角色行为以利用他必须提供的资源对他人产生影响时，他们就遵从了互惠原则。因为在表明自己拥有有价值的物品时，每个人都试图从他人那里得到自己将得到回报的承诺。

① 杨国枢主编．中国人的心理［C］．台北：桂冠图书有限公司，1988.244.

所有的交换都在这一假定下进行：提供报酬的人也能够得到回报。”[①]行动者努力通过竞争相互施加影响。在竞争中，他们展现自己所能提供的报酬，以迫使他人按照互惠规范甚至以更昂贵的报酬作为回报。布劳认为，报酬的类别或等级包括金钱、社会赞同、尊重或尊敬、服从。[②]金钱是价值最小的报酬，社会赞同也不具有很高的价值，而得到价值资源的人会向资源提供者回报更高价值的尊重或尊敬，甚至接受者会付出最高价值等级的报酬，即对资源提供者的服从。随着互动的继续，交换双方的结局越来越明显。那些拥有丰富社会资源的人或者是拥有稀缺资源的人，占据了有利的交换地位。他们满足了其他人的需要，因此可以得到较高价值的报酬回报。从而，这类人的面子就如滚动的雪球般越来越大；相反，拥有较少资源的人，在交换中无力可施。这类人的面子就似撒气的皮球干瘪下来，硬撑着自己的表皮。

三、面子消费与伦理关系

1. 面子与消费

面子文化在中国社会根植已久，而面子则是中国人特有的文化心理现象。以往从心理学和社会学方面对面子所进行的研究可谓充沛，但忽视了面子对中国人消费行为的影响。虽然面子不是中国人消费行为的唯一动机，但在影响消费行为的综合性因素中占据着关键性地位，由此形成了特殊的消费类型——面子消费。从最简单意义上说，面子消费是消费主体为了实现他人对自我的预期评价而采用的一种消费方式。面子消费的特点突出表现为广泛性、表演性、他人导向性。首先，面子消费广泛地存在于社会各阶层中。“富人有富人的排场，面子可以给他们争光彩；穷人有穷人的尊严，面子就像他们的‘遮羞布’，遮住不光彩的地方，所以面子这东西，谁也不能丢。”[③]

---

① 〔美〕乔纳森·特纳．社会学理论的结构［M］．邱泽奇等译．北京：华夏出版社，2001.285.

② 〔美〕乔纳森·特纳．社会学理论的结构［M］．邱泽奇等译．北京：华夏出版社，2001.285.

③ 姜彩芬．面子与消费［M］．北京：社会科学文献出版社，2009.111.

富人拥有得天独厚的条件，可以购买昂贵的名牌商品；穷人则竭尽所能，买到符合身份的商品，但都是尽量维护自身的面子。其次，面子消费是要在一定的情境中表演给观众看的。以获得较高的评价。“穿着打扮要讲究些，还有家里面的家具啊、装修啊，都要见得了人，不然客人来到家里看到了，说主人怎么这么寒酸。”[①]面子是做给人看的，面子消费就要付出一定的代价，达到预期的表演效果。再次，面子消费的动机较小部分是为了满足自我需求，大部分是受他人评价导向的。由于受到传统文化的影响，中国人更加看重社会规范的要求和其他人的评价，容易受到其他群体成员的影响，从而倾向于在消费时以社会和他人的意见为主导，避免个人突出的表现。也就是说，超越了社会和他人评价的标准越多，就越可能得到负面的评价，被称为“死要面子活受罪。”

根据上文对面子符号的功能分析，面子这一符号资源在运作过程中，一方面，可以维护个体的自尊与尊严；另一方面，可以实现人际间的互动，建立交往关系。相对应而言，中国人所进行的面子消费，从个体角度说，是通过所消费的物品来展现自我的个性与独特性；从互动的交往主体角度说，是通过礼物消费来实现双方的感情交换，达到一定的沟通目的。因此，面子消费主要呈现在两大领域，即时尚消费与人情消费。

时尚，也就是通常所说的流行、时髦，是一种普遍的社会文化心理现象，是在一个时间区间内社会流传很广、盛行一时的大众心理现象和社会行为，是许多人在这个时间区间内都去实践和追随的一种新的物质和精神的生活方式。时尚反映了人们对某种生活方式的认同和追求，也反映了社会风气并代表一定的社会价值标准，同时又是人们个性追求、自我实现的一种方式。[②]从本质上说，人类的发展是一个无止境的过程，没有终结。人类的欲望与需求也是永无止境的。所以，人类永不停歇地去探索和追求新事物。时尚作为一种生活方式是新颖性的和变动性的，它满足了人类喜新弃旧的心理需求。从客观条件上说，随着物质生活水平的提高和大众传播媒介的发达，

① 姜彩芬．面子与消费［M］．北京：社会科学文献出版社，2009.116.

② 李林琳．消费文化与时尚消费——从让·波德里亚的《消费社会》说起［J］．装饰，2008（9）．

时尚的形成有了必备的物质条件，时尚之风也可以在一定时间里迅速传播开来，时尚越来越成为当代社会生活的重要内容。谈到时尚，人们总以为它是有钱人、爱标新立异的人、有闲暇时间的人追逐的对象。实则不然，时尚关乎每个阶层的普通人。虽然不同阶层人群的时尚追求是不一样的，但同一阶层内部的时尚追求大体是一致的。如果一个人在本阶层内部还不能跟上时尚的步伐，就被称做落伍了，会被人用另一种眼光相看。这个时候，他的面子就挂不住了。因此，时尚追求从最基本上说是保全面子的需要，然后才是标新立异。

时尚可以是一种流行观念、一种文化符号、一种行为方式，但是它的传播需要一定的载体，因此时尚追求最终会转化为对某些具体物质的消费，便形成了时尚消费。时尚消费除了是一种单纯的消费活动之外，它总是伴随着人们的消费心理、消费偏好、消费价值观念，形成了“时尚消费文化”。在消费大潮中，中国的大都市尤其是北京、上海、广州走在最前列，引领着时尚消费潮流。人们越来越热衷于时尚，包括时尚品牌商品、时尚杂志、时尚节目等。庞大的超级市场橱窗里摆满了琳琅满目的国际和国内著名品牌的商品，繁华的商业街道两旁乃至偏僻的旮旯角落里都贴满了时尚品牌广告。这些广告以其最诱人的画面、最具煽动性的语言，吸引着人们的眼球，刺激着人们的听觉，牢牢捕捉住了人们的消费欲望。在时尚消费中，服饰、数码产品、交通工具比如汽车、住房的消费，都成为现代中国人展示面子的途径。林方超通过对受访者的调查，做出了以下分析：服饰消费既是时尚消费的主要内容，也因为服饰关乎人们的“门面”（所谓“人靠衣服马靠鞍”）而成为面子消费的一个重要方面。人们购买衣服不再仅仅是因为原来的衣服破旧了，更可能是因为已有的衣服不再流行了，比如“款式老套”，“颜色不流行”以及“布料不对”等。除了服饰，数码产品也成为人们追求的新潮流。为了不丢面子，一些收入不多的年轻群体即使以分期付款的方式也要买到新的产品。近些年，拥有汽车的家庭越来越多。购买汽车不一定出于实用考虑，而是种时尚潮流。汽车作为一项可展示的消费品，也不再只是被看作一种交通工具，更是人们面子的一种体现。除了购车外，人们买房也正受到周围人的影响。在各类广告的宣传下，人们的住房观念正发生着改变：房子不再只是够住就好，而是越大越好。[①] 时尚消费仿佛要告诉每一位消费者这样一个道理：消费不仅仅是解决温饱等基本生活需要，而是进行自我发展、自我完善、自我提升，以及融入某一阶层的必经之路。人们越来越相信名牌商品的符号价值要远远大于它本身的使用价值。正如西美尔所说："……对那些天性不够独立但又想使自己变得有点突出不凡、引人注意的个体而言，时尚是真正的运动场。通过使他们成为总体性的代表和共同精神的体现，时尚甚至提升不重要的个体。根据时尚的本质，时尚是一个从不被每个人满足的标准，因而，它具有将社会服从同时变成个性差异形式的特点。在赶时髦中，时尚的社会要求夸大地显现到这样的程度：他们在外观上完全获得了个性与特殊性。"[②] 时尚变动是迅速的，一定时期内的个性、差异性、独特性终究由于效仿者的增加而消失。个体被统合进某个阶层，再接下来又出现分化。不同阶层之间也是如此，从低到高相互追赶着。

人情与面子是密切相关的两个概念。翟学伟认为，人情是由脸面派生出来的，它是由于中国人讲求脸面的心理与行为而形成的一种特定的关系。传统中国人始终以家庭为核心，保证人际关系的长期稳定和和谐是最高目标。脸面是由这一目标产生出来的一种社会心理与行为，而人情就是这种社会行为变化而来的社会关系或社会互动方式。其实质是把脸面心理及行为的运行转化为一套行为交换系统，以保证各人通过自己的社会资本来达到互益的作用。[③] 因此，中国社会是讲人情与面子的社会，人情往来是维系人与人之间感情关系的重要纽带。即使到了现代社会，人情在中国人的日常交往生活中都扮演着重要角色。人情是相互馈赠与相互利用的一种重要资源。在人情交换的过程中，人们相互之间的面子得以彰显。人情消费也就成为面子消费中尤为典型的一种。人情消费也就是中国人在依照特有的人情法则调节人际关系时，花在购买礼物或者宴请宾客方面的支出。所以，人情消费主要表现在送礼与宴请上。送礼也就是礼物交换。尽管它存在于

---

① 林方超．"面子性消费"初探［D］．浙江大学硕士论文，2013.19-20.

② 〔德〕西美尔．时尚的哲学［M］．费勇等译．北京：文化艺术出版社，2001.78.

③ 翟学伟．面子、人情、关系网［M］．郑州：河南人民出版社，1994.167.

所有社会，但中国人对礼物往来的重要性具有极强的意识。阎云翔认为，中国的社会关系结构在很大程度上是由流动的、个体中心的社会网络而非凝固的社会制度支撑的，因而礼物馈赠和其他互惠交换在社会生活中扮演着重要的角色，特别是在维持、再生产及改造人际关系方面。中国人要通过礼物交换实践学会和不同类型的人打交道。[①]毫不夸张地说，一个人了解了中国人的送礼行为才开启了理解中国文化核心特点的大门。阎云翔对黑龙江下岬村礼物赠送的风俗进行了实地研究。礼物赠送说到底是人情的一种表达方式，体现了下岬村民之间的人情伦理。受人情伦理模式的影响，礼物交换所遵循的互惠原则也呈现出多样化特点。互惠本身植根于潜在的文化基质中，在不同的文化中有不同的表现，甚至在同一文化的不同情境中也会有不同的表现。[②]随礼是下岬村民维护和扩展他们关系网络的重要手段。礼物是可以让渡的，收到的礼物理所应当地被消费掉，回礼时要与原先的赠礼有所不同；送礼者与受礼者之间的人情是不可让渡的，也就是说，不是礼物的精神而是人情的精神将馈赠双方联系在一起。

中国人的送礼行为存在于平常亲朋好友互相走动与拜访的时候，婚丧嫁娶、逢年过节更是送礼的高峰期。遇到困难，需要他人帮忙时，也会有目的性地送礼。送出的礼物无论是价格还是类型方面都要充分体现自己的面子；否则达不到一定的预期效果，这个礼还不如不送。姜彩芬在对一位46岁的女护士进行个案分析时，这位女护士表达了对送礼物的看法。“礼物越贵越有面子，这样显得自己大方、有钱，也就有面子了。受礼的人也觉得自己有面子，因为有人送这么贵重的东西给他。中国人送礼最怕失礼，在别人面前失了礼数，怕别人都送得很大方，自己就很小气不舍得，这样会很丢面子的。”[③]送礼要体面一点，不能太寒酸，千万不能送可有可无的东西；不然亲戚朋友会看不起，自己也觉得没面子。送的礼物贵重一些，

---

① 阎云翔 . 礼物的流动：一个中国村庄中的互惠原则与网络［M］. 李放春，刘瑜译 . 上海：上海人民出版社，2000.14.

② 阎云翔 . 礼物的流动：一个中国村庄中的互惠原则与网络［M］. 李放春，刘瑜译 . 上海：上海人民出版社，2000.206.

③ 姜彩芬 . 面子与消费［M］. 北京：社会科学文献出版社，2009.120.

受托的人才会实心实意地帮助你。中国人通常这样想，你出手大方，在他人面前做足了面子消费，别人就会对你刮目相看，越愿意与你交往。宴请也是如此。在人一生中的一些重大时刻，如结婚、孩子出生、老人做寿或去世时，一定要摆筵席。婚宴、满月酒、寿筵要讲排场，因为这关乎主人的脸面。宴席的排场主要体现在两方面：一是财物的耗费，二是请到了多少有脸面的重要客人。财物的耗费又表现在摆宴席的地点与档次、席间菜肴的多少、喝了什么牌的酒。财物消费越铺张与奢侈，有面的客人越多，表明自己的面子越大，社会关系越多。回礼的时候，中国人也很讲究：不能将收到的礼物原样送回，否则违背了礼仪；回礼的礼物价值要适当，否则便破坏了与送礼者的关系。这都会使自己很没面子。可见，人情消费就是展露自己面子的绝好时机。它一方面巩固了双方的感情，另一方面也实现了双方的利益需求。

2. 面子消费与伦理关系的延承

中国人热衷于面子消费，并且不讳言面子消费。中国人在消费中讲面子，既维护了自我的身份、地位与声望，又推动了社会交往关系的延承与发展。当然，这是就恰当的、适度的面子消费而言的，炫耀性的、奢侈性的过度的面子消费是不利于维护社会交往关系的，特别是为了达到一定的目的采取"走后门"等不正当途径而进行的人情消费、面子消费，更是损害了正常的人际交往关系。中国人为什么进行面子消费？拥有悠久历史文化传统的面子文化似乎是最为重要的原因，但面子文化恰恰是中国人在处理社会交往关系时使用的特殊手段与路径，比如情理精神的运作而形成的。这么说来，中国人的面子消费有其深层本质，在伦理型社会中具有非常明显的伦理意涵。在很多场合，缺失了面子消费是违背了相关的约定俗成的伦理道德。"失礼""失德""缺德"是对一个人最严厉的批评。面子消费并不是中国人日常生活的羁绊，而是自我实现的圆润途径。这种自我实现包括对自我意识的精神认知，以及对自我意识与他人意识互动的共体本质的伦理认知。人本质上说是德性化的存在，是伦理关系中的存在。伦理关系中的存在是否阻碍了人对自由的追求？黑格尔的回答是否定的，他说："伦理是自由的理念。它是活的善，这活的善在自我意识中具有它的知识和意志，通过自我意识的行动而达到它的现实性；另一方面自我意识在伦理性的存在中具有它的绝对基础和起推动作用的目的。因此，伦理就是成为现存世界和自我意识本性的那种自由的概念。”[①] 伦理性的自由形成了必然性的圆圈，这一伦理力量调整着个人生活。因此，在分析伦理性实体与个人的关系时，黑格尔说：“因为伦理性的规定构成自由的概念，所以这些伦理性的规定就是个人的实体性或普遍本质，个人只是作为一种偶性的东西同它发生关系。个人存在与否，对客观伦理说来是无所谓的，唯有客观伦理才是永恒的，并且是调整个人生活的力量。因此，人类把伦理看作是永恒的正义，是自在自为地存在的神，在这些神面前，个人的忙忙碌碌不过是玩跷跷板的游戏罢了。”[②] 在这里，黑格尔有意地贬低了个人的力量，其目的在于突出伦理性的自由与正义。这种伦理性的自由与正义甚至是一种不可抗拒的神的力量。这让我们意识到人作为伦理性存在的必然性与至上性。因此，面子消费是自我意识克服单调性、获得现实性的一种途径，而这种现实性就是在伦理性存在中找到归依。

以追逐时尚为内容的面子消费的首要功能就是展示自我的个性、实现与他人的区别。时尚消费的目的主要不在于满足实用的或者享乐的需要，而是向人们展示自己的身份、地位和价值。时尚消费这一符号系统，具有编码的功能。通过消费商品符号价值的示差性，人们被识别并分属于不同的社会地位、社会阶层。“而各类消费品越来越被细分为不同的类别、等级和档次，不同阶层的人们将自身的社会地位、身份和自我价值通过消费的档次和品牌一一对位，消费的品牌亦愈加成为消费者外在形象的符号，借助这些符号使人们实现了标示或提高自己的社会地位的目的。于是，时尚消费作为这一过程的媒介，使人们达到了自我的心理诉求。”[③] 通过流行服饰的精心选择、时尚发型的刻意修饰、名牌手包的细致搭配，时尚消费完成了自我形象的塑造。在大量的时尚商品消费中，一个人从单调变得丰满。

---

① 〔德〕黑格尔 . 法哲学原理［M］. 范扬，张企泰译 . 北京：商务印书馆，1961.164.

② 〔德〕黑格尔 . 法哲学原理［M］. 范扬，张企泰译 . 北京：商务印书馆，1961.165.

③ 李林琳 . 消费文化与时尚消费——从让 · 波德里亚的《消费社会》说起［J］. 装饰，2008(9).

重要的是身上的每个物件都散发着符号意义的光芒，他越来越是他自己而不是他人。物的消费让人的精神世界充实起来，从而带来自我肯定、自我信心，颇感有面子。以自尊的自我为最基本的出发点，有益于与他人建立良性的交往关系。相反，自卑的自我、丢失面子的自我容易发生心理扭曲，误入歧途，在与他人交往中自私刻薄，故意造成矛盾冲突，都成为一种可能。

中国人以人情互换为内容的面子消费对伦理关系的建构功能更不可忽视。中国的“人情”概念十分复杂。社会学家黄光国先生认为，人情在中国文化中有三种不同的含义：个人遭遇到各种不同的生活情境时，可能产生的情绪反应；人与人进行社会交易时，可以用来馈赠对方的一种资源；中国社会中人与人应该如何相处的社会规范。其中，有来有往、相互回报的社会规范就构成了人情法则，它可视为普遍性的均等法则之一例。人情法则的潜在含义是，由于关系网中的人彼此都会预期将来他们还要继续交往，所以以均等法则分配资源。这也一向是避免人际冲突的重要方法。黄光国将中国社会的人际关系分为三种：情感性的关系、工具性的关系和混合性的关系。而在混合性的关系中最适用人情法则。交往双方必须讲究“礼尚往来”，以维系彼此间的情感关系。当一方有困难，向资源支配者提出帮助的请求时，如果对方给予了支持，受恩者便欠下一份人情，将来会候机回报。相反，如果资源支配者不愿伸出援助之手，双方的关系可能弄僵，甚至反目成仇。[①]这也正是费孝通所说的：“在我们社会里看得最清楚，朋友之间抢着回帐，意思是要对方欠自己一笔人情债，像是投一笔资。欠了别人的人情就得找一个机会加重一些去回个礼，加重一些就在使对方反欠了自己一笔人情。来来往往，维持着人和人之间的互助合作。亲密社群中既无法不互欠人情，也最怕‘算账’。‘算账’‘清算’等于绝交之谓，因为如果相互不欠人情，也就无须往来了。”[②]在这里，人情法则依赖于一定的情感基础，又有满足利益需求的目的。

阎云翔通过下岬村礼物馈赠的情形揭示人情伦理的实质。他区分了具有

① 黄光国，胡先缙．面子：中国人的权力游戏［M］．北京：中国人民大学出版社，2004.1-15.

② 费孝通．乡土中国　生育制度［M］．北京：北京大学出版社，1998.73.

功利性目的的"工具性礼物"和以自身为目的的"表达性礼物"。工具性礼物以交换利益而馈赠，这也就是众所周知的"走后门"；表达性礼物以感情联系而馈赠，体现的是一种道德义务与责任，这在下岬村民身上表现得较为明显。因此，阎云翔认为，不能将人情仅仅看作是一种可交换的资源或理性计算的结果，村民们不仅仅为了功利性的目的而往来，人情情结远不只是一种或得或失的权力游戏。下岬村民将个人利益都纳入到了人情行为的考虑中。他们把"人情当作了一个伦理体系，当一个人与他关系网中的他人相处时，它指导和规范他的行为。从规范的层面上来说，人情依赖于报、沾光和面子等基本概念。从实践上来说，人情代表着社会接受的、正确的人际行为，对人情的触犯被视为严重的错误行为"[①]。人情伦理是指导和规范人的行为的重要原则，人情是判断一个人为人处世是否得体的标准。如果一个人没有履行礼尚往来的义务，拒绝与关系网中的人分享资源及无视他人的脸面，就会被视为不道德的行为，因而冒犯了人情伦理，即"某某不懂人情"。人情赋予村民之间日常的接触、互动和交往以意义。无尽的礼物馈赠形成了礼物经济，这种礼物经济所产生的关系孕育于中国社会广阔的伦理世界之中。在这个世界之中，个人利益与道德责任、道德情感相结合。礼物推动了关系与人情的发展，维系着长期而稳定的社会生活。杨美惠甚至认为，中国都市的礼物经济与关系网络构成了一种和国家权力相抗衡的非正式权力，形成了特殊礼物关系中的政治经济学。礼物经济区别于国家再分配经济与商品经济。礼物经济不仅颠覆着支配性的经济模式，也挑战官僚权力。在商品交易中，人与物、主体与客体是两分的，建立的是客观的数量计量关系；而在礼物交换中，人与物、主体与客体并没有分离，建立的是主体间的品质交换关系。正是在由礼物建立起来的个人关系的空间里，关系学施展着对权力的反抗技术。[②]关系艺术对行政权力运作模式起着颠覆性作用，私人网络在特定情况下形成了中国式的市民社会。礼物、人情与关系、面子错综复杂地交织在一起，

① 阎云翔．礼物的流动：一个中国村庄中的互惠原则与网络［M］．李放春，刘瑜译．上海：上海人民出版社，2000.141.

② 杨美惠．礼物、关系学与国家：中国人际关系与主体性建构［M］．赵旭东，孙珉译．南京：江苏人民出版社，2009.161-174.

因此人情消费不是可有可无的，相反是特别重要的。

人情消费、面子消费推动了交往主体双方的互动，人情互动的规律遵循着推己及人与施—受—报的交往原则。[①] 推己及人的忠恕之道，要求人们凡属自己所需要、所追求的，同时也要努力去满足他人；凡属自己厌恶的、否定的，就一定不能施于别人。当一个人接受了别人的同情、体谅、帮助，就等于认可了别人的人情，欠了别人的人情。日后他要在对方危难之时，也将自己的“人情”送出去。在这种富有人情味的人际交往中，一种根深蒂固的观念，即“滴水之恩，当涌泉相报”的报恩意识在支配着人们。“恩”与“报恩”设定的典型呈现在父子亲子关系之间。子女之身出自父母，且由父母养育成人。子女长大之后还报父母的养育之恩是天然合理的，且是永生都无法报答完的。将家庭交往扩展到社会交往，就成为人情互动与互报的模式。樊浩先生指出，人情可以理解为建构社会伦理关系的一种方式；它通过个体的德性修养与主体间的情感互动，实现个体生命秩序与社会交往秩序的和谐。他说：“所谓人情，是以德性为本体、以人伦为本位、以情感为机制、以伦理政治为本质的人际互动方式。……人情主义表现在伦理精神结构和日常伦理生活两方面。在中国道德哲学体系中，伦理与道德被赋予特殊的理解和使命，它不仅是为人之道，也是待人之道、治人之道。为人、待人、治人的统一，就是所谓‘内圣外王’之道、‘修齐治平’之道，亦即是中国式的‘人道’。在日常生活中，中国伦理以‘忠恕’‘回报’为原则。‘己立立人，己达达人’的道德准则，与‘投之木瓜，报之桃李’的伦理原理相结合，形成具有很强人情味和道德属性的伦理互动和人情互动。”[②] 中国伦理精神的结构显示为一种特殊的中国式“人道”，它以“为人”，即做一个有德性的、有道德的人为前提条件，来处理人伦关系，赢得、驾驭他人，实现最终目的上人际互动的“待人”“治人”。“人情主义”在现实生活中作为人际互动的一种形式，通过主体间情感的投入与回报，彼此感应、相互影响，实现交往伦理关系的延续。因此，面子消费、人情

① 见拙作汪怀君．人伦传统与交往伦理［M］．济南：山东大学出版社，2007.252.

② 樊浩．中国伦理理念的价值生态及其在文明互动中的意义［J］．中国人民大学学报，2003(6)．

消费在外表现为世俗化的社会互动，其内里却体现了人伦关系、伦理关系建构的深层原理。人追求个体性、差异性，但最终需要回归到人伦实体的港湾里。在这里，我们不得不佩服、景仰黑格尔早就以抽象思辨的方式揭示了人只有在伦理实体中才能找到其现实性。

第五章
符号消费视域下的女性消费

当今社会给予了女性问题以特别的关切，力图摒弃传统男尊女卑的观念，倡导现代男女平等。自20世纪六七十年代以来，女性主义运动和女性研究从西方世界开始兴起，如今已遍及全世界；女性的社会地位也有了较大的提高。在消费的大潮中，女性由于具有了一定的经济收入，再加上其容易被物品吸引的消费心理特点，不容置疑地成为消费人群中最为活跃的群体。后现代社会的消费是以消费物或商品的文化符号与象征意义为特质的。在符号消费背景下，女性消费也呈现出符号化特征。这种符号化特征依托于女性修饰身体及对美丽的追求，形成了女性消费的身体符号逻辑。女性的符号消费，从某种程度上说，彰显了女性的自我与个性，但是也难逃消费主义价值观的侵蚀。

一、女性地位及女性理论的嬗变

1. 女性地位的提高

几千年来，无论是西方世界还是东方世界，男性在日常生活或参与国家政事方面占据着主导地位，女性则处于从属地位。女性地位的提高要归功于女性主义运动。女性主义运动的第一次浪潮始于19世纪后半叶。其政治目标是实现男女平等，为女性争取选举权、就业权和受教育的权利。女性主义运动的第二次浪潮兴起于20世纪六七十年代。其深度和广度都远远超过了第一次浪潮，已经深入到意识形态领域，向各个领域的性别歧视提出挑战。第二次浪潮依然没有放弃男女平等的目标，但寻求的不是以男人为标准的平等，而是体现“性别差异”的平等。

19世纪中叶的女性主义运动是妇女在反奴隶制的斗争中发展起来的。1840年，第一次国际反奴隶制大会在伦敦召开，美国的一些妇女反奴组织也派代表参加会议，但是大会通过决议，不给这些妇女以正式代表的资格，并把她们赶到楼厅去观看会议。这引起到会的妇女代表伊丽莎白·凯蒂·斯坦顿和卢克丽霞·莫特等人的愤怒。她们意识到，在为别人争取权利的时候，自己也要获得权利。于是，在1848年6月，这两位废奴运动的积极分子动员召开一次讨论“社会、公民、宗教状况以及妇女权利”问题的会议。这次会议于7月19日至20日在纽约举行，会议通过了一个宣言，宣言宣称：“我们认为这些真理是不证自明的：所有的男女生来都是平等的，造物主赋予妇女某种不可剥夺的权利，这些权利包括生存权、自由权以及追求幸福的权利。……人类历史是一部充满了男人对女人的非正义和侵占的历史，是以建立对女性的绝对专制为目标的。”[①] 这次会议奠定了美国妇女争取选举权运动的基础，也标志着美国女性主义运动的诞生。王政揭示了女性主义与西方哲学的关系。她认为，女性主义是西方哲学——个人主义思想的一个分支，是西方父权制残余同西方社会个体化发展的矛盾冲突的产物。当男子在社会个体化演变中获得越来越多的个人权利时，女性的权利却始终遭到排斥。宣称“人生来平等”的美国《独立宣言》的作者们仅仅为男性白人的独立、自由、平等权利而斗争，美国革命后通过的宪法中只字未提美国妇女和美国黑人奴隶的权利。所以，美国第一次女性运动的爆发实质上是西方个人主义思想和个体主义社会结构的发展同继续维持妇女在传统父权制中的从属、依赖地位的矛盾深化的反映，也是美国中上层白人妇女运用自由主义理论争取妇女个人权利的一次斗争。[②] 美国革命带来的思想意识形态和社会变化对美国妇女，特别是对中上层妇女产生了很大影响。自由、平等、民主、独立等思想观念的传播在美国家庭及学校教育中产生了积极作用。夫妻间开始强调伴侣关系，青年妇女有了恋爱、选择配偶的自由；

---

① 肖巍．女性主义关怀伦理学［M］．北京：北京出版社，1999.62.

② 王政．女性的崛起：当代美国的女权运动［M］．北京：当代中国出版社，1995.1-4.

小学里扩大招收女学生，一些女子学院使得部分妇女接触了自由主义思想。接受了良好教育的妇女开始步入社会就业，意味着一定程度上的经济独立，逐渐摆脱家庭束缚。

1963年，贝蒂·弗里丹出版了《女性的奥秘》一书，成为美国第二次女性主义运动的一块丰碑。二战后，美国盛行一种新的妇女观，即“女性奥秘论”。“女性奥秘论告诉人们，女人的最高价值和唯一使命就是她们自身女性特征的完善；它告诉人们，纵观其历史，西方文化中所犯的最大错误，就是低估了这种女性特征的价值；它又告诉人们，这种女性特征非常神秘，非常接近人类生命的创造和起源，是一种直觉的东西，所以，人为的科学或许永远也无法理解它。……女性奥秘论告诉人们，过去犯的错误和女人遇到的麻烦的根源就在于女人妒忌男人，力图要跟男人一样，而不是认识到她们自己的本性，这种本性的完美，只存在于男人主宰一切、女人在性方面温顺服从和对孩子施加的母爱之中。”[①] 二战后的15年中，这种追求女性完善的奥秘成了当时美国文化的核心。“千千万万个女人生活在由美国郊区主妇的美丽图画塑造的这种形象之中：在落地窗前吻别丈夫，在学校门口让孩子们下汽车，微笑着看孩子们在精洁光亮的厨房地板上拖动新买的电动打蜡机。……她们的唯一梦想就是当无可挑剔的贤妻良母；最大的奢望就是生五个孩子并拥有一幢漂亮住宅；她们唯一的奋斗就是找到中意的丈夫并保持稳定的夫妻关系。她们从来不去想家庭之外的世界上与女性无关的各种问题；她们希望由男人去作重大的决定。她们为自己作为女人的这种地位感到光荣，在调查表上颇为骄傲地填写上‘职业：家庭主妇’。”[②] 在女性的奥秘笼罩下，给美国妇女塑造的新形象还是昔日的家庭主妇。女性的理想就是做个贤妻良母，结婚生孩子是女人的唯一生活目的和幸福源泉。妇女们懂得，真正具有女性特征的女子就不会追求自己的事业，不会受高等教育，不会享受政治权利。然而，在夜里躺在丈夫身边时，

① 〔美〕贝蒂·弗里丹.女性的奥秘［M］.程锡麟，朱徽等译.重庆：四川人民出版社，1988.40.

② 〔美〕贝蒂·弗里丹.女性的奥秘［M］.程锡麟，朱徽等译.重庆：四川人民出版社，1988.5.

她们有一种奇怪的躁动、一种不满足感、一种渴求，却藏在自己心里不敢发出无声的诘问：这就是生活的全部吗？无数的妇女有类似的同感。自己的生活出了问题，却自言自语地说着“不存在任何问题”。这个无名的问题时刻纠缠着每位妇女。实际上，女性的奥秘就是许多妇女精神痛苦的根源。弗里丹用丰富的调查材料揭露“女性的奥秘”观念对妇女的摧残，谴责美国家庭是妇女们“惬意的集中营”；呼吁妇女们挣脱女性奥秘的精神锁链，走出家庭，在社会和事业中寻找真正的自我价值。在美国妇女丧失了对压迫妇女的旧观念的鉴别、批判能力，限于迷茫困惑之时，弗里丹用大量触目惊心的事实来唤醒精神上麻木的妇女，为女性主义运动在20世纪60年代的复兴作了有力的舆论准备。在实践中，1966年，美国全国妇女组织成立，弗里丹担任第一任主席。这是一个向各个领域存在性别歧视展开挑战的组织。女性主义运动的第二次浪潮规模逐渐宏大起来，涉及各主要发达国家。到20世纪70年代末期，除了美国、加拿大，仅英国就拥有了9000多个妇女协会。

目前，全世界的妇女状况得到了较大改观。在妇女就业方面，百年来的斗争取得了较大成绩。在全世界，妇女走出家庭参与社会劳动已成为潮流。妇女教育也是一个取得了重大进展的领域。从各国妇女争取到受教育的权利至今，妇女教育已取得长足的进展。妇女文盲率普遍降低；妇女的受教育年限普遍增加；女生在学校中所占的比例逐渐增高，接近半数。妇女在家庭中的地位在不同文化中也有了不同程度的提高，它表现在家庭大事的决定权、家庭经济的管理、男女两性的家务劳动分工方面。在妇女参与政治方面虽然有很大进步，但依然是全世界妇女地位中最薄弱的一个方面。妇女长期被排斥在政治权力机制之外，再加上妇女本身不正确的观念，认为自己不适于或无能力参与政治，造成了目前世界妇女在政治参与中的可悲地位。尤其在各个国家的最高政治决策层中，妇女只有寥寥无几的席位，甚至完全没有。这也为女性主义运动、妇女发展敲响警钟，促使她们关注现实社会，努力争取参政的权力并提高参政水平。[①]

---

① 李银河．女性权力的崛起［M］．北京：文化艺术出版社，2003.1-4.

2. 女性观念与理论的嬗变

女性权力的崛起是19—20世纪最为重要的文化事件之一。女性主义运动的重要理论立基于对父权制妇女观、二元对立价值观的批判。在中外历史上，父权制妇女观长期占据着主导地位，女性对男性的从属地位在历史的源头上就表现得异常明显。林语堂先生说，始自原始时代，中国人的血液中，妇女就没有占据过自己应有的地位。中国人由阴阳构成的二元世界观，可以追溯到《易经》。在中国的早期历史上，看不到对女性应有的尊敬态度和柔和感情。《诗经》汇集的民歌中，就已经有性别不平等的反映："乃生男子，载寝之床，载衣之裳，载弄之璋。乃生女子，载寝之地，载衣之裼，载弄之瓦。"这首诗蕴含着对"弄璋"之男孩的重视和对"弄瓦"之女孩的轻视，但就其存在的年代来说还是对男女的一种自然描述。林语堂认为，女性在其被文明驯化之前并没有遭到束缚，而是随着儒学的发展而一步步被束缚起来的。[①]"三从四德"逐渐成为女性应遵循的礼仪规范。传统的社会分工要求男主外、女主内；女性要有女子气质，遵守一些女性的道德，如文静、顺从、勤劳能干、孝敬公婆。而"三从"要求未婚从父、婚后从夫、夫死从子。当然"三从"在实施过程中会有较大的变通，如最后"一从"从来未真正实行过，因为在传统儒家伦理中，母亲还是具有较高的地位。费孝通认为，女子的生命史和男子有很大的差别：她们一生有两个时期，一是从父时期，一是从夫时期。在父权的社会里，在女子未出嫁前，她的社会关系是简单的，只有在结婚之后才比较复杂。因此，在父亲的家里，女儿与父亲的冲突较少，父亲是她的保护神。在中国社会里一直存有这样的观念："女儿是替别人养的。"女儿嫁人之后，就是"泼出去的水"。既然女儿迟早是人家家庭里的人，所以父亲在管教女儿时，不如像管教她的兄弟那样严厉。女性的矛盾发生在从夫期间。她们出嫁之后，在她们头上来了个和她们并没有感情但有权力的婆婆。婆媳冲突是女性复杂权力关系的根基。[②]当两个女人为一个男人而展开战争的时候，不可否认有自然的心理因素作祟，但更多地

① 林语堂．中国人［M］．郝志东，沈益洪译．上海：学林出版社，1994.144-147.

② 费孝通．乡土中国　生育制度［M］．北京：北京大学出版社，1998.198-199.

反映了家庭关系的复杂性。传统媳妇逆来顺受，对婆婆低眉顺眼；做丈夫的对母亲一味顺从，不替妻子申辩。在妻子这一方恰好显示了对男权的依赖。传统媳妇可以被“七出”：不顺父母、无子、淫、妒、恶疾、多言、盗窃。其中任何一条都是丈夫休掉妻子的正当理由。传统女性是男人眼中审视与挑剔的对象。即使是被赞美的对象，也是以男性为标准的、男性眼中的美。中国古代诗词歌赋里的女性形象大多是男性作者描绘的。他们几近所能书画、铺排女性之美，并不是因为欣赏女性而使女性站立起来获得真正的精神独立，只是意味着男人对这种美的渴望与占有。形式上的“拜倒在石榴裙”之下，实质上则是男性强烈征服欲望的展露。为男人而献身、守妇道的贞烈女子是大美；相反，违反男权性别规范而行的女性，则被划归为异己的另类或丑陋淫邪的化身。

在西方文化的发端——古希腊神话中，父权制妇女观也占据着主导地位，有着男尊女卑、男女异德的观念与理论。在古希腊神话传说中，女人被看作带来灾难的潘多拉、引发战争的灾星、战利品或耕牛等物件，以及类似奴隶一样的人，因为女人生来劣于男人，其职责就是生儿育女和操持家务。美丽的少女婀娜迷人、妩媚可爱，但却是带来灾害的“潘多拉”。宙斯为了惩罚普罗米修斯用一根茴香杆为人类偷得了火种，便命火神为他造出一个美丽少女的形象。每一个神都给她一件让人类遭灾受难的赠品。“这个少女双手捧着赠品——一个有盖的大盒子，来到厄庇墨透斯身边，就立刻揭开了盒盖，盒子里立刻飞出一大群灾害，就如闪电一般迅速扩散到大地上。这些赠品里唯一对人类有益的，即希望，却被潘多拉按照众神之父的旨意，锁在了盒子里。”① 灾难以各种各样的形式充满大地。古希腊神话中，美狄亚为复仇的怒火所燃烧，变成了一个可怕的女人。当美狄亚为心仪的英雄伊阿宋所吸引时，她不惜背叛自己的家族，杀害了自己的亲弟弟。当自己的丈夫伊阿宋为科林斯国王克瑞翁的女儿格劳刻的美色所动时，美狄亚的仇恨已经到了极点。她用毒计害死了新娘及其父亲，最后连自己的亲生儿子都不放过，最毒妇人心。

---

① 〔德〕古斯塔夫·斯威布 . 诸神的传说［M］. 高中甫等译 . 哈尔滨：哈尔滨出版社，2005.4.

女性似乎完全为情感所控制。在激情爆发的时候，她们变得疯狂，抛弃了任何的道德感与正义感。荷马的两部史诗《伊利亚特》和《奥德修记》都表现出了对女性的蔑视。《伊利亚特》中描述的特洛伊战争，表明女人是战争的原因。这场战争是由特洛伊王子帕里斯骗走斯巴达王墨涅拉奥修的美貌妻子海伦引起的。女人也是被抢夺的战利品，阿喀琉斯与阿伽门农就是为争抢一个女奴而发生矛盾。《奥德修记》中，奥德修的妻子潘奈洛佩在家庭中没有任何地位，甚至自己的儿子都可以成为她的主人。赫西俄德在《工作与时日》中对女性的轻视与贬低不亚于荷马，他把女奴当作生活中必备的条件之一。"首先，弄到一所房屋、一个女人和一头耕牛。女人我是说的女奴，不是说的妻子，她也可以赶牛耕地。"[①] 女人也是不可信任的。"你千万不要上当，让淫荡的妇女用甜言蜜语蒙骗了你，她们目光盯着你的粮仓。信任女人就是信任骗子。"[②] 世俗的女人除了带来灾害之外，简直毫无价值。古希腊神话也有对女神的赞美。她们拥有美貌与智慧，与世俗的女人不可同日而语。细细品位，她们更多地像男人，有男人自己的影子。实质上，女神是男人为了实现自我的理想追求而刻画的，在这里表现出了十分明显的男权意识。

亚里士多德的宇宙等级制理论为"父权制妇女观"提供了依据。亚里士多德认为，世界是有等级次序的，人要高于动物，人的灵魂要高于肉体，男人要高于女人，前者对后者有统治与管理的必要。"世上有统治和被统治的区分，这不仅事属必需，实际上也是有利益的；有些人在诞生时就注定将是被统治者，另外一些人则注定将是统治者。"[③] 他还说："这是明显的，身体的从属于灵魂（人心）和灵魂的情欲部分的受治于理性及其理智部分，总是合乎自然而有益的；要是两者平行，或者倒转了相互的关系，就常常是有害的。人生内心的这种现象也表显于其外表生活，灵魂和身体间的关系也适用于人兽之间的关系。驯养动物比野生动物的性情为善良；而一切

① 〔古希腊〕赫西俄德 . 工作与时日　神谱［M］. 张竹明，蒋平译 . 北京：商务印书馆，1991.13.

② 〔古希腊〕赫西俄德 . 工作与时日　神谱［M］. 张竹明，蒋平译 . 北京：商务印书馆，1991.12.

③ 〔古希腊〕亚里士多德 . 政治学［M］. 吴寿彭译 . 北京：商务印书馆，1965.13.

动物都因受到人的管理而得以保全，并更为驯良。又，男女间的关系也自然存在着高低的分别，也就是统治与被统治的关系。这种原则在一切人类之间是普遍适用的。”[①] 亚里士多德论述男强女弱、统治与被统治的关系，归根结底是为了论证他的政治统治体制的理想。如果说，亚里士多德论述男女关系受到阶级社会发展阶段的影响，有一定的局限性，而当代西方意志主义者也表现出了对女性的贬低，则显示出了根深蒂固的男权压制女性观念的可怕。叔本华认为，女人终其一生也只能像个小孩。她们往往只看到眼前的事情，执着于现实；其思维仅及于皮相而不能深入，不重视大问题，只喜欢鸡毛蒜皮的小事。女人缺少任何高等的能力。尼采将女性的一切价值归结为生育。“关于女人的一切都是迷，关于女人的一切只有一个解答：它叫做怀孕。”[②] 女人是浅薄的。“女人必须听从，为她的表面寻求深度。女人的感情是表面的，是浅水上面易变得波动的一层薄膜。男人的感情却是深刻的，他的奔流在地下洞穴中哗哗作响：女人隐约感到他的力量，但并不理解它。”[③] 女人生下来就应当作男人的附庸，女人智力是低等的，因此她只要生儿育女就可，不必关心男人们研讨的大事。

虽然历史上，中国与西方的性别文化有所不同，但二者都没有脱离父权制、男权中心主义的范畴。因此，当西方女性主义兴起之时，首要批判的就是父权制与男权中心主义。父权制、男权中心主义与二元对立论又是关联在一起的，二元对立论设立了对立的双方。一方对另一方具有绝对的主宰性，二者是相互排斥的。这也是近代西方主客二分的意识哲学的基本理路。生态女性主义者普鲁姆德认为，在相互交织的二元对立结构中，包含了人类的性别偏见、对女性和自然的历史性贬低等问题。这种二元对立论结构包含以下几个部分：A（1）将女性与生理和自然的领域等同；（2）假定女性和自然的低等性；（3）通过一套二元论概念建构女性和自然，并将自然的领域与

① 〔古希腊〕亚里士多德．政治学［M］．吴寿彭译．北京：商务印书馆，1965.14.

② 〔德〕尼采．查拉图斯特拉如是说［M］．钱春绮译．北京：生活·读书·新知三联书店，2014.70.

③ 〔德〕尼采．查拉图斯特拉如是说［M］．钱春绮译．北京：生活·读书·新知三联书店，2014.71.

理性和人类对立起来。B（1）相对应地，将男性等同于理性、真正的人以及文化；（2）假定理性、人类和文化优于自然；（3）通过一套二元论概念建构人类与文化，并将它们与自然对立起来。[①]普鲁姆德认为，批判性的平等观必须质疑A（2）（3）和B（2）（3）两套假设，同时必须彻底质疑性别身份和人类身份的二元建构。理性—自然、灵魂—身体、男性—女性、自我—他者，反映了西方文化的统治—服从的主要压迫形式。性别二元论与其他二元关系是相互交织在一起的，所以性别二元论的解体要和其他二元关系的解体结合起来，女性主义要把追求男女平等的夙愿与阶级反抗、种族反抗以及环境保护联合起来才会产生巨大的颠覆力。女性主义者波伏瓦拒绝一种价值的自然等级参照体系；认为要想知道女人是否不如男人成熟，是徒劳无益的。她认同梅洛—庞蒂的观点："……人不是一种自然物种，而是一种历史观点。女人不是一种固定的实在，而是一种变化；正是必须在变化中把她与男人相对照。"[②]"性别的区分实际上是一种生理上的既定，而不是人类史上的一个重要时刻。"[③]男女、夫妇是一个相互依存的共在。女人是整体中的他者，是必不可少的。男女之间生理上的性别差异是存在的，但是并不存在孰优孰劣。要防止的就是将这种自然的性别差异扭曲，将其无限制夸大，人为地造成不平等的社会性别差异。"女性主义要颠覆的正是现有社会中由性别转化为社会性别的文化和权力建构中的不对称关系，因为即便性别差异是永恒的，那也是变动中的，在社会性别关系中趋向对称、平等与和谐的永恒——倘若女性主义能够在一种对称、平等与和谐社会性别关系中，在保持任何一种性别都无法还原成他者的性别差异状态下，达到列维纳斯的那种对于自身的超越。"[④]

---

① 〔澳〕薇尔·普鲁姆德．女性主义与对自然的主宰［M］．马天杰，李丽丽译．重庆：重庆出版社，2007.18.

② 〔法〕西蒙娜·德·波伏瓦．第二性（Ⅰ）［M］．郑克鲁译．上海：上海译文出版社，2011.57.

③ 〔法〕西蒙娜·德·波伏瓦．第二性（Ⅰ）［M］．郑克鲁译．上海：上海译文出版社，2011.13.

④ 肖巍．飞往自由的心灵：性别与哲学的女性主义探索［M］．北京：北京大学出版社，2014.82.

二、消费时代中的女性

1. 女性的消费话语权

工业社会到后工业社会的转变，是从以生产为中心的社会转变为以消费为中心的社会。消费社会的外在特征表现为商品的极大繁荣，鲍德里亚在《消费社会》中这样说："堆积、丰盛显然是给人印象最深的描写特征。大商店里琳琅满目的罐头食品、服装、食品和烹饪材料，可视为丰盛的基本风景和几何区。在所有的街道上堆积着商品的橱窗光芒四射。还有肉店的货架以及举办整个食品与服装的节日，无不令人垂涎欲滴。……我们的市场、我们的商业动脉、我们的絮佩尔絮尼克超级商场就是这样模仿了一个被寻找回来的异常肥沃的自然：在我们的萨纳昂山谷，霓虹灯的灯光像牛奶和蜜一样在番茄沙司和塑料上流淌，但这又有什么关系！对于所有的人来说，不是不够而是太多的强烈愿望就在于此：看起来你带走了一堆摇摇欲坠的盒装牡蛎、肉、梨子或芦笋，其实你只是购买了其中的一小部分。"① 在商品堆积的海洋中，人们的购买欲望永无止境。他总是买不够，从一个商品到另一个商品，因为商品是整套出现的。人们看到的是全套商品的全部意义。而商品对女性又有着独特的诱惑力。早在20世纪20年代的美国，商业资本主义和消费文化就开始流传起来。商品广告商们将女性的传统角色观念与现代化观念糅合起来，宣传现代女性在使用了高效能的商品后可以提高家务劳动的效率，使她们有足够的闲暇时间做一个称职的贤妻良母。洗衣店的广告建议妇女们将衣服送到洗衣店，省下时间去从事另外高雅的艺术活动，这会使妇女成为一位跟上时代步伐的、具有情趣和气质的讨丈夫喜欢的好妻子。因此，女性消费心理成为商家们、广告商们争相研究的对象。"2500万美国家庭中的妻子们在从事同企业界财政人员一样的工作。这些管理人员不需要繁复的研究和大企业的商讨会议，每年开支400亿美元。……她们是极好的顾客，为获得她们的注意力，迎合她们的趣味所展

---

① 〔法〕让·鲍德里亚．消费社会［M］．刘成富，全志钢译．南京：南京大学出版社，2008.2.

开的竞争是极其激烈的，打动她们的心和打开她们的钱包并不是容易的事，但办法是清楚的，这些购买者都是广告的阅读者，忠实而又苛刻的阅读者。统计表明，她们购买的商品 80% 以上是由广告推销的。”① 这是 1928 年阿爱尔和森广告公司的一篇文章，分析了怎样把女性消费者当作主要的商品推销对象。

对我国来说，改革开放以后，随着经济的迅速发展和分配方式的多元化，城乡居民的消费水平快速提高。当前，“我国居民消费结构已经是小康和富裕型的消费结构，居民消费中基本生活消费的比重缩小，耐用消费品、服务消费在城乡居民消费中比重越来越大”②。基本生活需求满足后，人们更注重消费的质量、时尚、美观，以及品牌消费的象征意义。我国消费市场高速增长，是推动国内经济和商业发展的重要因素之一。中国人有着极大的消费意愿。在众多消费人群中，女性消费者逐渐成为核心力量。我国经济高速发展带来的一系列效应，如更多更好的就业机会与受教育机会，都使得女性的经济地位与社会角色得到了极大地提升，这也提高了她们的消费能力与消费话语权。女性消费崛起，形成了“女性消费主义”的新潮流。2007 年安永会计师事务所提交的《女性消费主义在中国兴起》研究报告，分析了中国妇女的机会与角色的变化。当代中国十分重视通过官方政策和宣传攻势等方面，达致男女平等。因此，过去 50 年，随着妇女在政治舞台、经济、社会和家庭的角色均有长足的发展，中国社会结构出现急速发展，中国女性消费者也出现巨大的变化。在所有的社会发展过程中，教育总被证实是达致男女平等的重要手段和要素。在这方面，中国妇女取得了巨大进展，因为妇女的教育水平和受教育的机会均是有史以来最高。而中国城市女性表现最为显著。她们受过较多教育之后，可以凭借自己的技能和资历获得薪酬优厚的工作。由于这些城市的妇女有很多选择，经济上又有自由度，并从其社会和财政独立取得最大的益处，女性消费增长很可能由这些妇女推动。③ 市场研究机构尼尔森在 2010 年发布的《自信、独立的当代

① 王政．女性的崛起：当代美国的女权运动［M］．北京：当代中国出版社，1995.35.

② 陆学艺主编．当代中国社会结构［M］．北京：社会科学文献出版社，2010.243.

③ 安永：女性消费主义在中国兴起［J］．商务周刊，2007(17)．

中国女性消费者》报告中称，北京及上海等各大城市的女性消费能力的提高将提升中国总体消费水平。从尼尔森的数据也可以看出，一线消费者的购买趋势是会带动二线、三线消费者的。高端化的专业门店，以往在中国会选址在北京、上海这样的大城市建店，但是现在除了北、上、广、成这样的大城市之外，在哈尔滨、长春、武汉这样的城市也已经是遍地开花了。所以，这些城市的女性消费者的购买力和影响力也是不可以低估的。中国女性的消费习惯正在逐渐养成，其潜在消费力十分巨大。

中国女性在家庭消费中拥有了越来越多的发言权。当今社会，一部分城镇女性有了独立的经济收入，对家庭收入的总贡献不可忽视。虽然在大多数中国家庭中，74% 的妇女收入要低于男性配偶的收入，但她们在消费方面有很大的发言权。有 78% 的已婚妇女负责为家庭日常开销和购买衣物作出决定。在购买大额商品时，如房子、汽车或多种奢侈品，23% 的已婚妇女表示她们能作出独立的购买决定；其余 77% 的妇女会与配偶商量后作出决定，但她们的个人好恶仍然会对最终决定产生重大影响。[①] 女性作为信息把关人过滤着商品传递过来的任何信息。不仅女性决定了最终传达给男性的信息内容，而且女性的态度和方式也会影响到男性的消费决策。因此，中国女性往往是家庭日常消费和大宗采购的主导者。女性和孩子是市场上的主要消费群体，但孩子因为年纪小且没有独立的经济能力，很少会直接购买，因此儿童产品的消费的实际购买者往往是孩子的母亲，母亲是这个消费行为发生的最终决策者。在很多中国的家庭里，都是母亲替孩子决定买什么，替丈夫和整个家庭决定买什么。另外，女性不只是为自己的家庭来购物，也会成为自己的母亲甚至公婆家庭的主要购买者。女性由于其自身的性别特点，除了关注自身外，也关注孩子的教育、家人的健康。这都反映在她们的消费行为与兴趣中。除了日常小额消费，大额的耐用消费品也是女性关注的对象，如房子。“女人要有自己的房子。”英国女作家伍尔芙的这句名言，现在也成了许多职业女性的座右铭。对女性而言，一间房子在心理层面等于自尊、独立和安全感，在现实层面则等同于长线投资和经济收益。

---

① 安永 . 女性消费主义在中国兴起［J］. 商务周刊，2007（17）.

上海福纳市场咨询公司2006年的调查还发现，将近2/3的女性购买者认为，自己会得到好的或比较好的发展。同时，这部分群体对自己的前景预见无论是好是坏都相当明确，可见其自主性和自我发展、自我判断能力都比较强，是一个总体比较积极的群体。①“如今80%的商品被女人购买，现代经济至少在很大程度上依赖于女人对产品和服务的消费。”②著名的女性主义者杰曼·格里尔在其《完整的女人》一书中这样评价女性对消费的影响力。总之，现代女性的消费话语权无论在深度还是广度上，都得到了极大的肯定。也难怪人们称20世纪为“她世纪”，在经济发展中形成了“她经济”。

2. 女性消费的特征

传统女性与现代女性都在为了家庭而消费。相比较而言，前者与后者因为在社会地位与经济地位上的不同，家庭消费的性质也是不同的。传统父权制社会中，女性归属于家庭，或者隶属于男性。女性作为母亲，消费是为传统大家庭的衣食住行着想；女性作为妻子，消费是“为悦己者容”，实质上是为了满足男性的征服欲望。传统女性生活在家庭的城堡之中，含辛茹苦地操持着家庭事务的每个细节；她们只是男性的阴影，是默默的无语者。女性消费也是为他人、遮蔽自我的消费。现代女性已经或者正在从剧场的幕后走向前台，在各个领域掀起了一股股新的浪潮，尤其是在消费领域扮演着举足轻重的角色。琳琅满目的商品、购物休闲的优雅环境激活了现代女性的消费欲望。消费和女性的生活方式相联结，是其最直接的表达方式。通过各种各样的消费，女性表达着自己的个人价值，显示着自己的成功与独立，确证着自己的社会身份与地位。现代女性消费呈现出主体性、情感化、性别化、符号化特征。

第一，现代女性特别是都市女性经济较为独立，注重追求生活的品质，通过各种消费体现自我，主体性意识得以表达。自立、自强、自信、自我实现逐渐成为现代女性价值观的核心。都市新女性不再寓于家庭、丈夫、孩子的羁绊，而是享受生活的乐趣，注重社会交往和自我教育的投资。她

① 张娅，曾娜．女性消费时代［J］．商务周刊，2007(17)．

② 张娅，曾娜．女性消费时代［J］．商务周刊，2007(17)．

们不再压抑合理的欲望，挖掘生活情趣；她们关心时事政治、关心社会和环境问题，有强烈的社会责任感；在工作之余参加各种培训，考取多种资格证书，及时提高自己的能力，开拓事业。事业的成功使女性有足够的资金去消费，花自己挣的钱，在经济上不再依附于男性。女性充满了自信与骄傲。陈晓敏认为，主动地满足意愿的消费，被女性视做个人价值的一种体现。特别是城市现代职业女性在从传统的性别角色中解放出来时，常常以一定形式的自由的消费为标志。她们在购物中求得心理的平衡感，通过拥有他人所没有的东西求得心理优势和自信。而所谓的都市新女性，往往就是以其特别的、与众不同的消费为特征。都市白领也正是在较高的经济收入前提下被超前的、时尚的消费"符号化"了，形成了一种"刻板印象"和价值评判：较高且稳定的收入、现代化的消费观念、消费的激情和冲动、热爱生活、注重品质、追求时尚、在不落俗套的消费中实现自我。[①] 在消费之前，都市新女性实际上已经对心目中的自我形象进行了勾勒，购买、消费品牌产品是她们内在"自我概念"的外在延伸。通过消费活动，被禁锢的女性找到了可以触摸到的自我，也逐渐厘清了发展方向与目标。女性消费地位是上升的，女性消费的主体性也得到了一定程度的发展。但是，在消费领域中，女性同时具有主体与客体两种身份。她既是有自主权的消费者，也是被商家瞄准的消费客体对象。一方面，女性在消费中享受着商家上帝般的供奉与待遇，极力追寻着自我；另一方面，一不小心可能成为商家赚钱的工具，也会迷失了自我。

第二，女性在身心上比男性有更强的情感特征，因此女性在消费行为中也受到情感与情绪的影响，表现出情感化特征。女性这一特殊的消费阶层，更注重购买产品时为自己带来的美感、情趣感、愉悦感和幸福感。她的消费行为更注重感官的满足，凭借着自己敏锐的感官来感知、体验世界。当某件产品被她们感知并激起她们的情感时，她会如痴如醉地紧紧追随。因此，女性会通过感觉器官的直接感受形成对产品与服务的偏好。曾经有一段时期，当恋爱中的女性要向男友表达心意时，会买回各色毛线，一针一线地

---

① 陈晓敏．消费主义文化中的城市女性消费［J］．南京审计学院，2008(3)．

将带有图案的围巾或毛衣织起来，送给男友。自己亲手织就的围巾或毛衣虽然费时费力，但是要比购买的成品更能体现她的真情实意。女性消费者比男性更容易关注提供商品和服务的环境和情调。商品的名称、色彩、款式、样式以及购物、娱乐环境中不同的建筑风格和装饰布局、背景音乐等均可造成某种独特的情调渲染。在这种情调渲染中，女性往往会产生冲动性、诱发性购买，为情调不惜花高价购买。“跨国经营的美国吉列公司推出了通体透明的男性剃须用具后，曾出现了令人费解的场面——购买者多是女性！原来，女人们认为透明象征着爱与深情，作为妻子或情人的女性顾客，当然要为爱情而慷慨一回了。”[①] 女性消费始终伴随着情感介入，容易表现为非理性和冲动性购物特征。“从消极的角度讲，消费是为了摆脱痛苦；从积极的立场上说，消费是为了追逐快乐。每一个消费者都知道，消费过程不是一个纯粹满足生理需要的过程，而是一个心理的、伴随着各种情感因素的过程。例如，愉快、高兴、自豪、得意、羡慕、妒忌、虚荣、恼怒、怨恨、失望等，都是伴随消费过程的常见的情感现象。”[②] 最为明显的是女性心情好或心情坏的时候都会去消费，呈现为情绪化消费。心情好的时候去购物，情绪高涨，自我认同感、自我满足感较强；心情坏的时候去购物，可以缓解压力、平衡情绪，但依然得不到完全的心理满足。

第三，男女之间的性别差异，导致形成了女性不同的生活方式与消费方式，因而女性消费呈现出性别化特征。如果让我们设想一个女人，在我们的头脑中会浮现出怎样的画面呢？至少我们会想到女性有着与男性不同的举止与外表，以及女性处理问题时特有的情感细腻方式。女性和男性在特性、能力和行为上是有差别的，尽管对这个差异承认的程度是不同的。比如，在女性主义理论和政治运动中，长久以来存在两种性别差异的思维方式。相似性传统宣称女性和男性在智力、人格、能力和目标上基本上是极为相似的。这个传统发源于自由女性主义，被用于论证两性的平等。差异性传统宣称女性和男性间有根本的不同，必须认识和尊重这种不同。这

① 童维维 . 现代女性消费心理分析［J］. 学习月刊，2007（3）.

② 王宁 . 消费社会学［M］. 北京：社会科学文献出版社，2011.81.

个传统发源于文化女性主义，被用于论证社会必须对女性的活动、特性和价值给予更多的认知。[①] 实事上，女性和女性气质区别于男性和男性气质，女性气质和女人味成为女性塑造精致生活的必备要素。女性气质和女人味形成了一种大众消费文化，女性作为一种审美角色为大众所欣赏；反过来，这也引导了女性的审美意识和审美取向。女性的精致生活用女性的话语来阐释。美容化妆、追求时尚成了女性享有的专有名词。以美容化妆品为例，越来越多的女性开始追求高价值、高端化的产品。女性化妆不仅讲究美白、补水，而且有着自我保养和护理的全套方案。目的就是使自己有靓丽的外表，以最好的仪态展现在他人面前。对完美的外表形象的渴望，使得女性热衷于休闲健身，因而对健身器材、健身服务、休闲服务的需求也在不断增加。女人要用香水，以增加魅力与吸引力；女人要戴珠宝首饰，以显示高贵典雅；女人要会装扮自己，"世界上没有丑女人，只有不会打扮的女人"。做"精致女人"被建构成女性的梦想。相应地，专门为女性服务的商场也出现了，比如北京王府井女子百货。那里聚集了世界各种品牌、款式的女性商品，被大家称为"女人的购物天堂"，吸引了全国各地的女性慕名而来购物。

第四，现代女性的消费眼光不再局限于商品最原始、最基本的功能，而是更加注重其象征意义。消费的风格与品位，呈现出消费的符号化特征。女性关注符号消费是历史发展的一种必然。在前现代社会，购买商品是为了实用性消费；而在现代与后现代社会，日益突显的是商品的符号价值，消费的是商品身上所附载的文化意义。因此，消费不再仅仅是一个经济的、实用的过程，而且是一个涉及文化符号与象征意义的表达过程。简单来说，符号消费的过程也就是对商品的符号价值消费的过程。商品的符号价值具有两个层次：第一是商品的个体独特性符号，即通过显示它与其他商品的不同和独特性，来传达商品本身的格调、档次和美感。第二是商品的社会象征性符号，即通过展现商品的复杂的社会意义，来传达消费者本人所处的社会地位、所拥有的生活品位，以及对某种社会关系的认同。总之，商品的符号化与符号

① ［美］玛丽·克劳福德，罗达·昂格尔．妇女与性别——一本女性主义心理学著作［M］．许敏敏等译．北京：中华书局，2009.195-196.

消费的实质就是张扬个性，制造差异和区分。正是商品消费的符号逻辑被现代女性消费运用到极致，所以在大多数情况下，商品的使用价值以及它的经济实用性并不是引起女性消费的首要因素，她们所注重的是商品的文化象征意义：消费某物是否展现了她的生活品位与风格，是否与自己的身份相符，是否体现了她的社会地位。除此之外，她们体验消费过程中的自我感觉，实现自我满足、自我欣赏与自我愉悦。因此，一些专卖店是女性们喜欢光顾的商店，以淘得独一无二的商品，渴望在消费中体现与众不同的自我。“由中国青年报社会调查中心主持的一项调查发现，女性、高学历以及高收入青年是个性化消费的主力军，与其他群体相比，她们在消费中更加强调个性和品位。而其中女性更希望通过消费来展现自己与众不同的个性和品位。男性相对来说，更注重消费的实用性。”[①] 女性消费不但要突出个性，更重要的是向外界展示自己属于哪个阶层，为哪个阶层所接受，是高收入者还是低收入者。如高收入女性消费固定的名牌商品，喜欢去健身房和俱乐部；低收入女性就没有这样的物质条件。女性通过消费商品所承载的符号意义来建构社会身份。归根结底，商品的符号意义是由一段时期内同一社会群体的普遍价值诉求所赋予的，它区别于另一群体的价值诉求。

三、女性消费的身体符号逻辑

女性所具有的独特的生理与心理特质，以及她们在家庭和社会中所扮演的角色，使得女性消费除了具备一般消费行为特征之外，还有着特殊性，尤其在很多方面不同于男性消费。可以说，女性的大部分消费行为都是围绕着“身体”而展开的，“身体”是女性消费的载体，“身体消费”构成了女性消费的特色。女性消费的运作逻辑即是“身体消费”的符号化表达。女性身体被涂画、被包装、被修整，上演着一幕幕，承担着无限的意涵。

1. 女性消费与身体

（1）身体与美丽

对每一个人来说，身体是如此熟悉，而又是如此陌生。我们每时每刻

① 陈晓敏 . 消费主义文化中的城市女性消费［J］. 南京审计学院，2008（3）.

都在触摸自己的身体，但身体的欲望往往令人琢磨不透，干扰了宁静的精神世界。因而，在古希腊时期，柏拉图就已经把灵魂与身体作了二元化的区分。身体是被贬抑的、克服的对象。在中世纪的基督教神学中，若想获得上帝的恩宠，就必须弃绝尘世，坚持禁欲主义。身体再次被尘封在历史的记忆中。灵魂与身体的二元分离再次获得哲学的论证始于近代笛卡尔。他认为，灵魂是一种实体，是永存的；而身体或肉体是一种偶性的存在，是变化的。“在一般的意义下，物质是一种实体，因此它也是不死灭的；但是人的肉体就其有别于其他物体这一点来说，它不过是由一些肢体和其他类似的一些偶性组合成的；而人的灵魂就不是这样，它是一种单纯的实体，绝不是由什么偶性组合起来的。”① 肉体是可分的，灵魂是不可分的。当人的肉体发生部分形状改变时，它就不是同一的肉体了，很容易死灭，但是人的灵魂从它的本性来说是不灭的。尼采的一声呐喊真正开启了被禁锢的身体。他鄙视轻视肉体者，觉醒者和有识之士才认识到肉体的重要性。“我全是肉体，其他什么都不是；灵魂不过是指肉体方面的某物而言罢了。”② 肉体是根本，灵魂只是为肉体服务的一个机能。对思想和感觉进行发号施令的人类自己就驻扎在肉体里。接下来，弗洛伊德、萨特、福柯从不同的精神分析、存在主义、文化与权力层面对身体进行了诠释。在后现代视域中，身体不再是耻于言说的、被规训的对象，甚至全部生活就是身体的表演，除此之外再无他物。

鲍德里亚发现了身体在消费社会中的重大潜能。“在消费的全套装备中，有一种比其他一切都更美丽、更珍贵、更光彩夺目的物品——它比负载了全部内涵的汽车还要负载了更沉重的内涵。这便是身体。在经历了一千年的清教传统之后，对它作为身体和性解放符号的‘重新发现’，它（特别是女性身体，应该研究一下为什么）在广告、时尚、大众文化中的完全出场——人们给它套上的卫生保健学、营养学、医疗学的光环，时时萦绕心头的对青春、美貌、阳刚 / 阴柔之气的追求，以及附带的护理、饮食制度、健身实践和包裹着它的快活神话——今天的一切都证明身体变成了救赎物品。

① 〔法〕笛卡尔 . 第一哲学沉思集［M］. 庞景仁译 . 北京：商务印书馆，1986.11-12.

② 〔德〕尼采 . 查拉图斯特拉如是说［M］. 钱春绮译 . 北京：生活 · 读书 · 新知三联书店，2014.31.

在这一心理和意识形态功能中它彻底取代了灵魂！”[①] 如今，作为消费物品的身体不同于以往作为资本进行生产实践的身体，在消费社会中被重新发现、重新编码。身体被纳入到消费计划和消费目的之中，特别是女性身体。它就像一座有待开发的矿藏，不断被赋予健康、美丽、幸福的符号意义。爱美之心，人皆有之。美丽之于女性更甚，它是无法抗拒的绝对命令。鲍德里亚指出，美丽之所以成为一个如此的绝对的命令，只是因为它是资本的一种形式。美丽仅仅是交换着的符号的一种材料，它作为价值与符号运作着。功用主义的原则同样在美丽的逻辑中发挥着作用。[②] 今天的美丽，不再仅仅是一种美的理念，也不仅仅是一种艺术形象或形态，而是形成了一种产业。美丽产业将身体席卷到工业的漩涡之中。看似消费的是外在的物质性产品，实则身体成为流通中人人购买和使用的消费符号。美丽仿佛是女性的神话，它可以带来自主、成功与富有。拥有了美丽可以使女性无所不能；丧失了美丽的女性则处处碰壁，生活黯然失色，意味着失败与贫穷。女性害怕被人评价为不美丽，每个女性都成了自己的美容师，她们使出浑身解术来实现身体的美。因此，身体之于女性，是五味杂陈、错综复杂的，是既爱又恨的：爱它的秀美，恨它的不听使唤。在这里，在日常生活层面上，女性再次实践着柏拉图对身体的贬抑。女性身体再次成为救赎的对象。女性消费的穿衣与吃饭、家居与外出代步工具，便具有了救赎的意义。

（2）身体与服装、身份

最初“制作”的服装是用来遮掩身体的；而现代“设计”的服装是用来赞美身体的，特别是用来呈现女性身体的美丽、健康、时尚与性感。对女性来说，服装是她的第二生命。没有了得体的服装，她宁愿拒绝参加任何活动。反之，对服装来说，它也因女性身体而获得了社会生命。没有包裹女性身体的服装，就如空洞无物的骷髅，似枯叶般香消陨落。服装的存在使得身体成为一种文化存在，它以一种意义形式展现了人的主体性存在

① 〔法〕让·鲍德里亚．消费社会［M］．刘成富，全志钢译．南京：南京大学出版社，2008.120.

② 〔法〕让·鲍德里亚．消费社会［M］．刘成富，全志钢译．南京：南京大学出版社，2008.125.

和精神面貌。“衣服使我们的身体社会化。将它们从李尔王的‘叉状物存在’转变成文化存在。我们的服饰构成了我们的‘外观’；‘衣服的包装’将我们制造成社会人。”[①]服装使得身体显现出文化意义，它是身体进行文化语境表达的基本材料。但是，服装也离不开运动的身体，就如穿在人体模型上的时装，衣服色彩鲜亮，线条简洁，充满着抽象派风格，但它们却是凝固的。没有活生生的身体，这些服装显得空洞怪诞。而女性着装有着更深层的文化符号意义。目的是显示她的美丽与身份，而不仅仅是实现最基本的遮体与御寒的功能。无论多么寒冷的冬季，她都可以一边穿着薄薄的短裙，一边尽力掩饰着嘴里打的冷战；无论多么炎热的夏季，她都可以毫不犹豫地在细细的颈子上系上一条彩色的丝巾，以显示自己的飘逸与灵动。

女性身体在服装的社会性、文化性建构的过程中，首先获得了它的性别差异的身份。从婴儿时期开始，女孩的服装就被社会编码为红色的、粉红色的，色彩鲜艳；男孩的服装被编码为蓝色的、黑色的，色彩暗淡。“所有文化中的服装和装饰，都被用来做这种事情：从文身、项链到染发以及高跟鞋的使用，女人和男人都一直在努力生产‘不同’的身体。”[②]对女性服装的评判标准就是看其是否能展现女性魔鬼般的身材，是否“性感”；而男性服装并不完全是男性身体的表征，对其评价则强调是否体现了男性的精神内涵和生活品位。有一种观点认为，女性服装与装饰的多变性，比如裙边的升高与降低，纯粹是为了取悦男性，完全是为了达到性吸引的目的。这种观点被女性主义者批评。她们认为忽视了女性自我的主动建构，女性服装还表现着其他的重要社会意义。其次，女性身体在服装的包裹下，获得了它的社会差异的身份。服装不仅简单地用来区分男女性别差异，而且具有表征支配性文化价值观的复杂性。服装甚至也参与了文化价值观的支配与抵抗之战。“被征服的苏格兰人和爱尔兰人被他们的英格兰征服者禁穿苏格兰方格呢短裙，因为苏格兰短裙被视为凯尔特人身份的一个有力象征，实际上也被视为反抗的召唤。”[③]在新中国成立之初，女性的外表美不重要，

---

① 罗钢，王忠忱．消费文化读本［M］．北京：中国社会科学出版社，2003.289.

② 罗钢，王忠忱．消费文化读本［M］．北京：中国社会科学出版社，2003.294.

③ 罗钢，王忠忱．消费文化读本［M］．北京：中国社会科学出版社，2003.298.

重要的是心灵美，因此穿着艳丽服装的女性往往被看作是贪图资产阶级腐化的生活方式，会招致麻烦与谴责。穿着蓝灰装、不化妆也不戴首饰是朴素的，是爱国、爱党、爱人民的表现。随着社会的发展与进步，服装承载的文化重担已经减弱了，它远离了政治纠纷，但服装与时尚确实是女性打破封建约束、解放身体的一种手段。尽管女性自己也意识到永远不可能彻底改变自己的身体，但是为了下一次场合的出场，依然试图改变着自己的装束。女性通过服装去追逐时尚潮流，塑造流行风格，以使自己被所属阶层认同，或者证明自己与某个阶层毫无瓜葛。因此，服装是创造身份的一种手段，但今天要防止的是服装与时尚的追逐以新的版本上演着昔日对女性身体的控制。

（3）身体与食品、苗条

在收款台前排队的时候，人们经常会下意识地去打量别人购物车里的食品，看看别人在吃什么东西。“告诉我你吃什么，我就可以告诉你是什么样的人。”如今，饮食的安排也体现了一个人的生活方式、行为方式，乃至价值观念。在很长的历史时期里，食用某样食品是为了填饱肚子，使身体获取营养；而在后现代消费社会里，食品也成为炫耀和夸示的一种商品。对食品的选择并非像是选择白菜还是选择萝卜那么简单，洛兰·甘曼阐释了其中的缘由：一方面，食品已经成为生活时尚的组成部分，并受到生活时尚的制约；另一方面，食品成了消费者的新的身份证明，并受制于这种新的身份证明。人们很难断定食品究竟是买来吃的，还是买来向人炫耀自己是吃这个的。[①] 有时候，一个人吃什么，可能并不能说明他是什么样的人，但是在什么地方用餐，也许就能说明这个人是什么性别，属于哪一阶层，拥有何种地位。吃的内容与仪式、就餐的地点与环境形成了一系列检验现代人生活模式的标准。

女性对食品的迷恋犹如对服装的迷恋。食品之于女性，犹如身体之于女性，既爱又恨：爱它诱人的美味，恨它食用过多而导致肥胖。有身份、地位的女性去参加宴会，很多情况下象征性地食用很少的食品，因为她羞

① 罗钢，王忠忱．消费文化读本［M］．北京：中国社会科学出版社，2003.344.

于被人看到腮帮鼓鼓、狼吞虎咽的狼狈样子。那可以说是有失女性的优雅与风度，乃至被称之为没有教养，被归于贫穷的、下层的妇女群体。另外，当社会把女性美归于“苗条”而不是“肥胖”的时候，女性对于“吃”产生了更为深刻的焦虑。结果，女性在公共场合可能只吃素食，把大份饭菜让给别人吃；或者根本什么都不吃，以节食的方式保持自己的身材。体重是女性生活中的头等大事，越来越多的女性因体重而非难自己的身体，减肥成了女性的全民运动。一批细如枯枝的明星和模特频频出现在电视屏幕、电影幕布和T形台上，她们年轻、飘逸、灵动、苗条的身体让那些肥胖、臃肿、衰老的黄脸婆惶恐万分、心焦如麻。为了减肥，女人们不惜一切代价，甚至引发了严重的健康问题。其实，美丽与苗条之间并不存在必然的联系，曾经在其他时代，肥胖也被看作美。而消费社会中的美丽与苗条是一体的。“根据它与符号相联系的逻辑规定，它只能在于苗条及轻盈，这一规定和物品的功用性或曲线的优雅一样，受到代数经济的支配。”[①] 从模特的身形来看，追求的是苗条甚至消瘦，既是对肉体的否定，也是对时尚的颂扬。“对线条的狂热、对苗条的痴迷如此地深刻，完全是因为这正是一种暴力形式，是因为身体本身在其中变成了祭品，同时就像在祭祀中一样达到了完美并激烈地复苏。这个社会的一切矛盾在此都被归纳到身体层面。”[②] 苗条文化的盛行，使得女性即使饿得发慌，也能够坚韧地克制自己吃的欲望，努力维持苗条身材；否则，肥胖的身体让人厌恶，得不到他人的爱慕。

2. 女性“身体消费”的批评

女性消费的逻辑，就其表现形态而言，是“有关身体”的消费；就其内在实质而言，是“拥有这个身体”的女性对它所附载的符号意义、文化价值的追求。现代女性社会地位逐渐提高，在各个领域争得了属于自己的更多权利。女性消费也展示着现代女性的个性、独立与成功，然而女性消费是否完全是自我意愿的自由表达？买得越多、越贵是否意味着越成功？在

---

① 〔法〕让·鲍德里亚．消费社会［M］．刘成富，全志钢译．南京：南京大学出版社，2008.134.

② 〔法〕让·鲍德里亚．消费社会［M］．刘成富，全志钢译．南京：南京大学出版社，2008.136.

消费过程中，女性是否完全挣脱了男性的控制欲？这些问题是值得深思的。

首先，女性“身体消费”追逐的是功用性美丽，将身体客体化；反过来，客体身体奴役了人的主体性。受到广告媒体的影响，女性花在看电视上的时间要远远超过男性。打开电视，“完美女人”的形象无处不在，无论是电视剧还是广告中的女主角都是年轻、貌美、苗条、性感的。电视机前的女性往往把此当作自己梦想的目标，暗中衡量自己与广告中的女性形象的差距，开始从头到脚审视自己。头发、眼睛、眼睫毛、脸、皮肤、手、指甲、嘴唇、牙齿、胳膊、大腿、小腿、臀部、脚，每一个部位都变成了需要加工的对象。广告的言下之意就是你的身体离“美”还有一定的距离，是有“问题”的。要解决这些“问题”，你就需要购买我的商品。假如女性不对身体进行护理，对自己不负责任，就会受到严厉的惩罚，要忍受一切痛苦。女性与自己客体身体的关系是双重的，即主宰者与被掌控者。女性自恋着自己的身体，感觉它、触摸它、拥抱它、爱上它，但却没有深刻地了解它，而是依据一种拜物崇拜将身体变为更美丽和更光滑的物品。

正如鲍德里亚所言：“在此意义上，身体，变成了最美的关切之物，独自垄断了一切所谓正常的（对其他真实的人的）情感性，但并不因而就获得了自身的价值，因为，在这一情感转向的程序中，无论其他何种物品都能依据同样的拜物崇拜逻辑来扮演这一角色。身体只是心理所拥有的、操纵的、消费的那些物品中最美丽的一个。”① 女性对身体的自恋性神话更多的不是情感的关注，恰恰是竞争性的、经济效益的一种体现。“身体之所以被重新占有，依据的并不是主体的自主目标，而是一种娱乐及享乐主义效益的标准化原则，一种直接与一个生产及指导性消费的社会编码规则及标准相联系的工具约束。”② “身体的重新发现”“身体的重新占有”是建立在对物品的购买与占有基础上的，越来越多的女性献身于香水、按摩、疗养，作为符号的女性身体等同于所消费的物品。这样，所谓女性身体的

① 〔法〕让·鲍德里亚．消费社会［M］．刘成富，全志钢译．南京：南京大学出版社，2008.123.

② 〔法〕让·鲍德里亚．消费社会［M］．刘成富，全志钢译．南京：南京大学出版社，2008.123.

解放并没有真正实现，唯一解放了的是购物的冲动。

其次，炫耀性消费、时尚消费使得女性陷入挥霍性、攀比性消费，造成了人与人之间的攀比与较量、隔阂与矛盾。凡勃伦的《有闲阶级论》论述了女性在“炫耀性消费”中所起的作用。女性在有闲阶级的消费活动中扮演着重要角色。她作为妻子或女儿，成了男人向外界展示财富、显示经济实力的工具。现代女性依然承担着代理消费的任务。她们通过消费炫耀自己优越的家庭条件，以显示自己是体面人家的媳妇。她们进出高档商场，衣服非名牌不买，食品要买最精良的，家居要细化到厕所里的小饰品。这样才配得上她所隶属的阶层的有品位的生活。女性自我炫耀和身份展示的另一个方式就是追逐时尚。齐美尔认为，时尚是阶层分野的产物，它有着既使既定的社会各界和谐共处，又使他们相互分离的双重作用。时尚是既定模式的模仿，有着趋同的态势，但同时它又是对差异性、个性的追求。[①] 不少女性心甘情愿地跟着时尚走，以显示自己的时髦与另类。高昂的头颅、蔑视的眼神、得意的举止，向他人宣告她的高傲与不同。然而，时尚是变动不居、短暂易逝的。时尚消费中女性所塑造的个性、差异性不断为他人竞相效仿，最终时尚消失在大街小巷的形形色色人群中。于是，女性身不由己、精疲力竭地变换着时尚消费，丧失了自主性，不断被物化、被符号化，成为消费的豪华机器。

女性过度的炫耀性消费、时尚消费是虚荣、虚伪、攀比、骄纵、贪婪和享乐的表现，引起了相互之间的恭维、艳羡与妒忌。女性本来是柔弱的、善良的，最容易发出她的同情之心，但现在却在消费主义的教唆下，变得品行乖张、针锋相对，既无益于女性与女性之间、女性与男性之间的交流与沟通，也不利于弱势群体与强势群体之间、不同阶层之间的交流与沟通。

最后，家庭消费、性别差异的消费，显示了女性消费对家庭、孩子、男性的依附性，也意味着在消费领域女性地位的不平等性。无论是传统社会、现代社会，还是后现代社会，所有的女性都有一个共同的身份，那就是一个家庭母亲的角色。她们的经历也非常相似，都忙于与自己家庭相关的消

---

① 罗钢，王忠忱．消费文化读本［M］．北京：中国社会科学出版社，2003.243.

费活动。现代“家庭主妇”一词的出现，更加意味着家庭消费活动非女性莫属。家庭主妇们奋力地经营着她们的家庭，尽可能为家人提供经济实惠的食品和衣服。超级购物中心或者大型超市就是女性购置家庭日常生活用品的天堂。然而，“我们的超级购物中心就是我们的先贤祠、我们的阎王殿。所有的消费之神或恶魔都汇聚于此”[①]。女性在超级购物中心耗费了大量的时间与精力，但是她的消费活动缺乏自主性，难以体现自身价值。

不少女性为她的家庭而生存，这就是她的最平凡的人生理想。然而，家庭并不是女性的全部，女性的自我价值应该在其他诸多领域展现。如果女性以此为借口，实际上就是在逃避自我，是对自己的不负责任，甚至是病态的表现。贝蒂·弗里丹曾经引述一位精神病医生的说法，即“发展的神经退缩”。有两种逃避发展的方式：一种是“不负责任”，一个人按部就班地过着自己的生活——上学、工作、结婚。他好像是在正常生活，但实际上仅仅是做做样子而已。一种是“代替他人生活”，表现为对自身性格的一贯否定和抑制，总是想用别人的个性来代替。[②]作为母亲，女性总是把全部的精力都投注在孩子身上，不但关心他们的温饱，而且甚至让孩子完全按照自己的价值观与意愿来生活。通常这被称为母亲的爱恋之情。然而，这种依赖他人的生活方式，实际上是女性填补内心的空虚和自身的空白的表现。女性自身的内在动力完全被压抑起来，以至于女性的痛苦在家庭“惬意的集中营”中消失了。

除了孩子，男人也是不少女性生活的重心所在。在很多时候，“人就是指男性。男人并不是根据女人本身去解释女人，而是把女人说成是相对于男人的不能自主的人。……女人完全是男人所判定的那种人，所以她被称为性，其含义是，她在男人面前主要是作为性而存在的”[③]。现代消费文

① 〔法〕让·鲍德里亚．消费社会［M］．刘成富，全志钢译．南京：南京大学出版社，2008.7.

② 〔美〕贝蒂·弗里丹．女性的奥秘［M］．程锡麟，朱徽等译．重庆：四川人民出版社，1988.384-385.

③ 〔法〕西蒙娜·德·波伏娃．第二性［M］．陶铁柱译．北京：中国书籍出版社，1997.11.

化总是以隐性或显性的方式刻意区分男女之间的性别差异，然而所谓特别为女性精心设计的消费品并非真正为了满足女性本身的需求，而是为了男人的品位和眼光。女性费尽心思、百般周折所换来的美丽与性感，在男性那里轻而易举地就被转化为“性”的存在。连带着女性身上的浓妆艳抹、珠光宝气，女性本身也成为了男性品鉴的消费品。那种认为“现代社会男女平等已经完全实现，女性的权利已经赢得，所有事情都万事大吉了”的观点，是虚假的、虚伪的。每一个女性都要学会聆听自己的声音，知道“我是谁”“我要做什么”。当她真正成为自由之身后，女性的才智才能迸发出来，女性的自我探寻之路任重而道远。

女性应该走出家庭消费，参与到政治、经济、文化生活中，展现自己的智慧与能力。女性不能把消费当作实现自身幸福的唯一手段，也不能完全通过消费来体现人生价值与意义。女性要时刻警醒被刺激、被膨胀、被扭曲的消费对自身的异化。在消费领域，女性或许正在以“男性的尤物”的身份遭受着更为隐蔽的贬低与歧视。我们无意于夸大女性消费的社会意义，因为它确实涉及有关女性的自由、平等与解放的问题。这也正是女性主义者所关心的。“我们可以把女性主义概括为消除性别歧视，结束对妇女的压迫为政治目标的社会运动，以及由此产生的思想和文化领域里的革命。”① 除了个人消费活动，还有更多、更重要的事情等着女性去做。比如，历史上很长时期内，女性都没有获得相应的政治、经济、文化权利。当今社会，还有不少人把女性局限于私人生活领域，认为她们参与公共领域活动是幼稚的、低能的。因此，争取女性社会权利的合法性，必将会一直延续下去。可以说，一个社会对女性的态度标志着它的文明程度，女性问题具有人类普遍性，而对女性问题的思考与看法实际上关系到社会的兴衰、历史的进退。

① 肖巍．女性主义关怀伦理学［M］．北京：北京出版社，1999.3.

第六章
消费异化批判与符号消费的伦理构建

人类的消费活动具有双重意义，既是经济实用的物质过程，也是含有符号与象征意义的文化过程。在物质相对匮乏时期，物品和产品只是满足生存需要，其文化符号性不具有普遍性意义。到了现代与后现代社会，物品极大丰富乃至过剩，加上人们有了更多可支配的收入，消费物品不只是为了满足生存需要，更是为了体现社会地位与身份。商品的符号化就具有了普遍性意义。人们在消费过程中，不断地去满足肉体欲望和精神需求。现在，不但欲望之壑难以填满，而且精神追求也变得虚幻与难以捉摸。人的发展和对物欲横流、消费主义的渴望似乎是永远无法克服的悖论。炫耀性消费、奢侈性消费使人们一边乐享其中，一边痛苦地看着自己真实的背影离自我而去。无限制的后现代多元化、差异化，大众媒体的推波助澜使每一个人迷失在万花筒中，纠缠于符号抽象化的操控系统中，无法辨别自我。反思与批判是人类特有的立足之本，消费异化的反思与批判也需要提升到前所未有的深度与广度。要走出消费异化的伦理困境，需要明晰消费伦理的精神内涵，形成合宜的消费伦理观，塑造健康的消费文化，从理论源头上来指导当今社会的消费行为。

一、消费异化批判

人类的诞生是一种否定性行为。他从自然中走来，走上了一条不可逆转的道路。人类不能停留在顺应自然的状态，他得解决“人”的问题。他最强烈的需要不是根植于他的肉体，而是植根于他存在的独特性。“在满足了动物性的需要之后，他又受到他的人的需要的驱使。他的肉体告诉他应该吃什么，躲避什么，而他的良心则告诉他哪些需要应该培养和满足，哪些需要应该让它枯萎和消亡。饥饿和胃口是人生来就有的肉体机能，而良心是潜在的，需要人与各种原则的指导，这些原则只有在文化的生长过程中才得以发展。”[①] 需要是人的一种存在状态，是维持人的生理存在、社会存在与精神存在的所必不可少的要素。它是人的行为的一种动力，有了消费需要才有消费行为。比如，面对饥饿、寒冷、疾病、安全威胁的生理需要，对社会关系、归属群体的社会需求，对意义与价值、宗教信仰的精神需要，都推动着人的各个层面的消费行为。人维持生理存在的需要是基本恒定的，追求精神存在的文化需要也是合理的，都可以得到满足。然而，人的欲望是无法彻底满足的。它犹如一个无底洞，永远填不满。在暴涨的欲望刺激下，人们无法克制自己，原本应该枯萎和消亡的一些需要却如巨人一般生长起来。正如弗洛姆所说的，潜在的良心没有在正确的文化环境中培育起来，反而被吞噬掉了。失去了良心与文化的指引，人们为所欲为，消费行为也变得肆无忌惮，既无视自我的真实需求，也不关心他人的生存困境。

过度的、畸形的、异化的消费行为，其深层原因在于人们对自身价值的错误定位，以及对自身需求的误解。“过度消费的直接心理动因主要是炫耀心理、攀比心理作祟。具有此类心理的人们在消费时不是为了满足正当的物质需要与精神需要，而是把消费作为自身富有与高雅的标志和象征；不是从自己特有的需要出发，而是盲目仿效别人，把能追逐消费时尚，拥有高档、新潮的消费品看作是对自身社会地位、各种能力的肯定与提升。因而，不顾实际条件，狂热地追求消费就成为他们生活的中心内容。这种由扭曲了的心理直接牵引出的畸形消费，不仅具有经济上的失当与个体行为上的不合理性，而且从社会伦理文化方面看，也是消极落后的。”[②] 的确，欲望的本质表现为无尽的贪婪、无尽的膨胀。炫耀性消费、奢侈性消费不断激起人们的消费欲望，使消费者陷入无止境的消费循环和消费漩涡之中，

---

① 〔美〕艾里希·弗洛姆．健全的社会［M］．孙恺详译．上海：上海译文出版社，2011.21.

② 李金蓉．过度消费的伦理文化缺憾［J］．道德与文明，1997（3）．

把购物和消费当作幸福生活的现实写照。其实，人们依靠外在的刺激不可能赢得持续的满足和积极的体验，需要不断寻找新的刺激作为替代品，来麻痹自己的错乱神经，形成恶性循环。这加剧了人的精神空虚。人们的生活品质并没有获得实质提升，更谈不上什么幸福生活了。在由欲望引诱而形成的消费价值观念的影响下，人们将消费行为蕴含的伦理道德因素抛掷脑后，只是竞相购买高档商品，无限制地追求物质享受、感官刺激和心理满足感，相互攀比、相互炫耀、挥霍浪费，超越了正常的需求，成为一种病态消费。久而久之，形成了消费主义价值观。所谓消费主义价值观，是人们的一种毫无顾虑、毫无节制地消耗物质财富和自然资源，并把消费看作是人生最高目的和最大幸福的消费观念和价值观念。消费主义主张消费就是一切。消费不再是人的日常生活的一个环节，而是人生的根本意义所在。人们把由消费引起的快感当作幸福。幸福不再是对某种终极的理想信念的追求，而是每个消费者当下体验的快感。消费主义造成了众多“为消费而消费”的异化消费现象，而它又与物质主义、享乐主义有着千丝万缕的联系。

由消费主义价值观支配下的消费的主要功能，是显示人的成功、富有和所谓的高贵的社会地位，满足人畸形的心理需求。消费活动不仅偏离了人的基本生存之目的，甚至与人生的初衷相背离，与人生价值相冲突。从根本上说，消费主义的消费是一种非自主性消费，“即消费行为并非是出于自我实现的需要，而是取决于外在的诱导或强迫，正因为行为本身是非自主性的，因此这里就不存在丝毫的责任意识”[①]。非自主性消费源于“虚假的需要”。马尔库塞从物化的角度深刻揭露了消费文化的异化，提出“虚假的需要”的概念。他认为，资本主义社会通过舆论、广告、大众文化等“控制的新形式”把“虚假的需要”强加给个人。在发达工业社会，人们表面上过着一种安逸的生活，但实际上只是获得了“虚假的满足”。人在不知不觉中接受和屈从于制度的控制和操纵。“随着生产设施的合理化及其功能的多样化，所有的统治都采取了管理的形式。而在这种统治发展到登峰造极的时候，集中的经济力量把人完全吞没了。任何人，即使身居高位的

① 甘绍平．论消费伦理——从自我生活的时代谈起［J］．天津社会科学，2000(2)．

人，面对这种设施本身的运动和规律，都显得软弱无力。……个体的痛苦、挫折和无能都导源于某种多产和高效的制度，尽管在这个制度中，他们过着前所未有的富裕生活。负责组织个体生活的是这个整体，是这个'制度'，是决定、满足和控制着他的需要的全部机构。"[①] 在购买了丰富个体生活的商品时，个体也付出了他们的劳动，牺牲了自由时间。伴随生活条件的改善而来的是对生活的全面控制。高级住宅、专享的私人小汽车、装满冷冻食物的电冰箱、把玩的精致玩物，这些消费品让人们忙忙碌碌，远离现实问题，无暇顾及自己的理想。现代社会的竞争似乎推崇个性，但这种个性跟挖掘人的潜能毫无关系，它只是表现在无关紧要的装饰品、调味品等几件小物品身上。"在这个虚幻的表面现象背后，整个工作世界及其娱乐活动成了一系列同样甘受管理的有生命物和无生命物。在这个世界上，人类生存不过是一种材料、物品和原料而已，全然没有其自身的运动原则。"[②] 弗洛伊德所讲的自我、本我和超我之间的互动静止了，意识的主动性丧失了，人异化成了机械的木头人。幸福本来是人这一理性动物追逐的特权，但是随着自主性意识的衰退，人们麻木不仁，完全不理解幸福是什么。人们不再有任何想法，揭示真理毫无用处，那么麻木不仁状态就是个体所感到的幸福。

阿尔多诺和霍克海默对大众文化的批判进一步揭示了这种消费的虚假性与奴役性。在他们看来，大众文化已经异变为"文化工业"，文化工业是凭借现代科技手段大规模地复制、传播文化工业产品的娱乐工业体系，它具有齐一性、重复性、标准化、模式化、程式化的特征。文化给所有的事物都贴上了同样的标签，电影、广播、杂志制造了同一的系统。似乎各个阶层都有了共同的文化兴趣，各个部分都够和谐地糅杂在一起。这就是现代人生存的文化模式。他既是生产者也是消费者，享受着技术共同"创造"的大众文化。"在垄断下，所有的大众文化都是一致的，它通过人为的方式生产出来的框架结构，也开始明显地表现出来。那些高高在上的人不再

---

① 〔美〕赫伯特·马尔库塞．爱欲与文明［M］．黄勇，薛民译．上海：上海译文出版社，2012.85.

② 〔美〕赫伯特·马尔库塞．爱欲与文明［M］．黄勇，薛民译．上海：上海译文出版社，2012.89.

有意地回避垄断：暴力变得越来越公开化，权力也迅速膨胀起来，电影和广播不再需要装扮成艺术了，它们已经变成了公平的交易，为了对它们精心生产出来的废品进行评价，真理被转变成了意识形态。它们把自己称做是工业。”[①] 文化工业通过技术合理性为自己扫清了道路。文化工业不断制造虚假需要来诱导大众消费，但大众享受的不是文学艺术的精品，而是粗制滥造的，失却创新性、超越性、反叛性品格的，媚俗、平庸的文化垃圾，由此带来消费者的人格异化。“恰恰是在文化繁荣时期，消费者所提供的却是哪些早已丧失掉其深刻内容的作品。为了维护自己的声誉，它也只能为那些经常赶场的电影观众炮制出各种文化垃圾。”[②] 难怪阿尔多诺和霍克海默说今天大众文化的水准已经像昨天的儿童读物那样廉价了。

大众文化、消费主义文化的广泛传播有赖于大众传媒、商业广告的极力宣扬。无孔不入的大众传媒以不可阻挡之势席卷全球的每一个角落，塑造着全球性的共同的价值理想与追求。单独的、脆弱的现代个体在强大的大众传媒面前，犹如一株迎风摇曳的小草；传媒的导向便是其倒伏的方向。现代人的生活受大众传媒的影响如此之大，以至于人人效仿大众传媒所宣扬的生活方式。现代媒体除了报纸、杂志之外，一些新兴媒体如广播、电视、网络在消费领域发挥了重要作用。在电视诞生之前，从来没有任何一种媒介能够拥有如此之多的受众和产生如此深远的社会影响。不像翻阅印刷品如图书、报刊、杂志需要一定的阅读技能，观看电视节目不需要掌握复杂的文字符号。无论年龄大小、受教育程度如何、社会地位如何，所有不同的大众都可以比较容易地接受电视所发出的信息。电视信息不断强化什么是时尚、现在最流行什么。电视广告一遍遍、重复性地轰炸着我们的眼球，挑战着我们的克制极限，激起我们的购买欲望。网络消费也是当下时兴的购物方式。网页上海量的商品图片不停地闪动着光芒。闲暇时间经意或不经意地浏览、手指轻轻一点，缤纷的商品就由快递员快速送上门。这一切

① 〔德〕马克斯·霍克海默，西奥多·阿道尔诺．启蒙辩证法［M］．渠敬东，曹卫东译．上海：上海人民出版社，2006.108.

② 〔德〕马克斯·霍克海默，西奥多·阿道尔诺．启蒙辩证法［M］．渠敬东，曹卫东译．上海：上海人民出版社，2006.137.

都离不开现代传播技术织就的庞大网络。“由现代传播技术支撑的大众媒介符合消费社会商品符号化的要求，它不仅为全国性、国际性的广告传播提供了技术保障，而且其高质量的图像显示技术使得广告中商品符号信息更容易为受众认知。大众媒体不仅为广告提供了传播平台，而且通过电视剧、谈话节目、时尚表演、文艺活动等向全社会传播了各种商品符号和符号消费的信息。大众媒体频频呈现的明星、前卫群体、小资群体等，他们是展现时尚符号和生活方式的模特，起到大众符号消费的引导和示范作用。”[①]消费者需要什么、购买什么，并不完全遵从自己的意愿，而是通过参照大众媒介所传播的信息与广告来决定。新的消费对象和消费方式被倡导，引领着消费时尚的潮流。

然而，大众传媒带来的不仅有丰富的商品符号信息，而且还有需要警惕的庸俗化与媚俗化。“我们有广播、电视、电影，每天都有报纸可看。但是，这些传播媒介并没有给我们介绍古往今来优秀的作品和音乐，而是在广告的协作下，用廉价的、缺乏真实感的垃圾、虐待狂的幻想，来充塞人们的心灵。即便是没有充分文化修养的人偶然想到这些东西也会觉得难堪。一方面，不论老少，每个人的心灵都受到了毒害，另一方面，我们却高兴地看到，荧幕上没有‘不道德’的东西。”[②]大众传媒不但把文化商品垃圾塞给普通大众，还要消除崇高与庸俗、道德与不道德的界限，为商业经济大行其道披上合理的外衣。大众传媒发展到今天，受到技术剪辑与拼接的支配，甚至更为狡猾，实际效果更加微妙：“那么我们消费的，并不是本来意义上的某一场景或画面：而是一切可能场景承接之潜在性——以及对节目承接和剪辑规律的确信，即它们绝不会冒险将不同于其他许多场景与符号的东西突然插进去。”[③]通过剪辑规律，充满矛盾与冲突的世界被遮蔽了。“因此大众传媒的真相就是：它们的功能是对世界的特殊、唯一、只叙述事件的特性进行中性化，代之以一个配备了多种相互同质、互为意义并互相参

---

① 陈月明．商品符号与符号消费［J］．浙江社会科学，2006,(6)．

② 〔美〕艾里希·弗洛姆．健全的社会［M］．孙恺详译．上海：上海译文出版社，2011.3.

③ 〔法〕让·鲍德里亚．消费社会［M］．刘成富，全志钢译．南京：南京大学出版社，2008.113.

照的传媒的宇宙。在此范围内，它们互相成为内容——而这便是消费社会的总体'信息'。"[①]大众传媒这一技术程式造成了对信息消费的包装与曲解。通过大众传媒的传播，人们面对的是真相缺失的世界。因此，人们消费的是由一定编码规则切分、过滤、重新诠释了的抽象符码。所有的物品与文化都被当成了符号材料进行工业化处理，其所承载的情感与价值被抽离掉了。现代消费是在否认事物和现实的基础上对符号进行颂扬。对符号的崇拜与消费使人们远离了丰富、完整的自我，这是一种更高形式的异化。

二、符号消费的伦理构建

符号消费范畴的本意应该是具有伦理意蕴的消费。在个体层面，它应是有益于人的身心愉悦和自由全面发展，以及有益于个人真实幸福的实现；在社会层面，它应该顾及他人的感受，特别是给予弱势群体以关怀，有利于实现公正的社会关系，有利于社会整体福祉的提升；在生态层面，它应该能够保证自然环境与资源的可持续发展，实现代际公正，让我们的后世子孙能够在这个美丽的星球上继续生存下去。可见，合理的符号消费是有伦理限度的，也是具有伦理反思精神的。

首先，从消费者自身来说，应该确立自主性的消费伦理观。自由是人性的最深刻需要。迄古至今，人的最崇高的追求就是实现自由。"我们必须承认每个具有意志的有理性的东西都是自由的，并且依从自由观念而行动。"[②]然而，如今的"消费自由"却不是真正的自由，只是自由的虚幻影像。鲍曼认识到了现代消费市场以一种虚假的自由诱惑、控制了人的行动。"消费市场之所以成为一种被控制者心甘情愿和满腔热情地接受的控制形式，并不仅仅是因为它对顺从者提供了琳琅满目的奖赏。主要魅力也许在于它提供给公众诱人的自由，而这些公众在其他生活领域中发现的仅仅是常令人感到压抑的束缚。使市场所提供的自由更加诱人的，是它不具备玷污大多数其他自由形式的那种污点：也就是说提供自由的这个市场，同时

① 〔法〕让·鲍德里亚．消费社会［M］．刘成富，全志钢译．南京：南京大学出版社，2008.114.

② 〔德〕康德．道德形而上学原理［M］．苗力田译．上海：上海人民出版社，2005.71.

也提供了确定性。这种市场提供给个人的是'纯粹个人的'选择权力；然而它使这种权力选择得到了社会的认可，从而驱除了破坏自主意志快乐的不安全感这一个魔鬼。"①人们为了所谓的"个人自由"依赖市场，而且为了不用付出不安全感的代价就享有"自由"而依赖市场。人们看似在琳琅满目的商品中有充分选择的自由，其实不然。或者在诱惑面前苦苦心理挣扎，或者一味地受大众传媒的蛊惑，恰恰使人深刻感到消费的不自由。消费的主人成了消费的奴隶。主体被彻底颠覆，成为物的奴仆。当代社会的符号消费倾向和消费主义价值观在一定程度上压制了人的自主自觉意识，剥夺了人的自由。

自从康德以来，人为自然立法充分彰显了人的主体意志。康德德性论的核心就是实践理性的自主性。康德所说的自主性指的是理性的自我主宰、自我制约，克服自己，克服那些由爱好、欲望、一切非理性冲动带来的动机。理性排除一切外来的干扰，保持自身所创制的道德规律的纯洁和严肃。弗洛姆将拥有理性的、能够掌握自身力量的人，称为具有"生产性取向"的人格。"生产性是人运用他之力量的能力，是实现内在于他之潜力的能力。……生产性意味着他把自己当作一个他之力量的化身、一个'行动者'而加以体验；他感到自己与他的力量融为一体，同时这种力量并没有受到阻碍而与他相异化。"②因而，这样的人的行动是真正自由的，不会受到外力的驱使与控制。因而，在消费过程中，要培养人的自由自觉的消费意识，使其能够按照社会价值准则的要求来提高对自身欲望的自我控制和自我调节的能力，实现自主性的消费。自主性消费使得消费者在进行购物与选择的时候，能够理性地做出权衡，不再受到外在刺激的引诱，不再盲目跟从所谓的"时尚"。"所谓自主性消费，是指消费并非只是通过外在的刺激达到的被动的满足，而是自我实现的一种方式。"③在自主性消费中，消费者在消费过

① 〔英〕齐格蒙特·鲍曼．自由［M］．杨光，蒋焕新译．长春：吉林人民出版社，2005.81.

② 〔美〕弗洛姆．为自己的人［M］．孙依依译．北京：生活·读书·新知三联书店，1988.91.

③ 甘绍平．论消费伦理——从自我生活的时代谈起［J］．天津社会科学，2000(2).

程中注入了自己的情绪情感、审美情趣、知识智慧。这种心理与文化的内在力量，使其获得了真实的人生成就感，以及一种更加深刻的体验能力。在这种体验中，自我发展成为丰富的个体，精神意识达到了更高的组织程度。自我摆脱了单纯物质刺激对自主性的削弱和钝化，通过个性与独特性的彰显而达到精神上的自我实现。

其次，从与他人的关系来说，讲求责任与关怀的消费伦理观。消费通常被当作完全是个人的事情。金钱是自己挣得的（这里面包括以正当或非正当手段获得的），个人想怎么花就怎么花，想怎样浪费就怎样浪费；或者对“终极价值”“终极关怀”的人生目标嗤之以鼻，只追求当下的享乐，认为个人消费行为无所谓道德的与不道德的之分。然而，这种错误的消费价值观念是一个人无法把握主体性自我的反映，是视责任为粪土的无知行为。意志自由与责任担当是一个人的必然，否则就不能称做人了。对自我负责、对他人负责，才是互利共赢的举动。众所周知，责任概念在康德伦理学中占有中心地位。在康德看来，一切情欲、偏好、利益都不能作为道德的根据和原则。一种行为是否具有道德价值，关键在于该行为是否出于责任的绝对命令，是否来自善良意志。一个出于责任的行为，其道德价值不在于它预期的效果，而取决于行为所遵循的准则。责任就是由于尊重规律而产生的行为必要性。“你的行动，要把你自己人身中的人性，和其他人中的人性，在任何时候都同样看作是目的，永远不能只看作是手段。”① 人之所以对他人有着必然责任或不可推卸的责任，是因为不能把别人的人格当作自我利用的工具，而要尊重他人始终是目的性存在。尽管康德的先验理论经常为人所批判，但他赋予人以最崇高的价值，其熠熠生辉的思想每每成为今人追溯的渊源。

我们知道，无价值导向的过度性消费强化了差异性，加速了社会分化，加剧了社会不公平、不合理的现状，激化了阶层之间的矛盾。一部分追求高消费的人群生活糜烂、醉生梦死，也有不少民众生活在贫困的边缘，几近绝望。社会弱势群体屡屡被遗忘在繁华之外。消费的悬殊差距使得人与

① 〔德〕康德 . 道德形而上学原理［M］. 苗力田译 . 上海：上海人民出版社，2005.48.

人之间相互嫉妒、相互仇恨，“人对人像狼一样”，极易引起矛盾冲突，不利于社会的稳定发展。从本质上讲，人与他人是共生的关系。弗洛姆认为，与他者相关联、结合在一起是人类脱离自然之后的必然之需。人可以通过顺从与统治的两种方式实现与他者的结合。顺从感和统治感不但难以给予人以身份感和一体感，而且会愈来愈强烈。这些感情最终会失败。因为受这类感情驱使的人特别依赖他人，阻碍了他自身个性的发展。所以，他说：“人身上只有一种感情能够满足人与世界结合的需要，同时还能使人保持完整性和个性，这种感情就是爱。爱就是在保持自我的独立与完整的情况下与自身之外的他人或他物结合在一起。”[①] 爱使人能充分发挥自己内在的主动性和能动性。在爱的行动中，人与万物结合为一体，同时保持着自己的独立性和特殊性。“创造性的爱总是意味着一系列的态度：关心、责任、尊重与了解。”[②] 如果真正爱一个人，会关心他，而不是做一个旁观者；对他负责，认真对待他的需要；尊重他，以他本来的面目看待他；了解他，洞察他的内心本质，继而将自己的内心而不是外表与他联系在一起。

近些年来，在西方出现了一种新的伦理学理论，那就是关怀伦理学。它最初是由女性主义伦理学家提出的，从独特的女性视角发展出的一种在人际间建立和谐化关系的理论范式。女性的传统美德通常定位于善良、温柔、关怀、仁慈。女性的道德推理模式基于情感与经验，而不是理性与程序。与男性倾向于讲求个人权利不同，女性更讲求回应他人需要、强调交谈和相互理解。因此，“关注他人，是关怀伦理的首要表达。关怀伦理学抛弃抽象的和普遍的原则，强调体验和关心人们的欲望、需要和情感，对待他人要仁慈，要富有同情心”[③]。关怀伦理以增进、维持关系为价值核心，通过更温和的、更富人性意味的情感方式来表达爱、关怀和同情。对他人疾苦和困顿的道德关切，使人能够从心灵深处体验到人与人之间的美好关系。关怀伦理学不同于康德义务论伦理学，但二者恰好可以相互补充，共同作为消费伦理观的价值根源。现代社会人与人之间关系的异化就在于，在消

① 〔美〕艾里希・弗洛姆 . 健全的社会［M］. 孙恺详译 . 上海 : 上海译文出版社 , 2011.24.

② 〔美〕艾里希・弗洛姆 . 健全的社会［M］. 孙恺详译 . 上海 : 上海译文出版社 , 2011.25.

③ 楚丽霞 . 关怀伦理的心理特征及应用价值［J］. 道德与文明 , 2006 (3) .

费过程中，人们把市场经济的运作逻辑漫延到人际交往领域，把人与人之间的关系当作商品买卖、利益交换的手段；以往纯朴的亲情、友情、爱情等情感生活和伦理价值被商品化。而在讲求责任与关怀的消费伦理观的导引下，可以祛除功利化带给人的伤害，消除人与人之间的隔阂与冷漠。正是在关怀活动中，才完整地体现了人们相互之间所存在的那种对他人身心负有的社会责任。这不仅健全和完善了现代人的道德心理形态，而且有益于建构人与人之间和谐的社会关系。

最后，从当代人与后代人的关系来说，倡导可持续发展的生态消费伦理观。人类的生命世界分为世俗世界与意义世界。“为了人类的整体与长远的生存发展，就要求人们暂时放弃某些个体的和眼前的利益要求，追求长远的和整体的利益；在个体生命中，也就相应地要求约束甚至放弃某些本能的冲动，服从于整体与长远发展所要求的原则与规则。于是，在世俗的利益世界之上，人类又建起了一个价值或意义的世界。”[①] 意义世界的存在，要求人们对眼前利益的有限性进行克制与扬弃，实现无限性与超越性。伦理关系不仅存在于当代人与当代人之间，也存在于当代人与后代人之间。如果当代人选择不可持续的生活方式与价值观念，对自然资源过度开采和过度消费，就势必严重妨碍了人类整体的继续生存和发展。1987 年，世界环境与发展委员会发表了影响全球的研究报告《我们共同的未来》，其中明确界定了“可持续发展”的概念：“既满足当代人的需要，又不对后代人满足其需要的能力构成危害。”人们必须充分认识到，当代人的发展不能靠牺牲后代人的利益来维持，每一代人对地球上的自然资源都享有均等的享用权。“那种只追求一个人、一代人的幸福的道德只能导致历史的倒退，只能让我们生活得像一根根鸡毛或者一根根芦苇。因此，……我们所建立的是与那种只求一代人的幸福与欲望满足不同的道德体系和行为规范：这种道德体系必须是跨越时间的道德体系，它要求人在追求幸福时必须充分考虑到代间的平等。”[②] 当代人与后代人是平等的伙伴关系。当代人的发

① 樊浩．中国伦理精神的现代建构［M］．南京：江苏人民出版社，1997.396.

② 陈鸿清．生存的忧患［M］．北京：中国国际广播出版社，2000.169.

展应该自觉地同后代人的发展联系在一起，形成休戚与共的意识。

因此，人们在消费中，既要关注当代人的利益，也要考虑子孙后代的利益；不能置后代人的利益于不顾，毫无节制地消耗自然资源。艾伦·杜宁提出了消费的困惑："多少算够呢？地球能够支持什么水平的消费呢？拥有多少的时候才能停止增长而达到人类的满足呢？世界人民在不使这个星球自然健康状况受损的情况下，是否可能过一种舒适的生活呢？"[①] 这些问题当中有许多是没有明确答案的，但是对于生活在消费社会的每一个人，提出这些问题是十分必要的。除非我们认识到更多并不意味着更好，否则我们阻止生态恶化的努力将会被我们的欲望所压倒。对资源的掠夺性开发，不可更改地损害了我们的森林、土壤、水和空气，使人类现在的、未来的生活陷入困境之中。因此，应该警惕以"浪费"为基础的"炫耀性消费""奢侈性消费"把人类带入歧途。在人类生活资源有限的前提下，节约非必要的生活费用和资源消耗，消解人与自然的紧张关系，是一种消费美德。"接收和过着充裕的生活而不是过度地消费，文雅地说，将使我们重返人类家园：回归于古老的家庭、社会、良好的工作和悠闲的生活秩序，回归于对技艺、创造力和创造的尊崇；回归于一种悠闲地足以让我们观看日出日落和在水边慢步的日常节奏；回归于值得在其中度过一生的社会；还有回归于孕育几代人记忆的场所。"[②] 这或许就是在经历了重重磨难与险阻之后，人类所追求的梦中家园和理想境界吧。

---

① 〔美〕艾伦·杜宁．多少算够——消费社会与地球的未来［M］．毕聿译．长春：吉林人民出版社，1997.7.

② 〔美〕艾伦·杜宁．多少算够——消费社会与地球的未来［M］．毕聿译．长春：吉林人民出版社，1997.113.

结　语
超越符号消费——人的价值复归

任何时代的人都必须消费。像所有其他生物一样，人们要想活下去不得不消费，而且作为人而不仅仅是动物，他们的消费不仅仅是生存所需要的。人类的生存标准要高于“单纯的生理”生存所需的必需品，因为除此之外，人类还有较复杂的社会标准。诸如体面、礼仪和“美好生活”。[①] 消费生活达到衣食无忧似乎很好判断，然而穿衣与吃饭从来都不是一个简单的事情。它们有一个消费标准。低于这个消费标准，个体感到自卑耻辱；远远高于这个标准，个体会被社会评价为不道德。习惯而言，人的本质、尊严与价值表现为一种意志品格、思维能力和创造能力。然而，人的确证与升华离不开消费的进行。人不仅仅是为自我而消费，而且是在他人的视野中消费。正是与名字叫玛丽的人相对照，约翰才认识自己叫约翰；正是看到玛丽是一个穿红衣服的女孩，约翰才到商店购买了一件灰色的衣服，以符合自己男性的性别身份。人与人本质上是主体间性的存在，这也是哈贝马斯强调交往理性、弘扬交往性主体的重要性所在。在消费中，让他人看到自己的身份与地位、风格与品位，这就是他为自己所创造的符号世界与意义世界。在满足精神需要、符合社会标准的符号消费过程中，人们释放了自我，找到了归属。然而，在他人目光中生存的自我，还是真正的“自我”吗？个体应该沿着怎样的道路找寻，并获得自我同一性？千百年来，人们似乎回

① 〔英〕齐格蒙特·鲍曼　被围困的社会［M］. 郇建立译. 南京：江苏人民出版社，2005.189.

答着同一个问题。不变的是人文主义的诉求，变的是强大的科技力量。人们用于交往的大众媒体手段急速发展，带来便利的同时，也带来了无法克制的诱惑。现在全世界人都比照着，被他人吸引着，坠入到千变万化的符号景观之中。人们要当心的是符号景观的幻想吞噬了真实的自己。符号消费不应该成为人类的枷锁，而是人实现幸福的桥梁。

超越符号消费，是永恒地抛弃它吗？答案是否定的。满足精神需要的符号消费，是人的伦理本质的一个体现。物品，我们可以触碰，把它抱在怀中；符号，我们摸不着、抓不到，本身带有一定的虚幻性和不可捉摸性。所以，我们要对符号有足够的警惕性。但是，符号、符号消费却给予了我们另一个世界——一个不同于物的世界或世俗世界的世界。在这个世界里，我们享受到了品尝果实之后的味道、沐浴阳光之后的暖意。符号、符号消费，是创造还是毁灭，依赖于作为主体的我们如何界定与使用它们。弗洛姆认为，人的根本就在于超越，超越是创造性和破坏性的统一。人一无所知、不由自主地被抛弃到这个世界上，又不由自主地被从这个世界上清除掉。在这一点上，人与动物、植物或有机物没有什么两样。可是，由于天赋理性和想象力，人不满足于被动的角色，不满足于任人摆布的地位。一种强烈的愿望驱使着他去超越被造物的角色以及他的存在的偶然性和被动性，成为一个“创造者”。通过创造，人超越了作为被造物的自己，超乎自身存在的被动性和偶然性之上，进入了意义和自由的王国。如果人不能创造，他怎么解决超越自我的问题呢？对于超越的需要还有另外一种回答：如果我不能创造生命，我至少能毁灭它。毁灭生命也使我超越了生命。破坏性是创造性的替代物，两者不是独立存在的，是超越的需要给出的解答。[①] 在创造性被压制的时候，破坏性就会大行其道。满足创造的需要带给人幸福，满足破坏的需要带给人痛苦，这种痛苦也会波及他人。所以，人们要创造性地超越符号消费，实现人螺旋式的价值复归。

人类，这种特异的符号动物，是一种他性的存在，与他人的共生共荣

---

① 〔美〕艾里希·弗洛姆. 健全的社会［M］. 孙恺详译. 上海：上海译文出版社，2011. 28-29.

是一种必然。因此，消费活动不仅仅是个人的事情，也关乎他人的权利：是否能够实现资源的平等共享，是否能够共同分担责任与义务。苏珊·佩特里莉提出一种新式的人文主义，即他性的人文主义。她认为，在列维纳斯那里是有过预想的，人与人之间的伦理关系应该是这样的："我们不把通过理解的综合或通过主体和客体之间的关系而绑缚在一起的两个术语之间的关系称为伦理关系，是其中一方对于另一方有所负重、有所关怀、具有意义，它们通过一种知识无法耗尽、无法拆散的情结而绑缚在一起。"[①]与"他性中的他者"的关系，是"我"为他人的责任、友善，而展开的对话性关系。"我"与他人的对话、承担的责任，实际上也是与自我内心的他性对话，按照自己的责任命令而生存。人们要维护的不仅是自我之上的他者权利，更是自我本身的他者权利。作为符号的动物，人类具有独特的反思与批判的能力。"元符号活动或符号学能力，意味着对自己的选择和行为负责，因此意味着负责任的能力，这种能力无疑是为人类所独有的。人类的权力在于这种独特的责任能力中。意识、认知的和伦理的，是与这种能力相关联的。正因为人类能够对符号——自身的和他者的——进行反思，因此，和这种能力相关的责任意味着不仅为自身的符号，而且为他者的符号有所担当。"[②]人作为符号存在具有反思能力，意味着他是一个负责任的行为者。人与人之间的隔离与冷漠是一种幻象，所有人实际上都处于命运的共同体之中、伦理的共同体之中。

人类，不要再徘徊，回归到你的乌托邦之境吧！

① 〔意〕苏姗·佩特丽莉．符号疆界：从总体符号学到伦理符号学［M］．周劲松译．成都：四川大学出版社，2014.46.

② 〔意〕苏姗·佩特丽莉，符号疆界：从总体符号学到伦理符号学［M］．周劲松译．成都：四川大学出版社，2014.21.

参考文献

[1] 马克思恩格斯选集(第2卷)[M].北京：人民出版社,1995.

[2] 〔古希腊〕赫西俄德.工作与时日 神谱[M].张竹明,蒋平译.北京：商务印书馆,1991.

[3] 〔古希腊〕亚里士多德.政治学[M].吴寿彭译.北京：商务印书馆,1965.

[4] 〔德〕康德.道德形而上学原理[M].苗力田译.上海：上海人民出版社,2005.

[5] 〔德〕黑格尔.历史哲学[M].王造时译.北京：生活·读书·新知三联书店,1956.

[6] 〔德〕黑格尔.精神现象学[M].贺麟,王玖兴译.北京：商务印书馆,1979.

[7] 〔德〕黑格尔.小逻辑[M].贺麟译.北京：商务印书馆,1980.

[8] 〔德〕黑格尔.法哲学原理[M].范扬,张企泰译.北京：商务印书馆,1961.

[9] 〔法〕笛卡尔.第一哲学沉思集[M].庞景仁译.北京：商务印书馆,1986.

[10] 〔英〕罗素.西方哲学史[M].何兆武,李约瑟译.北京：商务印书馆,1963.

[11] 〔法〕罗兰·巴尔特.符号学历险[M].李幼蒸译.北京：中国人民大学出版社,2008.

[12] 〔法〕罗兰·巴尔特.符号帝国[M].孙乃峰译.北京：商务印书馆,1994.

[13]〔日〕池上嘉彦．符号学入门［M］．张晓云译．北京：国际文化出版公司，1985.

[14]〔意〕苏姗·佩特丽莉．符号疆界：从总体符号学到伦理符号学［M］．周劲松译．成都：四川大学出版社，2014.

[15]〔美〕凡勃伦．有闲阶级论［M］．蔡受百译．北京：商务印书馆，1964.

[16]〔法〕尚·布希亚．物体系［M］．林志明译．上海：上海人民出版社，2001.

[17]〔法〕让·鲍德里亚．消费社会［M］．刘成富，全志钢译．南京：南京大学出版社，2008.

[18]〔法〕让·鲍德里亚．符号政治经济学批判［M］．夏莹译．南京：南京大学出版社，2009.2.

[19]〔法〕鲍德里亚．生产之境［M］．仰海峰译．北京：中央编译出版社，2005.

[20]〔德〕西美尔．时尚的哲学［M］．费勇等译．北京：文化艺术出版社，2001.

[21]〔德〕马克斯·韦伯．新教伦理与资本主义精神［M］．于晓，陈维纲等译．西安：陕西师范大学出版社，2006.

[22]〔德〕维而纳·桑巴特．奢侈与资本主义［M］．王燕平，侯小河译．上海：上海人民出版社，2000.

[23]〔英〕迈克·费瑟斯通．消费文化与后现代主义［M］．刘精明译．北京：译林出版社，2000.

[24]〔德〕马克斯·霍克海默，西奥多·阿道尔诺．启蒙辩证法［M］．渠敬东，曹卫东译．上海：上海人民出版社，2006.

[25]〔美〕埃·弗洛姆．为自己的人［M］．孙依依译．北京：生活·读书·新知三联书店，1988.

[26]〔美〕艾里希·弗洛姆．健全的社会［M］．孙恺详译．上海：上海译文出版社，2011.

[27]〔美〕赫伯特·马尔库塞．爱欲与文明［M］．黄勇，薛民译．上海：

上海译文出版社，2012.

［28］〔美〕赫伯特·马尔库塞．单向度的人［M］．刘继译．上海：上海译文出版社，1989.

［29］〔德〕哈贝马斯．现代性的哲学话语［M］．曹卫东等译．南京：译林出版社，2004.

［30］〔德〕哈贝马斯．作为“意识形态”的技术与科学［M］．李黎，郭官义译．上海：学林出版社，1999.

［31］〔美〕摩尔根．古代社会［M］．杨东莼等译．北京：商务印书馆，1977.

［32］〔美〕丹尼尔·贝尔．后工业社会［M］．彭强译．北京：科学普及出版社，1985.

［33］〔德〕尼采．悲剧的诞生［M］．周国平译．北京：生活·读书·新知三联书店，1986.

［34］〔德〕尼采．查拉图斯特拉如是说［M］．钱春绮译．北京：生活·读书·新知三联书店，2014.

［35］〔法〕德里达．书写与差异［M］．张宁译．北京：生活·读书·新知三联书店，2001.

［36］〔法〕福柯．知识考古学［M］．北京：生活·读书·新知三联书店，2007.

［37］〔法〕德波．景观社会［M］．王昭风译．南京：南京大学出版社，2006.

［38］〔英〕吉登斯．现代性与自我认同：现代晚期的自我与社会［M］．赵旭东，方文译．北京：生活·读书·新知三联书店，1998.

［39］〔美〕詹明信．晚期资本主义的文化逻辑［M］．陈清侨，严锋等译．北京：生活·读书·新知三联书店，2013.

［40］〔加〕查尔斯·泰勒．自我的根源：现代认同的形成［M］．韩震等译．南京：译林出版社，2008.

［41］〔德〕古斯塔夫·斯威布．诸神的传说［M］．高中甫等译．哈尔滨：哈尔滨出版社，2005.

[42]〔美〕斯蒂芬·贝斯特，道格拉斯·科尔纳．后现代转向［M］．陈刚等译．南京：南京大学出版社，2002.

[43]〔英〕齐格蒙特·鲍曼．被围困的社会［M］．郇建立译．南京：江苏人民出版社，2005.

[44]〔英〕齐格蒙特·鲍曼．共同体［M］，欧阳景根译．南京：江苏人民出版社，2003.

[45]〔英〕齐格蒙特·鲍曼．自由［M］．杨光，蒋焕新译．长春：吉林人民出版社，2005.

[46]〔英〕齐格蒙特·鲍曼．现代性与矛盾性［M］．邵迎生译．北京：商务印书馆，2003.

[47]〔英〕齐格蒙特·鲍曼．后现代性及其缺憾［M］．郇建立等译．上海：学林出版社，2002.

[48]〔美〕道格拉斯·凯尔纳编．波德里亚：批判性的读本［M］．陈维振等译．南京：江苏人民出版社，2005.

[49]〔英〕史蒂文·康纳．后现代主义文化——当代理论导引［M］．严忠志译．北京：商务印书馆，2002.

[50]〔美〕艾伦·杜宁．多少算够——消费社会与地球的未来［M］．毕聿译．长春：吉林人民出版社，1997.

[51]〔美〕贝蒂·弗里丹．女性的奥秘［M］．程锡麟，朱徽等译．重庆：四川人民出版社，1988.

[52]〔法〕西蒙娜·德·波伏娃．第二性［M］．陶铁柱译．北京：中国书籍出版社，1997.

[53]〔澳〕薇尔·普鲁姆德．女性主义与对自然的主宰［M］．马天杰，李丽丽译．重庆：重庆出版社，2007.

[54]〔美〕玛丽·克劳福德，罗达·昂格尔．妇女与性别——一本女性主义心理学著作［M］．许敏敏等译．北京：中华书局，2009.

[55]〔荷〕伯纳德·曼德维尔．蜜蜂的寓言：私人的恶德，公众的利益［M］．肖聿译．北京：中国社会科学出版社，2002.

[56]〔法〕马塞尔·莫斯．论馈赠——传统社会的交换形式及其功能［M］．

卢汇译 . 北京：中央民族大学出版社 , 2002.
[57] 〔美〕米德 . 心灵、自我与社会 [M] . 霍桂桓译 . 北京：华夏出版社 , 1999.
[58] 〔美〕埃里克森 . 同一性与青少年危机 [M] . 孙名之译 . 杭州：浙江教育出版社 , 1998.
[59] 〔美〕塞缪尔 · 亨廷顿 . 文明的冲突与世界秩序的重建 [M] . 周琪等译 . 北京：新华出版社 , 2002.
[60] 〔美〕伊罗生 . 群氓之族：族群认同与政治变迁 [M] . 邓伯宸译 . 桂林：广西师范大学出版社 , 2008.
[61] 〔英〕爱德华 · 泰勒 . 原始文化 [M] . 连树声译 . 上海：上海文艺出版社 , 1992.
[62] 〔德〕恩斯特 · 卡西尔 . 国家的神话 [M] . 范进 , 杨君游译 . 北京：华夏出版社 , 1990.
[63] 〔德〕汉斯—维尔纳 · 格茨 . 欧洲中世纪生活 [M] . 王亚平译 . 北京：东方出版社 , 2002.
[64] 〔美〕汤普逊 . 中世纪经济社会史 [M] . 耿淡如译 . 北京：商务印书馆 , 1997.
[65] 〔美〕尼古拉 · 尼葛洛庞帝 . 数字化生存 [M] . 胡泳 , 范海燕译 . 海口：海南出版社 , 1997.
[66] 〔加〕马歇尔 · 麦克卢汉 . 理解媒介——论人的延伸 [M] . 何道宽译 . 北京：商务印书馆 , 2000.
[67] 〔加〕埃里克 · 麦克卢汉 , 弗兰克 · 秦格龙编 . 麦克卢汉精粹 [M] . 何道宽译 . 南京：南京大学出版社 , 2000.
[68] 〔美〕巴宾 , 哈里斯 . 消费者行为学 [M] . 李晓等译 . 北京：机械工业出版社 , 2011.
[69] 〔芬〕尤卡 · 格罗瑙 . 趣味社会学 [M] . 向建华译 . 南京：南京大学出版社 , 2002.
[70] 〔美〕保罗 · 福塞尔 . 格调——社会等级与生活品位 [M] . 梁丽真 , 乐涛 , 石涛译 . 北京：世界图书出版公司北京公司 , 2011.

[71]〔美〕弗里德曼．文化认同与全球性过程［M］．郭建如译．北京：商务印书馆，2003.
[72]〔美〕明恩溥．中国人的气质［M］．刘文飞，刘晓旸译．上海：上海三联书店，2007.
[73]〔英〕伯兰特·罗素．中国人的性格［M］．王正平译．北京：中国工人出版社，1993.
[74]〔美〕鲁思·本尼迪克特．菊与刀［M］．北京：商务印书馆，1990.
[75]〔美〕马斯洛等．人的潜能和价值［M］．林方主编．北京：华夏出版社，1987.
[76]〔美〕欧文·戈夫曼．日常生活中的自我表演［M］．徐江敏译．昆明：云南人民出版社，1988.
[77]〔美〕乔纳森·特纳．社会学理论的结构［M］．邱泽奇等译．北京：华夏出版社，2001.
[78] 谢立中，阮新邦主编．现代性、后现代性社会理论：诠释与评论［M］．北京：北京大学出版社，2004.
[79] 高宣扬．后现代论［M］．北京：中国人民大学出版社，2005.11.
[80] 汪民安，陈永国，马海良主编．后现代性的哲学话语：从福柯到赛义德［M］．杭州：浙江人民出版社，2000.
[81] 王岳川．后现代主义文化研究［M］．北京：北京大学出版社，1992.
[82] 王岳川主编．媒介哲学［M］．开封：河南大学出版社，2004.
[83] 王政挺．传播：文化与理解［M］．北京：人民出版社，1998.
[84] 黄光国，胡先缙．面子：中国人的权力游戏［M］．北京：中国人民大学出版社，2004.
[85] 杨国枢主编．中国人的心理［M］．台北：桂冠图书公司，1988.
[86] 翟学伟．面子、人情、关系网［M］．郑州：河南人民出版社，1994.
[87] 黄光国．面子：中国人的权力游戏［M］．北京：中国人民大学出版社，2004.
[88] 梁漱溟．中国文化要义［M］．上海：上海人民出版社，2003.
[89] 费孝通．乡土中国　生育制度［M］．北京：北京大学出版社，1998.

［90］张意．文化与符号权力——布尔迪厄文化社会学导论［M］．北京：中国社会科学出版社，2005.
［91］邓启耀．中国神话的思维结构［M］．重庆：重庆出版社，2004.
［92］冯友兰．中国哲学简史［M］．北京：北京大学出版社，1995.
［93］林语堂．中国人［M］．郝志东，沈益洪译．上海：学林出版社，1994.
［94］刘广明．宗法中国［M］．上海：上海三联书店，1993.
［95］孙隆基．中国文化的深层结构［M］．桂林：广西师范大学出版社，2004.
［96］樊浩．中国伦理精神的现代建构［M］．南京：江苏人民出版社，1997.
［97］樊浩．中国伦理精神的历史建构［M］．南京：江苏人民出版社，1992.
［98］罗国杰，宋希仁编著．西方伦理思想史［M］．北京：中国人民大学出版社，1985.
［99］汪怀君．人伦传统与交往伦理［M］济南：山东大学出版社，2007.
［100］王政．女性的崛起：当代美国的女权运动［M］．北京：当代中国出版社，1995.
［101］李银河．女性权力的崛起［M］．北京：文化艺术出版社，2003.
［102］肖巍．飞往自由的心灵：性别与哲学的女性主义探索［M］．北京：北京大学出版社，2014.
［103］肖巍．女性主义关怀伦理学［M］．北京：北京出版社，1999.
［104］周中之．全球化背景下的中国消费伦理［M］．北京：人民出版社，2012.
［105］徐新．现代社会的消费伦理［M］．北京：人民出版社，2009.
［106］何小青．消费伦理研究［M］．上海：上海三联书店，2007.
［107］罗钢，王忠忱．消费文化读本［M］．北京：中国社会科学出版社，2003.
［108］王宁．消费社会学［M］．北京：社会科学文献出版社，2011.

[109] 伍庆. 消费社会与消费认同[M]. 北京：社会科学文献出版社，2009.
[110] 姚建平. 消费认同[M]. 北京：社会科学文献出版社，2006.
[111] 蒋原伦. 媒体文化与消费时代[M]. 北京：中央编译出版社，2004.
[112] 杨魁，董雅丽. 消费文化：从现代到后现代[M]. 北京：中国社会科学出版社，2003.
[113] 郑红娥. 社会转型与消费革命——中国城市消费观念的变迁[M]. 北京：北京大学出版社，2006.
[114] 姜彩芬. 面子与消费[M]. 北京：社会科学文献出版社，2009.
[115] 阎云翔. 礼物的流动：一个中国村庄中的互惠原则与网络[M]. 李放春，刘瑜译. 上海：上海人民出版社，2000.
[116] 杨美惠. 礼物、关系学与国家：中国人际关系与主体性建构[M]. 赵旭东，孙珉译. 南京：江苏人民出版社，2009.

后 记

提起笔写这个后记的时候，意味着书稿基本完成了。轻松？喜悦？应该说有那么一点点，书稿毕竟是对一段研究历程的终结。但是，更多的感觉是意犹未尽，研究内容的各个方面好像刚刚触及了冰山一角，更高的山峰有待攀登。写作的过程是痛苦与乐趣交织在一起的。思索一个主题，徘徊不定、无法表达的时候，是痛苦的；茅塞顿开，畅通如汩汩泉水的时候，是欢乐的。这是一个数次挣扎、精神历练的过程，也像母亲孕育婴儿的过程。婴儿诞生了，一个新生命开始了。母亲殚精竭虑地呵护他、培育他，希望他长成一棵参天大树。盼望思想的幼芽也如婴儿般茁壮成长。

书籍是人类的朋友，特别是经典著作，能给人以精神的启迪。阅读了鲍德里亚的《消费社会》之后，我才确立了本书稿的研究主题。消费并不是简单的购物，而是通过消费看社会与社会中的人，因此我对鲍德里亚的后现代批判精神深以为是，每每读他的著作都爱不释手。我喜欢的还有法兰克福学派思想家的著作，他们同样对工业社会与后工业社会带有一种忧患意识与批判精神。庆幸的是我在攻读博士学位期间选择了哈贝马斯的交往行为理论为研究主题，使我能够触摸到法兰克福学派的思想脉动。阅读书籍的时候，除了感叹还是感叹，那么多精华思想可以穿越时空，跨越种族来到你身边，与你小声交谈，是多么神奇的事情！这些都是人类共享的精神财富啊。

完成本书要感谢的人很多，但首先要感恩的还是两位导师，我的博士生导师——江苏省社会科学院的樊和平教授，我的硕士生导师——山东大学的苗润田教授，是他们把弟子领进了学术之门。其次，要感谢的是我的同事和朋友们。来到中国石油大学（华东）马克思主义学院，进入哲学系工作，是很幸福的事情。哲学系老师们都有不同的研究方向，对一些问题时常展开激烈讨论，碰撞出火花。最后，还要感谢我的父母和孩子。因为写作经常在暑假和寒假进行，有好几个春节都没能回老家，尽女儿和儿媳的孝心，有愧于他们，不过他们永远都是理解和支持的。我的6岁小儿子，在我写作的时候，自己玩耍或者读拼音认汉字，从不打搅我，还时时鼓励我。他是那么乖，乖得让人心疼。

另外，本书是教育部人文社会科学研究青年基金项目的最终结项成果，也得到了中国石油大学（华东）“211工程”建设学术著作出版资助。在此一并表示感谢，感谢各级部门对老师们进行自主性学术研究给予的帮助与支持。

汪怀君

2016年2月26日于黄岛